대한민국 근대화 대통령
박정희 혁명 2

대한민국 근대화 대통령
박정희

김용삼 지음

쿠 데 타 에 서 혁 명 으 로

혁명

명

2

지우출판

말장난도 하다보면 계속 늘게 되나 봅니다. 인사청문회마다 삐딱선을 타는 국회의원이란 사람들이 국무총리나 장관 후보자들에게 "5·16이 혁명인가, 쿠데타인가"를 묻습니다. 우문에 현답이 나올 리 없으니 한바탕 촌극이 벌어집니다.

이건 무슨 바보들의 말잔치를 방불케 합니다. 군인들이 상부 명령 없이 총과 전차, 장갑차 끌고 나와 헌정질서 무너뜨리고 권력을 탈취했다면, 그건 입이 열 개라도 쿠데타가 맞는 것 아닙니까. 뭐 저따위 질문으로 청문회 질서를 어지럽히나 하고 불만을 터뜨리면서도, 한편에선 "5·16이 정말 쿠데타 맞나?" 하는 의문이 섬광처럼 뇌세포를 자극합니다. 박정희 육군 소장이 민주주의 제대로 하자고 한강을 건넌 것은 아니란 사실을 다 알기 때문입니다.

그는 대체 무엇을 위해 목숨 걸고 쿠데타를 일으킨 걸까요?

그 실체를 알아보기 위해 박정희와 함께 한강을 건넌 '5·16의 기획자' 이석제 전 감사원장을 1년여 인터뷰했습니다. 그리고 그 분의 인격에 감화되어 『각하 우리 혁명합시다』란 회고록을 재능기부로 써 드렸습니다.

이석제 씨 하시는 말씀이, 박정희 장군은 '쿠데타'나 '혁명' 같은 용어에는 전혀 관심이 없었다고 합니다. 그런 걸 따지는 인간들은 몽상에 젖은 이상론자들이나, 배부른 자들의 말장난에 불과하다고 무시해 버린 것이지요. 그렇다면 박정희는 무엇을 위해 총을 들고 나섰을까요? 이석제 씨의 질문에 박정희는 다음과 같이 답했다고 합니다.

"우리는 정권이 탐나서 궐기하려는 게 아니야. 우리의 목표는 나라의 근본을 개혁하고 썩어빠진 병폐를 뜯어고치려고 일어서는 건데 혁명이면 어떻고 쿠데타면 어떤가? 그동안의 정권이 해내지 못한 국가 근대화를 달성하면 평가는 후세의 역사가들이 내려줄 거요."

박정희는 쿠데타 동지들을 만날 때마다 "국민들에게 세 끼 밥도 제대로 못 먹이는 지도자는 참다운 지도자가 아니다. 어떤 정책이나 법률을 입안할 때 반드시 국민들에게 밥을 먹일 수 있는 방법론과 연관시켜 발상을 하라"고 지시했습니다. 그는 배고픈 국민들에게 밥을 먹이고, 이 나라를 우리 힘으로 지키기 위해 쿠데타를 한 것입니다.

국가 세금을 퍼부어 공짜로 밥을 먹여준 것이 아닙니다. 열심히 땀 흘려 일한 사람에게 더 많은 혜택이 돌아가도록 정의의 신상필벌 원칙을 철저히 적용했습니다. 다시 말하면 정치인이나 교수, 언론인, 대학생들이 '민주주의'를 신神으로 떠받들 때 박정희는 '누구나 노력하면 세 끼 밥을 먹을 수 있다'는 사실을 신으로 떠받든 것이지요.

서구 학자들은 민주주의가 정상 작동하려면 1인당 4,000~7,000달러의 물적 토대와 탄탄한 중산층이 필수 요소라고 지적했습니다. 박정희는 측근들에게 자신의 은퇴시기를 1981년이라고 공언했습니다. 1982년에 제4차 경제개발 5개년계획이 완료되면 1인당 소득 4,000달러 시대에 접어들고, 자주국방을 위한 핵무기 개발이 1981년 완성될 것으로 판단했습니다.

박정희는 그토록 염원했던 '핵무기 개발'의 완성을 이루지 못한 채 1979년 10월 26일 김재규의 흉탄에 쓰러져 역사의 뒤안길로 사라졌습니다. 박정희는 자신의 목표를 이루기 위해 5·161961, 6·3사태1964, 10월 유신1972이라는 세 차례 쿠데타를 감행했습니다. 그 결과 어느 누구도 실행하지 못했던 국가 근대화를 성공시켰고, 물적 토대와 중산층 형성에 성공했습니다.

　그 결과 박정희는 쿠데타로 역사무대에 등장하여 혁명으로 삶을 마무리하게 되었습니다. 이 책의 2권은 쿠데타가 혁명으로 나가는 길을 추적한 것입니다. 즐겁게 읽어주시면 감사하겠습니다.

2019년 꽃피는 5월에

저자 김용삼 쓰다

차례

머리말   4

01 새마을운동 시동 걸다   13

하늘은 스스로 돕는 자를 돕는다

02 통합적 개발방식의 도입   37

행정부서는 모두 참여하라

03 고슴도치 이론   61

"자기 집에 불이 나면 그 집 식구들이 먼저 불을 꺼야"

04 농업이 아니라 공업이다   111

제철소를 건설하고 자동차를 개발하라

05 닉슨 독트린, 그리고 주한미군 철수   155

"안보 위해서라면 모든 것 다 바친다"

06 박정희와 미국, 그리고 북한   183

우리에게 미국은 어떤 나라인가?

07 모든 길은 중화학공업화로   217

국가의 운명을 결정한 최고의 정책

08 국산 무기를 개발하라   259

"총알이 안 나가도 좋으니 일단 만들어 보자"

09 마키아벨리스트의 정치학   295

분할하여 통치하라

10 암호명 '890 계획'   325

극비 지령, "핵무기를 개발하라"

11 핵개발 실패, 박정희의 죽음   361

미완으로 끝난 박정희 혁명

12 에필로그   387

'박정희 혁명'은 자주국방·자립경제 건설

참고문헌   410

우리들의 후손들이

오늘에 사는 우리 세대가

그들을 위해서 무엇을 했고,

조국을 위해서

어떠한 일을 했느냐고 물을 때

우리는 서슴지 않고 조국 근대화의

신앙을 가지고

일하고 또 일하고 또 일했다고

떳떳하게 대답할 수 있도록 합시다.

1967년 1월 17일
연두교서 중에서

쿠데타에서
혁명으로

01

새마을운동 시동 걸다

하늘은
스스로 돕는 자를 돕는다

　박정희 대통령 시절 경제담당 특별보좌관이었던 박진환은 박 대통령이 중요한 국사國事와 관련된 의사결정을 할 때면 언제나 과학적으로 행했다고 회고한다. 박 대통령이 의사결정 과정에서 사용한 프로세스는 다음과 같다.[1]

　첫째, 문제가 왜 발생했는지를 파악한다.

　둘째, 문제를 해결할 수 있는 대안들을 찾아낸다.

　셋째, 대안들 중에서 가장 합리적인 방안을 찾아낸다.

　넷째, 결론을 내리고 행동에 돌입한다.

　국가적으로 중요한 일을 추진하는 과정에서 여러 대안들 중 한

1　박진환, 『박정희 대통령의 한국경제 근대화와 새마을운동』, (사)박정희대통령기념사업회, 2005, 59쪽.

가지를 선택해야 할 때면 늘 효율성과 능률성을 기준으로 정했다. 박정희 대통령은 언제나 이와 같은 엄중한 프로세스를 거쳐 의사 결정을 했기 때문에 국가대사의 추진에 있어 실패가 거의 없었고, 목표했던 기한 내에 프로젝트를 계획했던 비용으로 완료할 수 있었다. 때문에 박정희 시대에는 국가운영의 질이 파격적으로 높아졌다는 평가를 듣는다.

　국정운영의 질을 높여 단기간 내에 성공한 대표적인 사례 중의 하나가 새마을운동이다. 한국의 새마을운동은 세계에서도 비슷한 사례를 찾아보기 힘든, 가장 극적인 농촌 근대화의 성공 모델이다. 그렇다면 박정희의 머릿속에 새마을운동, 농촌 근대화의 철학은 언제, 어떤 과정을 거쳐 자리 잡게 된 것일까.

조선총독부의 농촌진흥운동

　박정희는 일제 시절 대구사범학교를 졸업하고 1937년부터 3년간 문경에서 초등학교 교사로 재직했다. 바로 그 직전 조선총독이었던 우가키 가즈시게宇垣一成는 자신의 조선총독 재임 시절1931~1936에 전임자들이 행했던 무단통치를 폐기하고 문치文治를 앞세워 조선을 통치했다.

　그는 조선의 농촌을 부흥시킨다는 목표를 내걸고 농촌진흥운동과 자력갱생自力更生운동을 대대적으로 전개했다. 이를 위해 조선인 실력양성론자들의 문맹퇴치 운동이나 브나로드 운동 및 자치운동에 대해서도 방관 내지 묵인했다. 우가키는 또 한반도 북쪽지역에 중화학공업단지를 건설하여 대륙침략 정책의 배후기지로 육성하고자 했다.

우가키 총독의 재임을 전후하여 일본의 엔지니어 사업가 노구치 준野口遵은 북한지역에 중공업 지대를 건설하는 데 앞장섰다.[2] 우선 해발 1,300미터의 개마고원에서 압록강 쪽으로 흐르는 부전강과 장진강의 물줄기에 댐을 쌓고 인공호수를 만든 다음 27킬로미터의 터널 수로를 파서 낙차가 큰 동해 쪽으로 물길을 돌려 수력발전소를 건설했다.

수력발전소에서 생산되는 값싸고 풍부한 전력을 이용하여 흥남에 연산 48만 톤 규모의 세계 최대 규모의 조선질소비료 회사를 설립했다. 이어 조선질소화약, 일본마그네슘금속, 조선석회, 조선송전 등 연관 산업을 흥남 일대에 건설했다. 그는 한반도에서 거대한 프로젝트를 진행하는 과정에서 직원들의 출장 편의를 위해 서울에 반도호텔을 지어 운영하는 등 신흥 재벌로 부상했다.

이어 노구치 준은 일본 군부를 설득하여 조선과 만주국의 국경을

---

2   노구치 준(野口遵) 관련 내용은 김용삼, 『한강의 기적과 기업가정신』, 프리이코노믹스쿨, 2015, 41~42쪽 참조.

따라 흐르는 압록강 일대에 수풍댐 건설에 나섰다. 압록강 물줄기를 길이 900미터, 높이 106미터의 거대한 댐을 쌓아 가로막아 세계 최대 규모의 수풍발전소를 건설했다.

우가키 총독이 조선에서 농촌진흥운동을 시작해야 했던 이유가 있다. 미국의 월 스트리트에서 시작된 세계 대공황의 여파가 일본과 조선에까지 파급되어 조선 농촌에서는 소작쟁의, 수리조합 반대투쟁, 부역 반대투쟁 등이 심각하게 전개되고 있었다. 피폐된 조선의 농촌을 부흥시키지 않고는 어떠한 일도 성공적으로 실행하기 어렵다고 판단한 우가키 총독은 농촌지역의 소득증대를 위한 농촌진흥운동 카드를 꺼내 든 것이다.

박정희가 교사로 재직하고 있던 문경보통학교는 농촌진흥정책 추진을 위해 문경갱생농원, 신북갱생농원을 경영하는 학교로 지정되어 있었다. 지정학교가 되면 해당학교 소속 교사들이 농촌 부락의 지도를 맡고, 학교는 농촌개발운동을 이끌어 갈 부락의 중견 인물을 양성하는 임무를 맡게 된다.

문경갱생농원과 신북갱생농원에서는 농촌개혁의 지도자감인 젊은이들을 9개월 과정으로 합숙 교육을 시켰다. 농장에서 농사를 지으면서 강의를 듣는 현장학습 위주의 교육이었다. 조선총독부는 농촌진흥정책의 분위기를 돋우기 위해 '농촌진흥가'란 노래도 만들어 보급했다. 문경보통학교 교사 박정희도 이 농원에 나가서 40일간

강의를 한 적이 있다.

박정희, 우가키 두 사람 다 농촌 출신 군인이었다. 일부 전문가들은 박정희 대통령이 추진한 새마을운동은 일본 통치 시절 우가키 총독이 추진한 농촌진흥정책의 영향을 받았을 가능성이 있다고 분석한다.

열린 마음의 소유자

일본 히로시마대학의 최길성 명예교수는 문경보통학교에 근무했던 교사 박정희의 농촌진흥정책 현장체험이 1970년대에 새마을운동을 추진하는 데 있어 많은 발상을 제공했을 가능성이 높다고 주장한다. 최 교수는 박정희의 새마을운동과 우가키 총독의 농촌진흥정책의 유사성을 비교하는 표도 만들었다. 운동의 이념은 박정희 대통령의 새마을이 '자조, 자립, 협동, 충효애국'이고 그것의 집약적 표현이 국민교육헌장이었던 데 비해, 우가키 총독의 농촌진흥정책은 '자립, 근검, 협동공영, 충군애국'과 교육칙어였다고 한다.

새마을 노래와 농촌진흥가, 경제개발 5개년계획과 농가경제 5개년계획, 육림일育林日과 애림일愛林日, 모범 부락의 선정 등 박정희의 새마을운동은 우가키 총독의 농촌진흥정책과 유사점이 발견된다. 박정희를 비판하는 데 앞장서 온 한홍구는 박정희가 1970년 제창한

'새마을 가꾸기'는 조선총독부의 '아타라시이 무라 쓰쿠리'를 글자 그대로 번역한 것이었다고 지적한 바 있다.

호주 국적의 한국계 학자 김형아도 박정희가 새마을운동에서 사용한 방법이 일본, 중국과의 유사성을 지적한 바 있다. 즉, 박정희의 새마을운동 과정을 분석해 보면 전시戰時 일본의 군 개혁주의자들의 전략과 김일성, 마오쩌둥이 장려했던 공산주의 식 민중동원 방식에서 부분적으로 차용한 것으로 보고 있다. 김형아는 또 유신개혁을 통한 박정희의 급속한 개발전략은 미니치엘로가 '총체적 개혁'이라고 규정했던 일본의 다이쇼大正 민주주의대정 데모크라시와 놀랄 만큼 유사하다고 지적한다.[3]

그런데 박정희의 새마을운동이 조선총독부, 혹은 전시 일본의 그것과 유사한 점이 발견된다는 점을 근거로 해서 비판하는 사람들이 있다. 그것을 비판받을 일이라고 바라보는 것 자체가 소아병적이고 식민지적 콤플렉스에 젖은 사고방식이다. 박정희는 가난을 물리치고, 농촌 근대화를 위한 것이라면 일제의 방식이든, 소련의 아이디어든 열린 마음으로 수용하여 우리 것으로 소화하여 성공의 길로 인도한 '열린 마음'의 소유자였다고 해석하는 것이 올바른 사고방식 아닐까?

새마을운동에 대한 일본의 영향 운운하는 학설을 정면에서 비판

---

3   김형아 지음·신명주 옮김, 『유신과 중화학공업-박정희 양날의 선택』, 일조각, 2005, 248쪽.

한 인물이 대통령 비서실장을 지낸 김정렴이다. 그는 자신의 회고록에서 "새마을운동은 일부 학자들이 주장하듯이 일제 시대 영향을 받은 것이 아니라 순전히 박정희의 개인적 구상에서 시작된 것"이라고 지적한다. 무슨 사업을 어떤 방법으로 추진할 것이며, 새마을지도자는 어떤 방식으로 양성해야 하는지 등 거의 모든 것이 박정희 대통령의 개인적 구상에서 나왔고, 본인이 직접 선두에 서서 지휘하다시피 했다는 것이다.

미국도 새마을운동 의심

박정희의 새마을운동에 대해 국내의 좌파 학자들만 비판의 날을 세운 것은 아니다. 주한 미국대사관에서는 새마을운동이 순수한 차원의 농촌개발사업이 아니라, 일종의 '정치 캠페인'이 아닌가 하고 의심의 눈길로 바라보고 있었다.

미국 정부의 잘못된 시각을 교정해야 할 필요성을 느낀 박정희 대통령은 경제기획원의 황병태 차관보를 특사로 워싱턴에 보냈다. 황병태는 워싱턴으로 날아가 한국에 근무한 경력이 있는 세계은행 간부 레이몬드 굿맨에게 새마을운동의 핵심 본질을 상세하게 설명하고 미국 정부의 시각을 교정할 수 있는 방안을 마련해 줄 것을 요청했다.

황병태의 부탁을 받은 레이몬드 굿맨은 "충분히 이유 있는 지적"이라면서 "새마을운동이 한국의 농업경제 발전 단계에서 필요한 작업"이라는 보고서를 작성하여 미 국무성에 넘겨주었다. 세계은행의 분석 보고서를 접수한 미 국무성은 "이 의견에 이의가 없다"는 의견을 보내옴으로써 새마을운동에 대한 미국의 오해를 해소할 수 있었다.[4]

박정희는 어떤 정책을 추진하는 과정에서 구호만 외치고 뒷짐 지고 물러나 "모든 것은 내가 챙기겠다"고 말로만 떠들며 호통 치는 유형의 지도자는 아니었다. 박정희는 전국의 농민들을 일으켜 세우기 위해 어떤 일들을 했을까?

1970년대 초 전국의 농가는 3만 5,000여 마을에 250만 가구였다. 농촌의 약 80퍼센트는 초가지붕이었고, 1964년 농촌 마을 중 전기가 들어간 집은 12퍼센트에 불과했다. 나머지는 등잔불이나 호롱불로 밤을 밝혀야 했다. 냉장고는 물론 라디오조차 들을 수 없는 '문명의 사각死角지대'였으니 '근대'라는 것과는 담을 쌓고 사는 원시적인 씨족 공동체나 다름없는 상태였다.

길이 비좁아서 마을 안까지 자동차가 드나들 수 있는 곳은 30퍼센트에 불과했다. 자동차가 드나들 수 없으므로 먼 거리를 지게나 등짐, 머리에 물건을 이고 날라야 했다. 1970년 4월 22일 박정희는

---

4 황병태, 『박정희 패러다임』, 조선뉴스프레스, 2011, 267~271쪽 참조.

01_새마을운동 시동 걸다 **21**

부산에서 개최된 한해旱害대책 지방행정기관장 회의에서 다음과 같이 연설했다.

마을 주민들의 자발적인 의욕이 우러나지 않는 마을은 5천년이 가도 일어나지 못할 것입니다. 마을 주민들이 해보겠다는 의욕을 갖고 나서면 정부에서 조금만 도와줘도 2~3년이면 일어날 수 있습니다. 일선의 행정 책임자들이 그러한 분위기를 만들어 주어야 합니다. 즉, 그 마을의 지도급에 속하는 사람들을 모아서 지도하고 권장해서 그 사람들이 눈을 뜨고 자기들 스스로가 모여 앉아서 계획을 짜내고 연구를 해야 합니다. 그리하여 마을 사람들이 해야 할 일과 정부로부터 도움을 받을 일을 구분해서 일해 나가도록 분위기를 만들어 주는 것은 역시 우리 공무원들이 해야 할 일이라고 생각합니다.

자기 마을까지 자동차가 들어갈 길이 없어 십리 밖에서 지게로 짐을 날라야 하는 이런 고장이 발전하겠느냐는 것입니다. 금년에는 주민들의 힘으로 길을 닦고 다리를 놓아야겠습니다. 주민들의 힘으로 할 수 없는 것은 군(郡)이나 도(道)에다 지원을 요청하고, 나머지는 주민들의 힘으로 해보자는 것입니다. 이 운동을 새마을 가꾸기 운동이라고 해도 좋고, 알뜰한 마을 만들기 운동이라고 해도 좋을 것입니다.

박정희는 새마을운동에 관한 긍지와 자부심으로 가득 차 있던 사람이다. 그는 1973년 11월 22일 새마을지도자 대회에 참석하여 "후세에 너의 조상이 누구냐고 묻는다면 나의 조상은 1970년대의 새마을운동에 앞장섰던 농민이라고 일러주자"고 연설했다.

새마을 노래의 탄생

1972년 4월 21일은 한 시절 전 국민의 애창곡이었던 '새마을 노래'가 탄생한 날이다. 이 노래의 작사자는 박정희 대통령, 작곡자는 박 대통령의 딸 박근영 전 육영재단 이사장으로 알려졌다. 박근영 씨의 언론 인터뷰에 의하면 어느 날 아버지 박정희 대통령이 작사를 한 후 "근영아, 콩나물^{악보} 좀 붙여봐라"고 해서 작곡한 것이라고 한다. 박근영 씨는 서울대 음대 출신이다.

그런데 박정희의 처조카 홍국표의 증언에 의하면 근영 씨는 새마을 노래 작곡을 도와준 적이 없다고 한다. 박정희가 몇 날 밤을 끙끙 앓아가며 직접 오선지에 곡조와 가사를 그려 완성했다. 그 후 국내의 저명한 작곡가들이 청와대의 초청을 받았는데, 작곡가 홍연택의 조언을 받아 음정을 몇 군데 고쳐서 완성했다고 한다.

1970년대 한국일보 정치부 소속으로 청와대를 출입했던 송효빈 기자의 증언에 의하면 박정희가 작곡한 노래를 홍연택 국립교향악단 지휘자에게 넘겨 다듬었고, 가사는 이은상 선생에게 감수를 받앗다. 이은상 선생은 대통령이 직접 쓴 원고를 보고는 "여기다 더 말을 붙이면 사족蛇足이다. 그대로 얼마나 쉬운 말이고 얼마나 좋은가. 그대로 갖다 올려라." 이렇게 해서 새마을 노래가 방방곡곡에 울려 퍼지게 되었다.

새마을 노래 탄생과 관련하여 가장 정통한 기록을 남긴 사람은 김정렴 비서실장이다. 김정렴 회고록에 의하면 박정희 대통령은 1971년 가을, 매일 아침 일찍 습관적으로 목욕을 하던 중 바닥에 미끄러져 늑골 두 개에 금이 가는 부상을 입었다.[5]

박 대통령은 모든 공식 행사를 중단하고 아침과 저녁 1회씩 중요한 국정에 관한 보고만 비서실장을 통해 받으며 요양 겸 휴식을 취했다. 어느 날 아침 보고를 받고 난 박 대통령은 "새마을운동을 고취하기 위해 남녀노소 마을 주민이 함께 부를 수 있는 노래를 하나 작사 작곡했다"면서 노래 한 곡이 적혀 있는 종이를 주었다. 그리고 작곡을 사계의 권위자에게 보여 감수를 받도록 했다.

홍성철 수석비서관이 수소문한 끝에 국립교향악단의 홍연택 씨가 청와대로 들어왔다. 홍연택 지휘자는 박 대통령에게 "작곡이 전반적으로 잘 되었으나 끝부분의 음정을 조금 고치면 더 부르기 좋겠다"는 의견을 제시했다. 박 대통령은 그 의견을 수용하여 곡을

5　김정렴의 새마을 노래 관련 부분은 김정렴, 『최빈국에서 선진국 문턱까지-한국경제정책 30년사』, 랜덤하우스, 2006, 241~242쪽 참조.

수정했다.

박 대통령은 홍연택 지휘자와의 환담이 끝난 후 육군참모총장에게 연락해서 독창을 잘하는 병사와 피아노 연주자를 대동하고 청와대로 오라고 지시했다. 연세대 성악과와 서울대 음대 기악과를 나온 군악병 두 사람이 들어왔다. 연세대 성악과 출신의 병사는 악보를 받아 두서너 번 보더니 피아노 반주에 맞춰 우렁차게 노래를 불렀다. 박 대통령이 정양靜養 중 작사 작곡해 테이프에 녹음한 것을 서울대 음대 작곡과에 재학 중이던 둘째딸 근영 양이 악보에 옮겨 '새마을 노래' 1·2·3절이 탄생했다.

1972년 5월 18일 광주에서 열린 새마을 소득증대 촉진 전국대회에 참석하고 귀경 길에 전주 부근에서 박 대통령 일행의 차가 갑자기 멈춰 섰다. 박 대통령은 김성진 청와대 대변인을 찾아 전용차에 태우고 서울로 올라왔다. 청와대에 도착하니 박 대통령이 '새마을 노래'의 제4절로 그 전날 광주 숙소에서 작사한 "우리 모두 굳세게 싸우면서 일하고 일하면서 싸워서 새 조국을 만드세"라는 가사를 주면서 홍보하라고 지시했다.

이처럼 박정희는 정치가로서 모든 사물의 핵심을 파악한 후 그것을 간명한 정치적 슬로건으로 변화시키고, 그 슬로건을 꾸준하게 밀고 나가는 '목표 지향적 리더십'을 보여주었다.

새마을운동의 철학

박 대통령이 새마을 노래를 세상에 내놓은 지 5일 후인 1972년 4월 26일 메모한 '새마을운동'이라는 친필문서에는 새마을운동에 대한 철학적인 의의를 다음과 같이 정리해 놓고 있다.

1.

① 지금 전국 방방곡곡에서 새마을운동이 활발히 전개되고 있다. 나도 그동안 여러 부락을 찾아가보고 보고를 통하여 듣고, 우리 농민들이 우리도 한 번 잘살아 보겠다고 몸부림치는 그 모습을 보고 깊은 감동을 받았다.

② 도지사 이하 시장, 군수, 기타 모든 일선 공무원들이 토요일도 일요일도 없이 잠바 바람에 밤낮을 가리지 않고 뛰어다니면서 이들을 지도하고 격려하면서도 지칠 줄 모르고 보람을 느끼는 것도 우리 농민들의 그 부지런한 모습에 감동되었기 때문이라고 생각한다.

③ 확실히 이 운동은 우리 농촌 사회에서 일어나고 있는 새 바람이요, 서광이요 희망이라고 본다. 우리 역사상 과거에도 이런 일은 찾아볼 수 없었다. 확실히 우리 민족도 잠재적으로 무한한 저력을 가진 민족이다.

조상으로부터 물려받은 가난이란 설움을 뼈에 사무칠 정도로 겪어봤다. 그러나 우리는 이러한 역경에 굴하지 않았다. 침략자에 대해서는 대결해

싸워서 이길 수 있는 힘을 길러야 하고 천재(天災)는 하늘을 쳐다보고 원망할 것이 아니라 인력으로 이것을 극복하는 방법을 모색해야 하고, 가난은 부지런히 일하면 잘 살 수 있다는 것을 깨달았다.

우리가 분발하고 근면하고 협동하고 단결하면 능히 극복할 수 있다는 자신감을 얻게 되었다. 이것이 새마을운동이 분연히 일어나게 한 동기가 되고 원동력이 되었다. 역시 여기에는 어떠한 계기가 마련되어야 하고, 자극이 있어야 된다고 본다.

지난 10년 동안 1·2차 5개년계획을 통해서 우리 국민들이 땀 흘려 이룩한 건설의 성과가 우리 농민들에게 큰 자극을 주었고, 오랜 침체 속에서 잠을 깨고 눈을 뜰 수 있는 계기를 만들어 주었다고 봐야 할 것이다. 우리도 '하면 된다'고 하는 자신이 생겼다.

2.

① 한 민족이 침체에서 벗어나서 일대 비약을 할 때 가장 중요한 것이 자신이다. 자신이 있으면 의욕이 생긴다. 의욕과 자신이 없는 민족은 아무리 좋은 기회가 있더라도 이것을 이용할 줄 모른다(기회포착 부족). 반대로 의욕과 자신이 왕성한 민족은 역경에 처해서도 이에 굴하지 않고 오히려 이를 전화위복으로 삼을 줄 아는 슬기를 발견한다.

② 우리는 그동안 수없이 많은 고난과 시련을 겪어 왔다. 먼 옛날은 고사하고 금세기에 들어와서도 외적으로부터 침략도 받아봤고, 공산당의 수

없이 많은 도전도 받아봤고 한해(旱害) 수해(水害)다 하고 수많은 천재(天災)
도 받아봤고.

③ 쉽게 말하자면 '잘살기 운동'이다. 어떻게 사는 것이 잘 사는 거냐?

- 빈곤탈피.

- 소득이 증대되어 농촌이 부유해지고 보다 더 여유 있고, 품위 있고, 문
화적인 생활.

- 이웃끼리 서로 사랑하고 상부상조하고

- 알뜰하고 아름답고 살기 좋은 내 마을.

당장 오늘의 우리가 잘살겠다는 것도 중요하지만… 내일을 위해서 우리
의 사랑하는 후손들을 위해서 잘 사는 내 고장을 만들겠다는 데 보다 더
큰 뜻이 있다(새마을운동에 대한 철학적 의의 발견하자).

국민을 배불리 먹이는 것이 근대화

이러한 박정희 대통령의 철학과 비전, 자신이 꿈꾸었던 대한민국
의 모습을 상징화한 결과 '살기 좋은', '우리 힘으로', '초가집 없애
기', '마을길 넓히기', '서로 도와서', '소득증대', '부자마을', '싸우면
서 일하고', '새 조국 만들기'라는 키워드로 정리되었다. 이러한 키
워드를 따라 부르기 쉽도록 정리하여 단순하면서도 씩씩한 행진곡
풍의 노래에 담아 전국에 보급한 것이 '새마을 노래'다.

지금 이런 말을 하면 믿는 사람이 없겠지만 5·16 군사쿠데타가 벌어졌던 1961년만 해도 우리 사회에는 보릿고개, 초근목피草根木皮, 절량絶糧농가, 춘궁기春窮期라는 말이 실제로 존재했다. 박정희와 함께 혁명을 했던 이석제 전 감사원장은 박정희의 근대화 철학을 한 마디로 요약하면 "인간답게 살 수 있는 국가건설", 즉 국민들을 배불리 먹이는 것이라고 설명했다. 박정희는 부하들에게 늘 이렇게 말했다.

국민에게 세 끼 밥도 제대로 못 먹이는 지도자는 참다운 지도자가 아니오. 여러분들은 어떤 정책이나 법률을 입안할 때 반드시 국민에게 밥을 먹일 수 있는 방법론과 연관을 시켜서 발상을 해야 합니다.

국민들을 배불리 밥 먹이고 잘살게 하려면 잠자는 국민들, 의욕을 상실한 국민들, 절망과 체념에 지친 국민들을 일으켜 세워 물불 안 가리고 뛰도록 해야 했다. 지난 수백 년 세월을 양반 지주, 탐관오리들에게 수탈당하며 가난을 숙명처럼 떠받들며 살아온, 국민의 절대다수를 차지하는 농민들을 일으켜 세우려면 국가의 행정력만으로는 불가능하다. 그들 스스로의 내면에 잠자고 있는 "우리도 노력하면 잘 살 수 있다"는 본능에 불을 붙여야 한다.

이런 차원에서 탄생한 정신운동이 새마을운동이었고, 구호는 근면·자조·협동이었다. 박진환은 근면·자조·협동의 새마을정신은 청교도정신과 상통하는 것이며, 한국적인 자본주의 정신이라고 지적한다. 따라서 새마을정신의 생활화는 한국에 알맞은 자본주의 정신을 가꾸는 작업이었다는 것이다.[6]

박정희의 새마을운동이 획기적이었다는 평을 듣는 이유에 대해 경제학자 좌승희는 "모든 사람을 다 돕는 보편적 방식을 거부했기 때문"이라고 지적한다. 좌승희는 모든 사람을 돕는다는 사고방식보다는 "뭔가 해보겠다"는 강렬한 의지를 가진 사람들을 선별해서 돕는, 선택적이고 차별적이며 경쟁적인 방식으로 일을 추진한 것이 결정적인 성공 요인이었다고 말한다. 아울러 새마을지도자는 절대 정당 가입을 금지시켜 정치성을 철저히 배제했다는 점도 성공의 이유로 꼽아야 할 것 같다.

박정희는 "누구를 막론하고 새마을운동을 정치적으로 이용해서는 안 된다. 새마을운동이야말로 농민들에게 근면 자조 협동의 정신을 일깨워 농민이 잘살고, 마을을 잘살게 하며, 나라가 잘되게 하는 순수한 국민운동으로 승화되어야 한다"고 말했다. 만약 새마을운동에 정치색이나 권력자의 친인척 문제 등이 끼어들었다면 결코 성공하지 못했을 것이란 사실은 전두환 정부의 사례를 통해 적나라하게 체험한 바 있다.

---

6   박진환, 앞의 책, 245쪽.

새마을운동의 출발

새마을운동의 출발은 정부가 1970년 10월부터 다음 해 6월까지 전국 3만 4,665개 부락에 시멘트 300~355부대씩을 무료로 배급한 것으로 시작됐다. 시멘트를 시골 마을에 그냥 나눠준 것이 아니라 조건이 붙어 있었다. 가정마다 개인적으로 나눠 쓰지 말고 반드시 마을 공동사업, 즉 마을 진입로 확장이나 작은 교량 건설, 농가지붕 개량, 우물시설 개선, 공동목욕탕 건립 등에 써야 한다는 것이었다.

새마을사업을 위해 마을 당 지원된 시멘트와 철골(1971~1978)

연도	시멘트(포대)	철골(킬로그램)	비고
1971	338	0	
1972	264	503	
1973	280	561	*1974년도의 포대당 정부 공급가
1974	257	296	격은 350원이었음.
1975	280	365	**1974년의 철골 톤당 공급가격은
1976	227	309	90,000원이었음.
1977	227	291	***마을당 약 100만 원 상당이 지
1978	227	284	원되었음.
계	2,100*	2,609**	
금액	735,000원	234,000원***	

출처: 내무부, 『새마을운동』, 1978.

정부로부터 시멘트를 제공받은 부락 중에는 정부의 지원 조건과는 관계없이 농가마다 개별적으로 나눠 쓴 곳도 적지 않았다. 그러나 유능한 지도자, 화합과 단결이 잘되는 마을은 정부에서 지원한 시멘트로 마을 공동사업에 필요한 공사를 진행했다. 정부에서 지원한 시멘트가 모자란 곳은 각 가정이 조금씩 더 보태서 공동사업을 수행한 마을도 있었다.

다음 해에 전년도의 사업 실적을 평가한 결과, 절반가량인 1만 6,600여 마을은 지급된 시멘트를 이용하여 마을에 필요한 공동사업을 수행한 반면, 나머지 마을에서는 별다른 성과가 없었다. 박 대통령은 성과가 뚜렷한 마을에 한해 다음 해에 시멘트 500부대와 철근 1톤씩을 지원했고, 성과가 없는 마을은 지원을 끊었다.

이 소식을 들은 여당인 공화당은 대경실색했다. 지원 대상에서 제외된 부락은 다음 선거에서 여당을 지지하지 않을 수도 있다는 우려 때문이었다. 그러나 박정희는 요지부동이었다. 그는 청와대에서 열린 당정黨政협의회에서 다음과 같이 발언했다.

스스로 노력하고 협동하는 마을은 적극적으로 돕되, 노력하지 않거나 협동하지 않는 마을은 돕지 않겠다. 이 길만이 수 천 년 내려온 의타심을 뿌리 뽑고 자조하는 정신을 자각시키는 길이다. 이와 같은 방침으로 설령 선거 때 표를 못 얻어 져서 정권을 내놓는 한이 있어도 이 신상필벌의 원칙만은 바꾸지 않겠다.

1973년 정부는 전국의 모든 마을에 대해 그 실태를 조사하고 전국의 마을을 세 등급으로 나누어 마을마다 등급을 부여했다. 등급의 기준은 마을에 건전한 리더십이 존재하는지, 그에 의한 공유재산과 공동사업은 잘 운영되고 있는지, 주민의 소득수준은 얼마인지, 도로나 환경이 얼마나 정비되어 있는지 등이었다.

잘하는 마을에 더 많이 지원

정부가 정한 마을의 등급은 첫째가 '자립마을'로서 리더십이 건전한 가운데 공동사업을 영위하고 있는 마을이었다. 대략 2,300개 마을이 여기에 속했다. 둘째는 리더십과 공동사업이 불충분한 '자조마을'인데, 대략 1만 4,000개 정도였다. 셋째는 리더십과 공동사업이 없는 '기초마을Underdeveloped Village', 즉 저개발의 후진마을이었다. 여기에 속하는 것이 전체의 절반을 넘는 1만 8,400여 개나 되었다.[7]

정부의 지원은 자립마을을 중심으로 차별적으로 이루어졌다. 그러자 지원에서 배제된 마을들이 분기하여 새마을운동에 참가하기

---

7   이영훈, 「새마을운동을 다시 생각한다」, 박정희대통령기념재단, 『박정희정신』 제4호(2017년 7·8월호), 172~174쪽.

시작했다. 각 마을은 정부의 지원을 더 많이 받기 위해 선의의 경쟁을 하게 되었고, 더 좋은 성과를 내기 위해 협동 단결하는 분위기가 자연스럽게 조성됐다. 잠잠했던 농촌 마을들이 너도나도 자발적으로 일어나기 시작했다.

그런데 자립마을로의 승격이 그저 대충 시간이 흐르면 지정되는 것이 아니었다. 자립마을로 지정되려면 마을의 간선도로가 뚫려야 하고, 지붕과 담장의 80퍼센트 이상이 개량되어야 하며, 경지 수리율이 85퍼센트 이상, 마을 주변의 개천이 정비되어야 했다. 그리고 마을회관, 창고, 작업장 등 공동시설을 둘 이상 구비해야 하고, 마을 기금이 100만 원 이상 조성되어야 하고, 농외소득의 공동사업을 벌여 농가소득이 호당 140만 원 이상이 되어야 했다.[8]

이러한 여러 기준을 모두 충족하여 자립마을 지정 통지서가 대통령 하사금과 함께 내려오면 마을 사람들은 감격에 겨워 울기도 하고 풍악을 울리면서 잔치를 벌였다. 1979년 박정희 정부의 마지막 해에 전국 3만 4,800여 마을 가운데 97퍼센트가 자립마을로 승격되었다.

정부는 농촌지역의 소득증대와 생활환경 개선을 위해 막대한 투자를 했다. 투자도 어느 마을이나 고르게 한 것이 아니라 철저하게

---

8   이영훈, 앞의 논문, 179~180쪽.

선택적·차별적·경쟁적 방식을 도입했다. 잘하는 마을엔 더 많이, 못하는 마을엔 아예 지원을 끊었다. 그 결과 1970년에 80퍼센트에 달했던 초가지붕은 1975년에는 거의 찾아 볼 수 없게 되었다.

새마을운동을 통해 마을 안까지 자동차가 들어갈 수 있도록 진입로가 닦였고, 농가 마당까지 경운기가 출입할 수 있도록 마을길이 확장됐다. 진입로 건설과 마을길 확장에 필요한 토지는 주민들이 자발적으로 기증하여 사업을 진행했다.

280만 호의 농가에 전기를 공급하여 농민들이 텔레비전을 시청하고 각종 가전제품을 사용하게 하여 농촌에서도 현대 문명의 혜택을 누릴 수 있게 되었다.

전기가 들어간 농가수의 비율(1964~1977)

연도	총 농가(1,000호)	전화보급 농가수(1,000호)	비율(퍼센트)
1964	2,450	294	12.0
1966	2,540	404	15.9
1968	2,579	505	19.6
1970	2,483	670	27.0
1972	2,452	1,000	40.8
1974	2,381	1,402	58.9
1975	2,379	1,818	76.4
1976	2,366	2,184	93.9
1977	2,304	2,253	97.8

출처: 한국전력

1964년 전기가 들어온 마을은 12퍼센트에 불과하여 "우리도 한 번 전등불 아래서 살아봤으면"하는 것이 숙원이었다. 이른바 '전기 없는 마을 없애기 운동'을 벌일 때도 전봇대에서 가까운 마을부터 가설하는 것이 순서지만, 아무리 먼 산골이어도 새마을사업 성과가 좋으면 거기부터 전기를 넣어주도록 지시했다. 전봇대에서 가깝다고 앉아서 전기 들어올 날만 기다리는 나태한 마을은 철저하게 외면당했다.

모자라는 재원은 장기 저리의 외자를 도입하여 일을 추진한 결과, 1977년에는 농어민들의 98퍼센트가 전등불 아래서 생활할 수 있게 되었다. 불과 10여년 사이에 외딴 섬마을을 제외하고는 모든 농촌 마을에 전기가 공급된 것이다.

02

통합적 개발방식의 도입

행정부서는
모두 참여하라

　새마을운동은 잘살기 운동이다. 북한 지도자가 수십 년 동안 "기와집에서 이밥^{쌀밥}에 고깃국을 먹게 해 주겠다"는 말을 염불처럼 외웠지만 아직도 그 약속을 지키지 못하고 있는 것과 비교하면 그 의미는 자명해진다.

　박정희 대통령은 농민들을 잘 살도록 하기 위해 1970년대 중반부터 새마을운동을 농어민 소득증대사업으로 전환했다. 박 대통령은 쌀이나 보리 등 식량작물 위주의 영농만으로는 농가 소득이 증가하는 데 한계가 있다고 보았다. 따라서 식량작물 외에 수익성이 높은 경제작물이나 특용작물, 공업용 원료를 생산하는 방향으로 영농 방법을 근본적으로 전환해야 농가 소득증대와 농촌 근대화를 이룩할 수 있다고 판단했다.[9]

　이를 위해 전국적으로 약 100개소에 품목별 주산단지를 조성하

9　심용택, 『굴기-새마을운동(8)』, 동서문화사, 2015, 37~38쪽.

는 농어민 소득증대 특별사업을 추진했다. 경제작물이나 특용작물, 공업원료를 생산하더라도 그것을 원료로 팔면 큰 소득을 얻지 못한다. 때문에 이것을 가공처리하고 공업제품화 하여 국내시장에 팔거나, 해외에 수출해서 농업과 공업이 함께 발전할 수 있도록 농수산물 가공처리공장을 건설하도록 유도했다. 이것이 박정희가 추진한 농공農工병진정책이다. 박 대통령은 농수축산물의 가공산업을 이끌기 위해 정부 산하에 농어촌개발공사를 발족시켰다.

그리하여 서울시 주변 농촌에서는 고등원예와 고등소채를 재배했고, 다른 농촌지역에서는 잠업蠶業, 양송이나 과일, 엽연초 재배, 아스파라거스 등을 키우는 온상재배와 양봉, 목축사업이 추진되었다. 또 새마을공장을 건설해 농한기에도 농외 소득을 올리도록 했다.

그 결과 농가 소득이 증대되어 1974년에는 농촌의 소득이 도시 근로자 평균 소득을 초과했다. 다수확 품종인 통일벼의 대량보급을 통해 식량의 자급자족이 가능해지면서 수천 년 이어오던 보릿고개, 초근목피란 말 자체가 사전에서 사라졌다.

1973년 4월 22일 전남 광주에서 열린 새마을지도자 대회에서 박정희 대통령은 새마을운동과 관련하여 자신의 경영철학과 역사관이 담긴 유명한 연설을 했다. 다음은 당시 연설의 요약이다.

새마을운동이란 무엇이냐? 나는 작년 이 자리에서 간단히 말해 '잘살기 운동'이라고 정의했다. 여기서 잘산다는 건 나 혼자 잘 먹고 잘사는 게 아니고 서로 도와서 나와 함께 이웃도 우리 고장도 우리나라도 잘사는 것을 뜻한다. 아니 그것을 뛰어넘어서 우리 후손들에게 부강한 나라, 살기 좋은 나라를 만들어 물려주는 것, 이것이 참되게 잘사는 것이다. 이것이 지금 우리가 벌이고 있는 새마을운동의 궁극적인 목표다.

지난날 우리나라는 일제 강점시대와 6·25전쟁을 거치면서 너무 못살아서 외국에 갔다가 누가 어느 나라에서 왔느냐고 물으면 '나는 한국 사람이오' 하고 떳떳하게 말하는 사람이 많지 않았던 게 사실이다. 그러나 앞으로는 누가 물으면 "나는 대한민국 사람이오" 라고 가슴을 펴고 당당하게 말할 수 있는 그런 나라를 만들어야 한다. 그런 자랑스러운 나라를 만들어 후손들에게 물려주자. 이것이 우리가 노리고 있는 새마을운동의 궁극적인 목표인 것이다.

스스로 노력하라

박정희는 말로만, 구호로만 "잘살자"고 외치는 스타일의 인물이 아니었다. 그는 구체적인 실천 방법을 자세히 내놓고 자신이 선두에 서서 국민들을 이끌었고, 공무원 조직을 동원하여 뒤에서 밀며 실의에 빠진 국민들을 분기시켰다.

잘사는 나라를 만드는 방법은 간단했다. 남을 탓하지 말고, 내가 먼저 나서서 스스로 노력하고, 부지런해야 한다는 것이다. 그는 이렇게 말했다.

첫째는 근면이다. 옛말에 일근선지장(一勤善之長)이요, 일태악지장(一怠惡之長)이란 말이 있다. 부지런한 것은 착한 것의 으뜸이요, 게으른 것은 나쁜 것의 으뜸이란 뜻인데 새마을정신의 정곡을 찌르는 말이 될 것이다. 그 다음에는 자조정신이 강해야 한다. 서로 협동을 잘해야 한다는 뜻이다. 그래서 근면·자조·협동이 새마을운동의 행동강령이 되는 것이다. 이는 조국 근대화를 위한 일대 약진운동이요, 동시에 범국민적인 정신혁명운동인 것이다. 또한 이 운동은 반드시 주민의 소득 증대와 직결돼야 한다는 점을 강조하고자 한다. 소득 증대가 이루어지지 않고는 열의가 식어버리고 점차 흥미를 잃게 되기 때문이다.

그러나 새마을운동은 단순하게 잘살기 운동이 전부라고 볼 수는 없다. 국민들을 배불리 밥 먹이려면 의욕을 상실하고 절망과 체념에 지친 국민들을 일으켜 세워야 했기 때문이다. 지난 수백 년 세월을 양반들에게 수탈당하며 가난을 숙명처럼 떠받들며 살아온, 국민의 절대다수를 차지하는 농민들을 분발시키기 위해 시작한 것이 새마을운동이다.

이런 의미에서 이영훈 교수는 새마을운동이 인간개조와 사회개조를 위한 개혁이었다고 지적한다. 박정희 대통령은 5·16군사혁명 직후 발표한 혁명공약 제3장에서 "나라의 부패와 구악을 일소하고 퇴폐한 국민 도의와 민족정기를 바로잡는다"고 했는데, 그것의 실천이 곧 새마을운동이었다는 주장이다.[10]

새마을사업은 전국의 농민들이 마을 단위로 자기들 스스로의 힘으로 사업을 전개하는 것이 기본이었다. 정부의 역할은 농민들이 자기 마을을 근대화하는 데 적극 참여하는 분위기를 조성해 주는 일이었다. 즉, 잘하는 마을에는 파격적인 지원을, 못하는 마을에는 지원을 끊는 정의의 신상필벌信賞必罰 원칙을 엄격히 적용했다. 이러한 신상필벌이 성공의 요인이었다는 점은 좌승희가 가장 먼저 제기한 것이다.

이런 원칙이 엄격하게 집행되자 새마을사업에 소극적이었던 마을들이 "우리도 낙오해서는 안 되겠다. 남보다 더 잘사는 마을을 만들자"면서 분발하기 시작했다. 박정희는 마을 간에 경쟁 심리를 부추겨 성취도를 높이도록 새마을운동을 정의하고 설계했다. 그렇다고 정부가 뒷짐만 지고 서서 구령이나 외치면서 구경만 했다는 뜻은 아니다.

새마을운동의 추진 방식을 보면 박정희 특유의 패키지 프로그램 Package Program, 혹은 통합적 개발Integrated Development 개념이 일사불란하게

---

10   심융택, 『굴기-새마을운동(8)』, 동서문화사, 2015, 37~38쪽.

작동되었음을 알 수 있다. 예를 들어본다.

야산을 개간하고 양잠 주산지를 조성하는 일은 농림부 단독의 힘만으로는 잘 추진될 수 없는 일이었다. 야산을 개간하고 도로를 개설하는 데는 건설부 소관 장비와 기술 인력이 필요했고, 양잠농장들이 누에를 치는 데는 전기가 들어가야만 좋은 누에고치가 생산될 수 있었다. 오지에 있는 양잠농가들이 전등불을 켤 수 있으려면 상공부 산하의 한국전력회사가 전기시설을 해 주어야만 했다.

전 행정부서의 참여 유도

박 대통령은 가장 먼저 일선의 군 지방행정기관들이 지역 내의 소득증대 특별사업을 효과적으로 추진하도록 하기 위해 중앙정부의 관련 부서, 즉 농림·내무·상공·재무·경제기획원의 장차관들로 특별위원회를 구성하고 그 위원장을 국무총리가 맡도록 했다.[11] 그는 농촌 출신이었기 때문에 농촌 개발을 위해서는 중앙정부의 관련 부처들이 서로 협조를 잘해야만 실효를 거둘 수 있다는 사실을 꿰뚫어본 것이다.

그리고 농촌 근대화를 앞당기기 위해 각 부처가 맡은 분야에서 십시일반으로 예산을 배정하도록 의무화했다. 내무부는 시멘트와

---

11   박진환, 앞의 책, 106쪽.

철골을 전국의 마을에 배급하는 책임을 맡았다. 또한 이것들이 마을 주변의 생활환경을 개선하는 데 쓰이도록 행정지도를 담당했다. 새마을사업이 추진된 1971년부터 1978년까지 8년 동안 새마을사업을 위해 정부가 전국의 마을에 지원해 준 시멘트는 마을당 2,100 포대, 철골은 2.6톤이었다.

1970년대의 한국경제는 시멘트와 철골을 국내에서 생산하고 있었다. 때문에 이 자재들을 마을 단위까지 아낌없이 지원할 수 있었다. 만약 시멘트와 철골이 국내에서 생산되지 못해 해외에서 수입해야 하는 상황이었다면, 외화 부족으로 충분한 양을 마을 단위에 지원할 수 없었을 것이다.

상공부는 농촌에 전기 가설을 담당했다. 상공부는 한국전력으로 하여금 농촌의 전기보급률을 높이는 일에 적극 참여하도록 했다. 1977년에 전국의 거의 모든 농가가 근대화의 혜택을 받게 되어 밤에도 낮처럼 공부하고 일할 수 있게 되었고, 가전제품을 사용할 수 있게 되었다.

체신부는 마을 단위에 전화 1대씩을 가설하는 일을 맡아 100호 정도의 농가들이 1대의 전화를 공동으로 이용함으로써 농촌 주민들의 긴급한 전화 수요를 충족시켰다. 보건사회부는 읍면 단위로 간이보건소를 설치하여 의사와 간호사 1명씩을 배치하여, 지역 농민들에게 1차 진료와 질병 관련 상담, 가족계획에 관한 정보를 제공했다.

농림부는 다수확 신품종이었던 통일벼의 보급과 함께 고미가高米價 정책으로 농민들의 증산 의욕을 높였다. 게다가 1968년부터 시작된 품목별 주산단지 조성사업의 성과가 1970년대 들어오면서 나타나기 시작하여 쌀농사 이외의 새로운 소득 작목에서 현금소득이 늘어났다. 그 결과 1970년대의 농가소득은 도시 근로자들의 가계소득보다 높아졌다.

이처럼 농민들이 마을 단위에서 자신들의 힘으로 근대화 사업을 일으키는 데 도움을 줄 수 있는 분위기 조성을 위해 정부 내의 각 부처들이 십시일반으로 소관 부서 예산의 일부를 농촌부문에 배정하도록 시스템화한 것이 박정희의 리더십이었다.

박정희는 평소부터 농촌 근대화는 어느 한 분야만 근대화되고 다른 요인들이 전근대적일 경우 실효를 거두지 못한다는 농촌의 실정을 파악하고 있었다. 때문에 이와 같은 범정부적 참여를 위한 시스템을 구축한 후 농촌 근대화를 위한 패키지 프로그램, 혹은 통합적 농촌개발 프로그램을 도입한 것이다.

이처럼 정부 내의 여러 부처가 새마을사업에 참여했지만, 정부 내의 기존 기구와 인원들을 이 사업을 위해 전용했을 뿐 새마을사업을 위해 새로운 기구나 인원이 늘어나지는 않았다.[12] 또 1970년대에 전국적으로 실시된 새마을교육도 기존의 공무원교육원 시설과 그곳에

---

12   박진환, 앞의 책, 107쪽.

근무하던 교수 요원들이 새마을교육을 위한 교과 과정을 추가했을 뿐이다. 새마을교육을 위한 별도의 비용지출은 많지 않았다.

새마을운동에 목숨 건 사람

박정희 대통령은 평생 주변에서 수없이 보약을 권했으나 단 한 번도 복용하지 않았다. 그런데 '새마을 교주敎主'로 불리던 김준 새마을지도자 연수원장이 과로로 건강이 좋지 않다는 보고를 받자 보좌관에게 이렇게 지시했다.

"김 원장에게 보약 좀 지어서 보내줘. 내가 보내더란 말은 하지 말고."

농협대학에 재직하던 중 새마을지도자 연수원장으로 발탁된 김준 교수는 연구생들과 침식을 같이하며 새마을정신의 보급에 정열을 불태웠다. 연수원을 수료한 많은 사람들은 "김준 원장은 새마을교육을 위해 태어난 사람"이라고 말했다. 그리고 많은 수료생들이 새마을교육의 지속적인 성과를 위해 김준 원장의 건강을 염려했다.

새마을운동이 전국에서 요원의 불길처럼 일어날 때 박정희는 "내가 대통령이 안 됐으면 새마을지도자가 되었을 것"이라는 말을 하고 다녔다. 박정희는 새마을운동을 성공시키기 위해 자신의 모든 것을 바쳤다.

청와대에서 새마을운동 실무 담당자였던 박진환 특보의 증언에 의하면 대통령 지시에 의해 국무위원들이 절반으로 나뉘어 단체로 새마을연수원에 입소하여 교육을 받았다. 1974년 7월 20일 장·차관, 대학총장, 언론계 중진 등 53명이 입소하여 남녀 새마을지도자들과 함께 구보를 하고 노래도 부르며 새마을 성공사례를 들으면서 감격의 눈물을 흘렸다.[13]

1진이 교육을 마치고 현업 복귀하고 2진의 입소는 8월 17일로 예정되어 있었다. 장·차관들의 입소 교육을 앞두고 있던 1974년 8월 15일, 육영수 여사가 문세광의 흉탄에 사망했다. 다음날 새벽 2시경 박정희 대통령은 육 여사의 시신이 안치된 청와대 접견실로 내려와 오래도록 통곡했다. 그때 김종필 국무총리가 들어오자 울음을 멈추고 이렇게 말했다.

"김 총리, 내일 나머지 장관들은 예정대로 새마을 교육 받으러 입소하는 거지?"

김종필 총리가 "아니올시다. 국장國葬 때문에 장관들의 새마을교육은 일단 연기해야겠습니다"라고 답하자 대통령은 "국장이라고

---

13   박진환, 앞의 책, 197쪽.

해서 모든 장관들이 있어야 할 필요가 있나? 먼저 다녀온 장관들만 있어도 되지 않겠는가"하고 입소를 지시했다.

아무리 그래도 그렇지 영부인이 암살범의 흉탄에 목숨을 잃어 온 나라가 비탄에 잠겨 있는 마당에 국무위원들 새마을교육을 챙기다니…. 박진환 특보는 이 말을 듣고 "박정희 대통령이 새마을운동에 목숨을 걸었구나" 하는 생각에 전율을 느꼈다고 한다.

새마을사업의 직접 비용은 전국의 마을 단위로 정부가 지원해 준 시멘트와 철골, 그리고 우수 마을에 대해 정부 포상금이 지급된 것이 전부였다. 전국의 마을에 지원한 시멘트와 철골을 1974년 시가로 환산하면 마을당 연간 250만 원에 불과했다.

이 정도의 투입In Put으로 마을 주민들이 건설한 콘크리트 교량의 총 수는 전국에서 6만 5,000개, 마을당 총 2,000미터의 마을길이 넓혀졌으며, 토지 소유주들은 새마을사업을 위한 부지를 위해 마을당 약 1,500평의 소중한 땅을 희사했다. 그리고 마을 주민들은 10년 동안 무보수로 새마을사업을 위해 노동력을 제공했다.

이 수치는 전국에 있는 3만 3,000여 개 마을들에서 실시된 전국 평균치다. 1972년부터 1979년까지 많은 사람들이 새마을교육을 받았다. 이 기간 중 합숙교육을 받은 사람은 67만 7,900명이었다.

1967년에는 농가소득이 도시가구의 60퍼센트에 불과했으나 꾸준한 소득증대사업 성과가 나타나면서 1974년에는 도시 노동자의 소득을 넘어서기 시작했다. 액수로 보면 1970년 농가 소득은 25만 6,000원이었으나 1975년 87만 3,000원, 1978년 160만 원으로 8년 사이 6배 이상 증가했다. 이러한 농가 소득증대는 통일벼 등 다수확 신품종 개발로 인해 쌀 수확량이 획기적으로 늘어난 것이 큰 요인이었다.

쌀의 자급자족에 성공

1977년 우리나라의 쌀 수확량은 4,710만 6,000섬으로 사상 처음으로 4000만 섬을 돌파해 보릿고개 문제를 완전 해결했다. 이후 해마다 수백만 섬의 쌀이 남아돌아 '혼분식 장려 캠페인'을 중단하고 '쌀 소비 촉진운동'을 벌여야 하는 상황이 됐다.

주부들은 농촌에서 성행하던 도박과 음주의 폐단을 물리치는 데 앞장섰고, 끼니때마다 절미 통에 쌀 한 숟가락씩을 저축하여 부녀회 기금을 마련하고, 마을금고를 통한 저축운동을 시작했다. 무당이나 점쟁이들에 대한 수요가 크게 줄어 농촌에 거주하던 무당이나 점쟁이들이 대도시로 이주해야 했다.

정부가 제시한 15가지의 새마을사업들 가운데 가장 어려웠던 것은 마을 안길을 넓히는 일이었다. 동력 경운기가 농가의 마당까지 드나들려면 마을 안길 양쪽의 담과 건물 일부를 헐어야 하는 경우가 많았다. 이러한 의사결정은 마을 주민들이 마을회관에 모여 다수결로 결정했다. 박정희 정부에서 경제특보로 일했던 박진환은 이 과정에서 그동안 농어민들이 경험하지 못했던 민주적 의사결정을 하면서 민주주의를 체득했다고 설명한다.[14]

또 박정희 대통령은 농가 소득증대를 위해, 그리고 전 국민 건강 증진을 위해 낙농을 적극 장려했다. 박정희 대통령은 국가재건최고회의 의장 시절부터 낙농업 육성에 관심이 많았다. 이유는 "아이들에게 우유를 원 없이 먹이기 위해서"였다. 경향신문 보도에 의하면 박정희 당시 국가재건최고회의 의장은 1962년 9월 경남 마산을 방문하여 양찬우 경남지사에게 "도시에 낙농 클럽을 많이 설치하여 체질이 허약한 학생들에게 우유를 공급하라"고 지시하는 장면이 발견된다.[15]

박 대통령의 낙농사업 육성은 대통령 취임 후 서독과 호주·뉴질랜드를 순방하면서부터 본격화되기 시작한다. 1964년 박 대통령이 서독을 방문하여 함보른 탄광에서 광부와 간호사를 격려하며 눈물을 흘린 사실은 너무나 유명한 일화다. 그런데 서독에서 푸른 숲에 감탄하고 낙농산업에 큰 전기를 마련한 사실은 잘 알려져 있지 않다.

박 대통령은 서독의 낙농업에 큰 감명을 받고 독일 지도자들에게

---

14   박진환, 앞의 책, 119~120쪽.

15   「경향신문」, 1962년 9월 22일.

"우리 국민들에게도 원 없이 우유를 먹이고 싶다"는 소박한 희망을 밝혔다.[16] 이것이 계기가 되어 서독은 우리나라에 낙동 전문가 5명을 파견하고 낙농 관련 각종 장비와 200여 두의 홀스타인 품종 젖소를 제공했다. 국내에서 본격적인 낙농업의 출발은 1969년 한독^{韓獨} 정부 간의 낙농협력으로 출범한 '한독시범농장^{현 안성팜랜드}'으로 본격화되기 시작했다.

"국민에게 우유와 고기를 많이 먹입시다"

한독 시범농장의 목장 부지는 농협이 매입했고 장비와 기술지원 및 차관 지원은 서독이 담당했다. 200여 두의 홀스타인 젖소는 캐나다에서 들여왔다. 독일 벤츠에서 만든 최고급 독일제 낙농업 관련 기계가 우리나라에 도입된 것도 이 무렵이다.

박 대통령은 1968년 9월 15일부터 9월 25일까지 호주와 뉴질랜드를 순방했다. 뉴질랜드 방문 기간 중 박 대통령은 목축업과 낙농업 현황에 대해 큰 관심을 보였다. 낙농업이 발달한 뉴질랜드 중부지역의 치즈공장을 방문한 박정희는 공장장에게 "이만한 규모의 공장을 세우려면 비용이 어느 정도나 들며, 공장을 정상 가동시

---

16   낙농업 관련 부분은 한영수, 「간장을 뚫고 나온 아이 국민들에게 우유를 먹이다」, 박정희대통령기념재단, 『박정희정신』 제3호(2017년 3·4월호) 참조.

키는 데 몇 마리의 젖소가 있어야 하는가, 근무자는 몇 명이 필요한 가"에 대해 꼬치꼬치 캐묻고 직접 메모를 했다.

언론 보도에 의하면 홀리오크 뉴질랜드 수상은 오클랜드 시장 주최의 만찬회에서 "박 대통령을 안내하는 동안 그가 너무 자세하고 많은 질문을 하여 답변하느라 혼이 났다"고 밝혔다.[17]

당시 박정희와 축산 실무자들은 호주와 뉴질랜드를 방문하여 목초 재배, 사료 저장 방법 등 기술을 배웠다. 이때 박 대통령은 뉴질랜드 정부에 젖소 지원을 요청했고, 뉴질랜드 정부가 이를 받아들여 경기도 평택에 한·뉴 시범목장^{현 매일유업 시범목장}을 설립하게 된다.

이 농장에서 뉴질랜드로부터 도입한 젖소 101마리가 사육되었는데, 농어촌개발공사가 외국 차관과 기술을 제공받아 시범목장을 건설하고, 한국으로 젖소들을 사람도 타기 힘든 비행기에다 태워 수송했다. 젖소가 한국에 도착할 때 '수입젖소 환영'이라는 현수막을 내걸고 환영식을 거행할 만큼 우리나라의 낙농업 육성은 간절했다. 박정희는 황무지에 풀씨를 뿌려 목초를 기르고 소들을 먹이는 곳을 찾아가 당부했다.

"열심히 키워서 우리 국민에게 우유와 고기를 많이 먹입시다. 축산도 식량입니다."

---

17 「동아일보」, 1968년 9월 23일.

당시 국내의 축산 전문가들은 한국의 토양에서는 축산업이나 목축업이 어렵다는 비관론에 젖어 있었다. 이런 말을 들을 때마다 박정희는 이렇게 외쳤다.

> 한국 땅에는 목초가 자라지 않는다, 한국에서는 축산이 안 된다는 결론부터 먼저 내놓으면 한국의 축산은 영원히 발전하지 못합니다. 우리나라 땅처럼 저렇게 버려두면, 거기는 1년뿐 아니라 10년을 두어도 단 1전도 나오지 않습니다. 그만큼 우리는 국토를 이용할 줄 모른다 이겁니다. 다른 재주는 비상한 국민이라 생각하는데, 풀을 가꾸거나 나무를 가꾸는 재주는 세계에서 제일 뒤떨어져 있습니다.
> 한국 사람의 관념이란 풀이란 것은 그저 그대로 내버려 두면 잘 자라는 거다, 안 자라는 것은 비가 오지 않기 때문에 사람의 잘못이 아니라 하늘의 잘못이다, 이런 사고방식을 가졌기 때문에 우리나라 목초가 발전이 되지 않았다고 생각합니다.

정부는 시범목장에서 공급되는 원유로 우유를 생산하기 위해 정부 투자기관인 한국낙농가공을 설립했다. 후에 이 회사의 지분을 사업가 김복영에게 매각하여 매일유업이 탄생했다. 박 대통령은 또 일본 와세다대학 출신인 홍두영에게 낙농사업을 권장하여 남양유업이 출범했다.

박정희 대통령은 축산·낙농업을 부흥시키기 위해 많은 노력을 기울였고, 성과도 많이 나왔으나 제주도에서는 결과가 신통치 않았다. 반면 맥그린치 신부가 제주도에서 운영하는 이시돌 목장은 승승장구했다. 대체 그 이유가 무엇일까? 어떤 차이 때문에 이런 일이 벌어지는 것일까?

그 해답을 찾기 위해 박 대통령은 1972년 6월 5일 청와대에서 개최된 월간경제동향회의에 맥그린치 신부를 초청하여 목장 운영현황에 대해 자세한 설명을 들었다. 박 대통령은 그때까지만 해도 축산이란 그저 소와 말, 양들을 야산에 풀어놓고 그것을 가둬 기를 수 있는 축사나 관리사만 있으면 된다는 생각을 가지고 있었던 것 같다.

이시돌 목장 성공사례를 배우다

그런데 파란 눈의 외국인 신부는 "그런 방식으로는 절대 성공할 수 없다"면서 "벌판을 갈아엎은 다음 거기에 목초를 심어 우마를 방목하는 목초지 방식으로 바꾸어야 한다"고 상세하게 설명했다. 맥그린치 신부의 보고를 들은 박 대통령은 큰 깨달음을 얻었다. 맥그린치 신부로 인해 지금까지 가지고 있었던 목장관(觀)을 완전히 바꾼 것이다.

박 대통령은 1973년 2월 16일 연두순시를 위해 제주도를 방문한 자리에서 이승택 지사에게 다음과 같이 신개념의 축산 진흥에 대해 지시했다.

야산에 소나 말을 풀어놓아 기르는 재래식 사육방식인 방목을 점차 줄여 나가고 목초 재배에 힘써야 한다. 또 가축을 괴롭히는 진드기가 있어서 안 된다는 소리만 하고 들과 산에 불이나 지르고 있으면 되겠는가. 대학의 농대와 농고 학생들에게도 새로운 축산 방법을 교육시키고, 축산 농가에도 목초 재배기술을 보급시켜라.

맥그린치 신부가 운영하는 이시돌 목장 방식으로 초지조성과 목장경영을 전환하도록 지시한 것이다. 다음날인 2월 17일 박 대통령은 성공의 현장인 이시돌 목장을 직접 방문했다. 늦겨울 비가 내리는 가운데 박 대통령은 4시간 동안 목장 곳곳을 살피며 맥그린치 신부로부터 현대식 축산에 대한 자세한 설명을 들었다. 그날 저녁식사에 맥그린치 신부를 초청한 박 대통령은 이시돌 목장의 숙원사업이었던 한림항까지의 도로 포장, 전기와 전화 가설을 해결해 주었다.

박 대통령의 특별지시에 의해 2월 16일 제주도는 목야지 면적 5만 헥타르 기준, 1헥타르 당 2두로 계산하여 축우 10만두 확보에 나섰다. 이를 위해 200헥타르 규모의 축산개발사업소를 설치하여 축산개발의 기술적 업무와 인공수정 업무를 담당하도록 했다.

또 진드기 퇴치를 위한 약욕장과 간이 구제장을 다수 설치하고 제주도 전체가 동시에 적극적으로 구제에 나서 큰 성과를 올렸다. 박 대통령은 제주도에서 본격적으로 축산 진흥을 성공시키려면 농가에서 부업 수준의 소규모 축산으로는 의미가 없다고 판단하고 축산에 뜻이 있는 농가들이 집단으로 초지를 조성하고 협업해서 일정 규모 이상의 축산을 하거나, 축산을 기업화하여 대규모 축산을 유도했다.

이를 위해 박 대통령은 5·16도로 연변, 해발 200미터 중산간 지대에 대학의 축산과와 농고 축산과를 졸업한 우수한 청년들을 선발하여 이들이 협업농장을 마련하는 것을 적극 지원했다. 협업축산과 기업목장을 위해 세제상의 감면도 해 주었다.

정부의 축산진흥정책이 본격화되자 조중훈 한진그룹 회장이 제주 동부지역에 위치하고 있던 대규모 말 목장이었던 녹산장鹿山場 터를 사들여 제동목장을 건설했다. 제동목장은 도내 중산간 유휴지 개간을 통해 생산성이 높은 초지를 조성하여 초지 위주의 육우 생산체계를 확립했다.

이어 대단위 목장인 대원목장, 남영목장, 건영목장에 대한 본격적인 투자가 시작되어 축산 제주의 틀이 갖춰졌다. 이로써 박정희가 선언했던 '축산입국'은 현실화되어 전 국민은 원 없이 우유를 마실 수 있게 되었고, 고기도 맘껏 먹을 수 있게 되었다.

리더십과 팔로워십(Followership)의 조화

무엇보다 새마을운동의 값진 성과는 그동안 '수탈의 대상'으로만 존재하던 농민들의 잠재력을 폭발시켜 국가발전에 동참시켰다는 점이다. 피터 드러커는 국가나 조직이 순기능을 발휘하려면 개개인이 잠재력과 창의력을 발휘할 수 있도록 구성원 모두에게 합당한 지위와 역할이 주어져야 한다고 말했다.

조선시대는 3퍼센트의 소수 양반이 97퍼센트의 백성을 수탈하는 철저한 반상班常의 계급사회였다. 이러한 계급사회에서는 개개인이 가진 잠재력과 창의력이 제대로 발휘될 기회가 거의 없다. 지배계층은 백성들의 잠재력이 무엇인지 알려고 하지 않고, 오히려 백성들이 잠재력을 발휘할까 두려워 교육도 시키지 않아 무학無學·문맹文盲의 체제를 유지한 것이다.

박정희는 새마을운동을 통해 가난의 나락에 빠져 신음하던 농민들의 혼을 일깨웠다. 그들에게 "우리도 할 수 있다"면서 조국 근대화의 대열에 동참하도록 유도했다. 그것은 조선조 500년, 일제 식민지 36년 동안 짓눌리고 억눌려 살아왔던 97퍼센트에 달하는 이 땅의 국민을 일으켜 세워 지도부와 국민이 한 덩어리가 되어 뜨겁게 일하도록 만든 한민족 역사상 최초의 계기를 제공했다.

로버트 켈리는 한 조직의 성공에서 리더십이 차지하는 역할은

20퍼센트이며, 나머지 80퍼센트는 팔로워십에 의한 결과라고 강조한다. 아무리 뛰어난 리더라도 팔로워들의 지지와 열정이 뒷받침되지 않을 경우 조직을 성공적으로 이끌어갈 수 없다는 뜻이다. 새마을운동은 한민족 역사상 드물게 지도자가 앞장서서 이끌고, 국민들이 열과 성을 다해 그것을 밀어주며 혼연일체가 되어 '잘살아 보자'는 열망을 실현한 리더십과 팔로워십의 완벽한 조화였다.

1998년 7월 조선일보와 한국갤럽이 정부수립 50주년 기념으로 실시한 국민 여론조사에서 대한민국 50년 역사상 우리 국민이 성취한 가장 큰 업적으로 새마을운동이 선정되었다. 뿐만 아니라 유엔의 세계빈곤퇴치 특별위원회는 새마을운동을 후진국 발전의 롤모델로 삼고 있다. 새마을운동은 또 생활의 모든 면에서 근본적인 변화를 가져 온, 세계에서 유례를 찾아볼 수 없는 사회발전운동으로 평가받고 있는 것이다.

이제 새마을운동은 한국의 울타리를 벗어나 전 세계 빈곤에서 탈출하고자 하는 74개국에 수출되었다. 새마을운동을 발생국가에서 배우기 위해 수많은 해외 인사들이 한국을 찾고 있다. 지금도 캄보디아, 라오스 등 아시아 국가와 탄자니아, 콩고 등 아프리카 국가 사람들이 새마을운동을 배우기 위해 우리나라를 찾고 있다. 세계은행에서는 새마을운동을 '공동체 주도 발전 Community Driven Development·CDD으로 칭하며 이론적으로 체계화하고 있다.

새마을운동 제창 41년인 2011년에 국회는 '새마을운동조직 육성법' 개정을 통해 '새마을의 날4월 22일'을 국가 기념일로 제정했다. 현재 새마을운동은 저개발국가의 발전모델로 선정돼 2010년까지 아시아, 아프리카 등 103개 나라 5만여 명이 교육을 받았다.

2003년 한국으로 유학 온 아프리카 콩고의 은쿠무 박사는 한국의 발전상을 보고는 고민에 빠졌다. 국가발전모델을 배우기 위해 유럽에도 가 보았지만 가난한 자기 조국에 적합한 모델은 찾을 수 없었다. 콩고는 공업용 다이아몬드 생산 세계 1위의 나라다. 그런데 자원도 풍부하고 국토도 넓은 이 나라가 한국처럼 발전하지 못하는 이유는 무엇일까? 자원도 빈약하고 국토도 좁은데다 수많은 국민이 몰려 사는 한국은 무슨 방법을 썼기에 이렇게 잘사는 것일까?

"새마을운동을 배우고 싶다"

그는 한국의 곳곳을 답사하고 농촌을 둘러보는 과정에서 새마을운동을 알게 되었고, 대한민국의 성공은 새마을운동 덕분이란 사실을 확인할 수 있었다. 그는 114 안내를 통해 새마을연수원 전화번호를 알아내 무작정 전화를 걸어 "나는 콩고에서 온 사람이다. 새마을운동을 배우고 싶다. 새마을운동을 배워 내 조국 콩고를 가난에서 구하고 싶다"고 도움을 청했다.

이 전화가 계기가 되어 은쿠무 박사는 새마을 연수원에서 체계적인 새마을지도자 교육을 받았다. 2004년 여름방학 때 자신의 조국으로 돌아가 시범마을 5곳을 정해 한국에서 배운 대로 새마을운동을 시작했다. 이곳은 유엔, 유니세프, 세계식량기구FAO 등 국제기구들이 빈곤탈출을 위해 다양한 원조를 해 주었지만 실패했던 곳이다.

은쿠무 박사는 줄기차게 새마을운동을 지도한 끝에 2~3년 만에 결실을 보기 시작했다. 콩고의 2009년 1인당 GDP는 171달러인 데비해, 은쿠무 박사의 지도하에 새마을운동을 시작한 키부야 마을 등 18개 마을의 GDP는 600달러로, 콩고 평균보다 무려 3.5배나 높았다.

『중국의 부상浮上』The Rise of China이란 책을 쓴 미국 랜드 연구소의 윌리엄 오버홀트는 중국을 산업혁명의 길로 이끈 덩샤오핑鄧小平이 박정희 모델을 모방했다면서 박정희의 개발전략을 높이 평가했다.

덩샤오핑의 개혁·개방 이후 중국이 놀라운 속도로 경제발전을 하게 된 것은 수출주도의 경제발전 전략을 추구하면서도 대외개방에 신중을 기하고, 국가 주도의 강력한 산업정책을 추진하며, 새마을운동을 따라 하는 등 한국의 경험과 접근방식을 그대로 적용해 왔기 때문이다. 수천 년 동안 중국을 추종해 왔던 우리나라가 중국에 영향을 주는, 우리 역사상 가장 큰 변화가 일어난 것이다.

03

고슴도치 이론

"자기 집에 불이 나면
그 집 식구들이 먼저 불을 꺼야"

　박정희는 인간다운 따뜻함과 권력자로서의 서슬 퍼런 면모를 함께 갖춘 복잡한 인간 유형이었다. 쿠데타라는 충격요법을 통해 헌정憲政질서를 뒤엎고 권력을 쟁취하는 혁명가적인 기질이 번득이는가 하면, 청와대의 청소부나 목수에게도 존칭을 사용하는 등 깍듯한 예의범절이 몸에 밴 인물이었다.

　늘 '현장'을 중시했던 박정희는 국가재건최고회의 의장 시절은 물론 대통령 재임 중에도 수시로 자동차나 전용열차, 헬리콥터 등을 이용하여 궁금한 일이 생길 때마다 밤과 낮을 가리지 않고 현장확인을 위해 달려가곤 했다. 이 와중에 여러 차례 헬기 사고가 발생하여 구사일생으로 목숨을 건졌다.

　1967년 여름 박 대통령은 동해안지구 경비상황과 서울~강릉 간 영동고속도로 건설 예정지를 시찰하기 위해 헬기를 타고 이동했다. 1호기에는 대통령과 이후락 비서실장, 박종규 경호실장, 임충식 국방부장관, 김계원 육군참모총장, 대통령 주치의 지흥창 박사가 탑승했고, 2호기에는 강상욱 청와대 대변인, 김상복 정무수석, 신동관 경호실 차장, 그리고 풀Pool 기자로 신아일보의 정준모 기자가 탑승했다.

일기는 화창했다. 그런데 서울을 떠난 헬기가 대관령 고개를 막 넘어 삼척으로 향하던 중 대통령이 탑승한 1호기가 뿌연 연기를 내뿜으며 급강하했다. 정준모 기자는 처음에는 고속도로 예정지를 시찰하느라 저공비행을 하는 줄 알았는데 뿌연 연기를 뿜는 것을 보고 이상하다고 생각했다. 순간, 연기의 농도가 검게 변하는 모습을 보면서 대통령이 탄 헬기에 문제가 발생했다는 사실을 직감했다.

대통령 탑승 헬기 추락사고

급강하한 1호기는 험한 돌산을 용케 피해 계곡 쪽으로 비행하다가 곤두박질했고 곧이어 하늘을 덮는 듯한 먼지가 솟구쳤다. 2호기가 급히 달려가니 대통령이 탑승한 1호기는 보리밭에 내동댕이쳐져 있었다. 대통령은 어느새 보리밭 멀리 언덕에 피해 섰고, 이후락 비서실장이 달려갔다.

"각하, 괜찮습니까?"

대통령은 아무 말 하지 않고 태연하게 서 있다가 담배를 물고 불을 붙였다. 대통령의 손이 약간 떨렸다. 담배를 피워 문 대통령은 부서진 헬기를 한 바퀴 돌아보고 조종사 황 중령의 어깨를 툭툭 두들겨 위로하고 나서 지시했다.

"2호기는 움직일 수 있겠지? 김포에 연락해서 고장 난 원인을 조사하도록 하고 고장 난 헬리콥터는 수리하도록 하시오."

당시 대통령이 탑승했던 1호기의 사고 정황은 급박했다. 1호 헬기는 대관령 고개를 막 넘어 삼척으로 향하던 중 갑자기 헬기가 기우뚱 흔들리면서 급강하하기 시작했다. 대통령 전용 헬기는 엔진이 꺼져도 약 1분 정도는 프로펠러가 돌게 되어 있어 그 사이에 긴급 착륙을 시도해야 했다. 조종사 황 중령은 그 1분 동안 기지를 발휘하여 보리밭으로 급강하했는데, 지상 1미터 상공에서 프로펠러가 정지되어 간신히 참사를 면할 수 있었다.

대통령이 탑승한 헬기가 급강하하기 시작하자 동승했던 박종규 경호실장은 자신의 벨트를 단단히 맨 다음 뒤에서 대통령을 끌어안았다. 사고가 난 그날 밤 박종규 실장은 잠자리에서 식은땀을 흘리고 헛소리를 하면서 잠을 설쳤다. 당시 헬기 사고 관련 내용은 김종신의 『박정희 대통령과 주변 사람들』에 자세히 기록되어 있다.[18]

그로부터 6개월 후 박정희 대통령은 또 한 번의 헬기 불시착 사고를 경험한다. 1968년 1월 초, 그러니까 북한 게릴라 김신조 일당에 의한 청와대 습격사건이 벌어지기 직전의 일이다. 박정희는 신

---

18 김종신, 『박정희 대통령과 주변 사람들』, 한국논단, 1997, 101~103쪽 참조.

년 국정 구상을 위해 진해 공관에 머물고 있었는데, 장지량 공군참모총장이 미국에서 새로 도입한 신형 헬기를 보고하기 위해 헬기를 몰고 진해로 날아갔다.

대통령은 집무실 바닥에 5만분의 1 지도를 펼쳐 놓고 붉은 색연필을 들고 서울에서 부산까지 고속도로 예상 노선을 점검하고 있었다. 박정희는 장지량 총장이 몰고 온 헬기를 타고 고속도로 노선을 살피기 위해 진해를 출발했다. 대통령의 자리에는 지도와 쌍안경이 놓여 있었다.

20분쯤 비행했을 때 갑자기 헬기가 급강하하기 시작했다. 엔진 고장으로 대통령 일행이 탄 헬기가 불시착한 지역은 황간의 눈 덮인 산 정상이었다. 눈 덮인 험한 고지에 강풍이 몰아쳐 체감온도는 영하 30도까지 곤두박질했다. 어찌나 바람이 센지 잠시도 서 있기 어려운 상황이었음에도 불구하고 박정희는 아무 일도 없었다는 듯 태연한 표정이었다.

장지량 총장은 비상 호출을 계속했으나 연결이 되질 않았다. 30분쯤 지났을 때 마침 미군 헬기 두 대가 부근 상공을 지나가자 장지량 총장은 야전 점퍼를 벗어던지고 흰 와이셔츠 바람으로 두 팔을 흔들어 SOS 수신호를 수차례 반복했다. 미군 헬기는 우연히 이곳을 지나다 대통령 일행을 발견하여 무사히 구조를 했다.

우리 식으로!

1970년대 초 방위산업을 육성하는 과정에서 박정희는 미군이 원조해 준 M1 소총이 한국인 체형에 비해 지나치게 크고 무거워 사용 과정에서 애로사항이 발생하자 "우리 군인들의 체형과 지형에 맞는 무기를 생산해서 사용해야 한다"고 강조했다.

그것은 군수장비에만 국한된 생각이 아니었다. 박정희는 근대화가 필요하지만, 그것이 서구화나 서구의 단순 모방이 아니라 우리의 문화적 토양에 맞게 변형하여 토착화하는 방식으로 서구 문물을 수용해야 한다고 판단한 것이다.

민주주의도 마찬가지였다. 우리 실정에 맞지 않는 서구식 민주주의보다는 '한국적 민주주의'를 그는 갈망했던 것이다.

1950년대 이래 미국 원조당국 관계자의 한결같은 입장은 한국과 같이 산업능력이 빈약한 나라에서는 종합제철소 건설이 시기상조라는 것이었다. 제철산업은 인구가 1억 명이 안 되어 내수 시장이 보잘것없는 후진국은 성공 가능성이 희박하다는 것이 서구 선진국 전문가들의 한결같은 이론이었다. 철강재가 필요하면 미국이나 일본에서 사다 쓰는 것이 오히려 한국에 도움이 되는 길이라는 것이 미국 전문가, 일본 기업인이나 정치가들의 주장이었다.

세계은행 총재였던 유진 블랙은 세계은행과 IMF 연차총회에서

"개발도상국에는 세 가지 신화가 있다. 첫째는 고속도로 건설, 둘째 종합제철소 건설, 셋째 국가원수 기념비 건립"이라면서 세계은행과 IMF에서는 이러한 사업에 대한 지원을 하지 않겠다고 선언했다.

국제적인 평가가 이처럼 부정적·비관적인 상황에서 철부지 백면 서생이나 다름없는 국내 전문가나 정치인, 언론이 잠잠할 리 없었다. 이들은 박정희 대통령이 "종합제철소 하나 없는 나라는 독립국가라고 할 수 없다"면서 포항제철 건설을 강행하자 벌떼같이 들고 일어나 "박정희가 나라 망하는 길로 가고 있다"면서 제철소 건설을 적극 반대했다.

이처럼 국내외에서 부정적 여론이 대세를 이룰 때 박정희는 오원철에게 "미국의 경제학자라는 자들이 후진국의 실정도 모르면서 이러쿵저러쿵하니 우리는 우리 식으로 해 나갈 수밖에 없다"면서 중화학공업 육성정책을 강력하게 밀어붙였다.

박정희는 절대 불가능하다던 제철산업을, 그것도 IMF·세계은행·미국·일본의 전문가들을 비롯하여 국내 지식인과 학자, 언론인, 정치인들이 극력 반대하는 상황에서 성공시켰다. 그 결과 조선·자동차·전자·기계 등 연관 산업의 성공 기반을 다졌다.

만약 당시 박정희가 전 세계 전문가들의 조언이나 주장을 받아들여 종합제철소 건설을 연기하거나 포기했다면 한국은 아직도 후진국 신세를 면치 못했을 것이다. 서양의 사고방식으로는 도저히 불가능하거나 해서는 안 될 일을 박정희는 한국의 현실이 필요로 할 경우 과감하게 시도했고, 성공시켰다.

바로 이러한 사고방식과 접근법이 박정희가 말하는 '우리 식으로'의 핵심 본질이다. 박정희가 외자도입형 수출주도 방식의 공업화 전략을 시행할 때, 서구 선진국에서는 후진국의 발전과정에서 이런 전략이 성공한 적도 없고, 성공할 가능성도 없다고 일축했다. 아니, 그들의 사고방식이나 학문체계 속에 이러한 전략 자체가 존재하지도 않았다. 남의 나라에서 자금을 들여다 공장을 짓고, 여기서 생산된 물건을 해외에 내다 팔아 산업화를 한다는 기발한 발상의 원조는 바로 박정희였다.

고슴도치론

학창 시절 키가 작고 힘이 부족했던 박정희였지만 남이 나를 건드리면 마치 고슴도치처럼 웅크리고 있다가 공격하여 그 대가를 치르도록 만든다는 오기가 있었다. 그는 국가 지도자가 되어 한 나라의 생존을 지켜내야 하는 책임을 진 국군 통수권자가 되어서도 이러한 '고슴도치론'을 잊지 않았다. 그의 발언을 요약하면 이렇다.

타국을 침략할 정도의 군사력까지는 필요하지 않지만, 적국이 우리를 먹으려고 드는 경우 고슴도치처럼 웅크리고 공격 자세를 취할 정도의 자위력은 확보하고 있어야 한다.

이것이 박정희 식 자주국방론의 핵심이다. 남을 먼저 공격하지는 않지만, 상대가 도발하면 그에 대한 대가를 치르도록 하고, 스스로의 힘으로 자존을 지켜야 한다는 그의 '고슴도치론'은 그 뿌리를 거슬러 올라가면 학창 시절부터 길러진 것이었다. "자신의 생존을 위한 투쟁 이상으로 더 절실한 투쟁은 없다"고 역설한 박정희는 1977년 법무부 연두순시에서 "3500만 민족의 생존이 우리나라에 있어서의 최고의 인권수호"라고 말하기도 했다.

이처럼 안보와 자주국방을 중시하는 박정희였지만 당시 한국이 처한 현실은 그리 간단치 않았다. 1970년대 초까지만 해도 북한의 국력과 군사력이 대한민국에 비해 월등히 강했기 때문이다. 1970년대 초 우리는 소총 한 자루 국내에서 생산하지 못하고 있을 때 북한은 각종 소총과 장거리 야포는 물론 군함과 잠수함에 이르기까지 자체 생산하여 무시로 남침 도발을 자행하고 있었다.

박정희 대통령 내외는 1974년 6월 27일, 현대조선소 건설과 동시에 한국 최초로 건조한 26만 톤짜리 초대형 유조선VLCC 애틀란틱배런 호의 진수식에 참석하기 위해 울산의 현대조선소 영빈관에 내려가 있었다. 정주영 회장이 조선소도 없는 상태에서 세계를 뛰어다니며 당시 500원 지폐에 그려진 거북선을 보여주며 우리 민족의 조선 기술과 역사를 설명하고 조선소 건설과 선박 건조자금을 조달했다는 그 유명한 일화가 서려 있는 선박이 드디어 완성되어 진수하게 된 것이다.

그리스의 선주 리바노스를 설득하여 조선소 건설과 동시에 선박을 함께 건조하는 전무후무한 기록을 세운 끝에 완성된 눈물 어린 초대형 선박, 대한민국 최초로 건조된 VLCC의 진수를 앞두고 박정희는 감개무량했다. 이제 이 선박이 선주에게 인도되는 순간, 우리나라도 초대형 유조선을 건조할 수 있는 능력을 보유하고 있음을 전 세계에 선언하는 셈이 되기 때문이다.

그런데 한국 조선사에 새로운 이정표를 세운 기념비적인 선박의 진수식 당일인 6월 28일 아침, 국방장관으로부터 긴급 보고가 들어왔다. 동해상에서 소형 경찰 경비정이 북한군에 의해 북쪽으로 끌려가고 있다는 급보였다.

박정희는 국방부장관에게 "뭐하는 거요? 강릉에 있는 전투기를 출격시켜 무조건 폭격한 뒤 우리 배를 끌고 오시오"라고 지시했다. 전화기를 들고 있는 박 대통령의 손이 분함을 참지 못해 덜덜 떨리고 있었다.

박정희는 전화를 끊고는 비서진에게 "더 이상 전화 받지 마! 지시를 여러 번 하면 혼선이 생겨"라고 했다. 공군 전투기들이 출격했으나 짙은 안개 때문에 목표물을 찾지는 못했다. 천만다행으로 북한 측은 우리 경비정을 납치하지 못한 채 북측으로 물러났다.

자기 집에 불이 나면

박정희 대통령이 백척간두에 선 국가안보 현실을 타개하기 위해 국산 무기를 개발하고, 피를 말리는 심정으로 유도탄 개발에 전력 투구하고 있을 때 야당 일각에서는 "국가안보를 정권 연장 수단으로 이용한다"면서 예비군 폐지 운동을 벌였다.

예비군 폐지 운운하는 야당의 주장이 제기되자, 박 대통령은 "예비군 폐지 발언은 김일성 환영대회를 여는 것과 마찬가지"라면서 강력 비판했다. 1972년 연두 기자회견에서 박정희는 비장한 심정으로 자주국방에 대한 의지를 밝혔다. 그의 자주국방 철학은 간단했다. 자기 집에 불이 나면 무조건 그 집 식구들이 먼저 불을 꺼야 한다는 것이었다. 박정희의 발언이다.

자주국방이란 이를테면 자기 집에 불이 난 경우에 비유할 수가 있습니다. 이럴 땐 어떻게 해야 하느냐? 우선 그 집 식구들이 총동원돼 불을 꺼야 합니다. 그러는 동안 이웃 사람들이 달려와서 도와주고 물도 퍼다 주고 소방대가 달려와 지원도 해 주는 것입니다. 자기 집에 불이 났는데도 그 집 식구들은 끌 생각을 않고 이웃들이 도와주기만을 기다리고 있다면 소방대가 와서도 기분이 나빠 불을 꺼줄 마음이 생기겠습니까? 자기 집에 난 불은 일차적으로 그 집 식구들이 총동원돼서 꺼야 하는 것입니다. 나라를 지키는 일도 이와 조금도 다르지 않습니다.

1977년 국방부에 대한 연두순시에서 박정희는 자주국방에 대한 개념을 다음과 같이 밝혔다.

자주국방이란 북한 공산집단과 우리가 일 대 일로 맞섰을 때 남의 지원 없이 침략자를 꺾을 수 있는 전력을 말한다. 우리가 북으로부터 침략을 받았을 때 우방 미국과의 군사동맹이 있고, 또한 주한미군이 있는 만큼 자동적인 지원이 있을 것이지만, 이를 계산 밖에 두고라도 침략자를 단독의 힘으로 무찔러야 하며, 이를 위한 모든 준비가 계획대로 추진되고 있다.

1975년, 박정희가 진해에서 여름휴가 중일 때 미국 국회의원 10여 명이 서울에 도착하여 대통령을 예방하고 싶다는 연락이 왔다. 때는 바야흐로 미·중美中 간 데탕트 분위기로 인해 월남이 적화통일 되는 등 냉전구도가 격렬한 파열음을 내고 있을 때였다. 박 대통령은 전용기를 보내 울프 의원을 비롯한 의원 전원을 진해로 초대하여 오찬을 함께했다. 그 자리에서 박정희는 미·중 간에 진행되던 데탕트를 이렇게 설명했다.

당신들은 데탕트라고 하여 덩치 큰 코끼리 두 마리가 사이가 좋아져서 서로 몸을 비비고 있는 격인데, 그러는 사이에 코끼리 두 마리 때문에 잔디가 밟혀 죽고 있다는 것을 알아야 한다. 한국이 바로 그런 잔디 신세가 되지 않으려면 달리 생각할 수밖에 없다.

격화되는 대남 도발

1965년 한국은 맹호·백마부대 등 2개 전투사단과 1개 해병여단 청룡부대을 비롯하여 5만 여 병력을 월남에 보내 미군을 돕고 있었다. 한국과 미국이 월남전에 발이 묶이자 김일성은 이를 남침의 호기라고 판단, 대남 도발을 대대적으로 강화하기 시작했다. 1966년 37건이던 대남 도발 건수가 1967년에는 286건으로 급격히 늘었다.

DMZ 일대 북한의 대남 도발 현황(1965~1967.7)

구분	1965년	1965년	1967년 현재
DMZ 충돌	42	37	286
교전(DMZ 및 DMZ 내부)	29	30	132
북한군 전사	34	43	146
북한군 포획	-	35*	-
한국군·미군 전사	40	39	75
한국군·미군 부상	49	34	175

*경찰에 의한 체포 제외
출처: 주한 CIA지부 정보 보고(1967년 11월 8일)

1967년 6월 부임한 월리엄 포터 주한 미국대사는 북한은 한국 정부를 타도하기 위한 '체제전복 전쟁'을 대대적으로 벌이고 있으며, 이를 위해 약 1만 명의 북한 특수부대 요원이 집중 양성되고 있다고 판단했다.

　1968년 1월 21일, 북한군 특수부대 요원들이 청와대를 기습하는 사상 초유의 사태가 발생했다. 북한군 특수부대인 124군부대 소속 게릴라 31명이 주한미군 제2사단이 경비하던 DMZ 지역을 뚫고 내려와 청와대 바로 옆인 세검정 고개의 자하문을 통과하던 중 경찰의 불심검문을 받고 총격전이 벌어졌다.

　김신조 일당의 청와대 습격사건은 북한 민족보위성 정찰국 산하의 124군부대 소속으로 특수 게릴라 훈련을 받은 31명의 무장공비가 서울 심장부까지 침투하여 벌인 사건이다. 황해북도 연산에 기지 본부를 둔 124군부대는 25세 전후의 열성 공산당원 2,400명이 특수 게릴라 훈련을 받고 소속되어 있었다.

　이들은 남한 각지의 지형과 비슷한 지형지물을 만들어 놓고 대원들에게 남한 침투훈련을 실시했다. 1968년 1월 13일 북한군 정찰국장 김정태는 선발된 게릴라 31명에게 청와대 습격 및 박정희 대통령 살해 임무를 지시했다. 당시 이들의 작전계획은 다음과 같았다.

　① 습격 시간은 밤 8시이며 당일로 복귀한다. 습격 소요시간은 3~4분간

이며 증원군의 추격을 받지 않도록 한다.

② 습격 전날 북악산 부근에 숙영하여 청와대를 관측, 정찰한다(이들은 실제로 북한산 비봉 부근의 동굴에서 하루를 숙영하며 지형지물을 파악했다).

③ 전원 사복으로 갈아입고 취객(醉客)을 가장하여 접근, 유격대원끼리 시비를 걸다가 기회를 포착해 청와대 초소를 기습한다.

④ 제1조는 청와대 2층을 기습, 기관단총으로 무차별 사격하여 인원을 살상하고 수류탄을 투척한다. 제2조는 청사 1층, 제3조는 경호실, 제4조는 비서실, 제5조는 정문 보초 및 기타 보초 등을 맡아 살상, 파괴한다. 운전조는 차량을 탈취하여 탈출 준비를 완료한다.

⑤ 습격이 끝나는 즉시 분승하여 문산 방면으로 도주, 그날로 복귀한다.

"박정희 목을 따러 왔수다"

이들은 목표를 달성하기 위해 황해북도 사리원의 인민위원회 청사에서 최종 예행연습까지 실시했다. 31명의 게릴라 일당은 1월 18일 야음을 틈타 서부전선의 미 제2사단이 방어를 담당하고 있는 지역을 간단히 돌파했다. 무장공비들은 1월 19일 밤 얼어붙은 임진강을 건너 경기도 파주군 법원리의 삼봉산과 앵무봉을 통과했다. 이어 북한산 비봉-승가사로 이어지는 산악로를 타고 서울 시내로 잠입하는 데 성공한다.

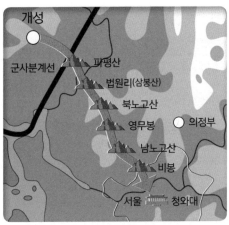

김신조 일당 침투 경로

　게릴라 일당은 1월 21일 밤 10시경 서울 시내 세검정 파출소 관할 자하문 초소까지 진출했다. 게릴라들은 출동한 경찰과 교전을 벌이던 중 현장을 지나던 버스에 수류탄 1발을 투척하여 시민 5명이 사망했다. 또 현장을 지휘하던 종로경찰서장 최규식 총경이 게릴라들이 쏜 총탄에 맞아 전사하고, 경찰관 2명이 중상을 입었다.

　군경 합동수색대는 일당 가운데 김신조를 생포하고 28명은 사살했으며, 나머지 두 명은 휴전선을 넘어 북으로 도주했다. 북으로 도주한 두 명 가운데 한 명은 후에 인민군 대장에 오른 박재경이었다. 그는 총정치국 부총국장을 역임했다. 김대중 정부 시절인 2000년 방한하여 김정일의 추석 선물로 송이버섯을 전달했고, 2007년에는 남북정상회담을 마치고 서울로 돌아가는 노무현 대통령에게 김정일의 선물인 송이를 전달했다.

1968년 1월 21일, 김신조 일당의 청와대 습격사건에 대한 심야대책회의가 청와대에서 열렸다. 이날 밤 10시 10분, 총성이 들린 후 1시간 안으로 청와대에 달려온 사람은 이후락 비서실장, 박종규 경호실장, 신범식 공보, 김시진 정보비서관, 그리고 정일권 국무총리, 홍종철 공보부장관, 신직수 검찰총장, 김현옥 서울시장, 이낙선 국세청장 등이었다.

회의를 주재한 박정희 대통령은 회의가 끝난 후 참석자들을 본관 현관 앞까지 나와 전송한 후 호주머니에 손을 넣고 청와대 앞마당을 서성이며 골똘한 생각에 잠겼다. 대통령 집무실 바로 옆에서 무장공비와 교전을 벌이는 총소리를 들으며 근무해야 했던 대통령이었으니 어떤 생각이 들었을까?

청와대 대변인은 "박정희의 목을 따러 온" 게릴라들이 청와대 바로 옆에서 총기 난동을 부렸음에도 불구하고 박 대통령은 이날 밤 평소와 다름없이 취침하고 다음날 아침 6시에 기상했다고 전했다.[19]

주한미군 경비지역이 북한 게릴라들에게 뚫렸다는 사실을 확인한 박정희는 한밤중에 전화로 포터 대사를 호출했다. 흥분한 박 대통령은 포터 대사에게 "이제 그들이 노리는 다음 타깃은 미국 대사인 당신이오"라면서 "이틀 내에 평양에 결사대를 보내겠다"고 단호

---

19   「조선일보」, 1968년 1월 23일.

하게 말했다. 포터는 "각하께서 그렇게 하시려는 것은 우리로서는 어쩔 수 없으나 미국은 동조할 수 없다"고 답했다.

무장공비들의 청와대 습격사건 이후 박정희는 이스라엘 식 국민 개병 방위태세를 강조했다. 즉 "이스라엘 사람들은 총을 집에 놓아 두었다가 방송으로 알리면 즉각 출동해서 싸운다"는 개념이었다. 그는 20여 일 후인 2월 11일, 일요일 오후에 육영수 여사와 함께 청와대 지하실 사격장에서 약 1시간 반 동안 권총과 카빈 사격연습을 했다.

이틀 후 미 해군 함정 푸에블로호 납치

연습을 끝낸 박정희는 옆에서 지켜본 박종규 경호실장에게 "이 만하면 나도 급할 때는 싸울 수 있겠지?"라고 말했고, 침실 머리맡에 카빈 소총을 한 자루 가져다 놓았다. 언제든 공산군이 청와대에 또 쳐들어오면 대통령이 직접 총을 들고 싸우겠다는 결연한 의지의 표시였다. 박정희는 언론과의 간담회에서 1·21 사태 당시의 비화를 다음과 같이 밝혔다.

그때 나는 약이 올라 국방부장관과 각 군 참모총장들을 불러 한국군의 작전권이 유엔군에 있다 하더라도 궁극적으로는 대통령에게 있으니 우리도 당하고만 있을 수 없다. 보복을 위한 전투태세를 갖추라고 지시했다. 그때 나는 무턱대고 공격할 생각은 없었지만, 필요한 곳에 보복을 가하면 북괴도 가만있지는 않을 것이고, 그렇다고 그들이 미군만 빼 두지는 않을 것이다. 이런 상황이 빚어지는 것을 미국사람인들 역시 모를 리 없다. 본 스틸 유엔군사령관이 공군 고문관으로부터 한국군이 비행기에다 폭탄을 싣고 있다는 보고를 받고 우리 공군참모총장에게 한국군이 작전지휘권을 무시한다면 미군 철수를 고려하겠다고 협박했다.

나는 포터 대사를 불러 "미군 철수를 고려하고 있는가? 아니면 고려할 것을 고려 중에 있는가?" 하고 물었다. 포터는 "그럴 리가 없다. 미군 철수는 본 스틸의 권한이 아니다"라고 말하더라. 그 일 때문에 미국에서 밴스 특사와 로저스 국무장관이 날아왔다.[20]

박정희는 김신조 일당의 청와대 습격사건이 벌어진 후 '제2의 국군'인 향토예비군을 창설했고, 이들을 무장시키기 위해 '번개사업'을 통해 국산 무기 개발에 돌입했다. 무기 개발을 위한 재원 마련을 위해 1975년에는 방위세법을 국회에서 통과시켜 국군전력증강 5개년계획을 추진했다.

청와대 습격사건이 벌어진 지 48시간도 지나지 않아 이번에는 동해 원산 앞바다 공해상에서 미 해군의 정보수집선 푸에블로호가

---

20   김종신, 앞의 책, 155~156쪽.

북한에 나포됐다. 경화물선을 개조한 해군 정보수집 보조함 푸에블로호는 중량 106톤, 길이 54미터, 너비 10미터, 시속 12.2노트에 구경 50밀리미터 기관포 2문을 갖춘 함정이었다.

83명의 승무원_{장교 6명, 사병 75명, 민간인 2명}을 태우고 북한 해안 40킬로미터 거리의 동해 공해상_{동경 127° 54.3', 북위 39° 25}에서 업무수행 중이던 푸에블로호는 이날 정오 무렵 북한 초계정 1척으로부터 "국적을 밝혀라"라는 요구를 받자 "미국 함정"이라고 답변했다. 북한 초계정이 "정지하라. 명령에 응하지 않으면 발포하겠다"는 협박에 "우리는 공해상을 항해 중이다"라며 거절했다.

한 시간 뒤 세 척의 무장 초계정과 미그기 2대가 출동하여 푸에블로호에 위협신호를 보냈으며, 오후 1시 40분경 북한 함정이 위협사격을 가했다. 이 과정에서 미 해군 승조원 1명이 사망하고 수 명이 부상을 당했다. 오후 2시 32분, 푸에블로호 함장은 "엔진이 모두 꺼졌다. 우리는 원산항으로 끌려간다"고 최종 보고를 했다. 미 해군 함정이 공해상에서 납치된 것은 미 해군 역사상 106년 만에 처음 발생한 황당한 사건이었다.

북한 게릴라 부대의 1·21 청와대 기습사건과 푸에블로호 납치는 김일성에게 보복 공격을 가하여 기를 꺾어 놓을 수 있는 절호의 기회였다. 그러나 미국이 가장 먼저 취한 조치는 주소련 미국대사관에 다음과 같은 훈령을 보낸 것이었다.

> 톰슨 대사가 그로미코 소련 외무상이나 최고위급 관리를 만나 소련이 북한에 접촉하여 함정을 풀어주고 부상자를 적절히 치료하도록 강력히 요청하라.

그로미코 외상은 톰슨 대사에게 "만일 미국이 푸에블로호 사건의 해결에 관심이 있다면, 북한에 압력을 가하지 말 것이며, 그런 압력은 해결을 방해 및 지연시킬 뿐"이라는 협박 공갈 메시지를 전했다.

당시 미국은 월남전에 깊이 개입되어 엄청난 예산과 병력을 투입하고 있는 위기 상황이었다. 소련의 메시지를 전달 받은 미국은 '응징보복'이라는 카드를 접고 대화로 나설 수밖에 없었다. 때문에 자국 해군함정 납치라는 전대미문의 사건이 발생했음에도 불구하고 미국의 대응방식은 극히 제한적일 수밖에 없었다.

박정희의 대북 보복공격 미국이 막아

박 대통령은 미국 측에 거듭된 남침 도발에 대한 대북對北 보복공격을 여러 차례 요구했다. 그러나 미국은 냉정했다. 한반도에서 자신들이 원치 않는 긴장이 발생하여 북한과 무력충돌로 비화되는 것을 철저히 차단하고 박정희가 북한에 보복공격을 하는 것을 막기 위해 한국 측을 집요하게 설득하고 나섰다.

분노한 박정희는 포터 주한 미국대사에게 "자위를 위해 단독으로라도 북한을 공격하겠다. 한국군을 이틀 안에 평양에 침투시키겠다"고 말했다. 이에 대해 포터 대사는 "대통령께서 그렇게 할 의사가 있으시면 단독으로 하십시오"[21]라고 대응했다. 주한미군은 혹시 있을지도 모를 한국군의 단독 행동을 막기 위해 한국군에 대한 유류 공급을 일시 중단했다.

화가 난 박 대통령은 1월 24일 오후 포터 주한 미국대사를 불러 "미국 정부가 한국 총리에게 북한에 보복하지 말도록 강력 항의"한 것에 대해 격렬한 어조로 다음과 같이 성토했다.

왜 미국은 북한으로부터 사과와 배상을 받을 생각은 하지 않고 한국 정부의 보복을 더 우려하는 모습을 보이는가? 한국은 유엔사령부, 그리고

---

21   김석규, 『코리아게이트의 현장에서』, 예지, 2005, 185쪽.

동맹국인 미국의 희망을 존중하여 이번에는 일방적 보복을 하지 않을 것이나, 이 점을 분명히 밝히고자 한다.

만일 북한이 한국을 한 번만 더 공격하면 보복은 불가피해질 것이다. 북한은 대통령과 그 가족을 죽일 목적으로 기습 공격했고, 거의 성공할 뻔했다. 북한은 비슷한 훈련을 받고 비슷한 목적을 가진 2,400명의 요원들을 보유하고 있다. 이들 훈련소는 북한 내 6개 장소에 분산되어 있는데, 한방에 이놈들을 깡그리 없애버리고 싶은 마음이 굴뚝같다.

단언컨대, 조만간 그렇게 하지 않으면 이들이 자꾸자꾸 이곳에 내려와 많은 목표물들을 공격할 것이다. 만일 미국이 푸에블로호 사건에서 만족할 만한 사죄와 배상을 받지 못한다면 우리(韓美)는 북한 공군력을 먼저 무력화한 다음 동해안을 따라 북한 함정을 타격해야 한다. 한국 정부는 이런 모험에 기꺼이 협조할 것이다.[22]

이때 포터 대사가 재빨리 끼어들었다.

각하의 친구인 존슨 대통령께서는 각하가 북한에 일방적 보복을 하지 않을 것이라고 다짐했다는 보고를 받으면 기뻐하실 겁니다. 각하께서 엄청난 북한의 도발로 상심해 계시다는 것을 우리도 알고 있습니다. 그러나 각하는 어려운 시기에 자제력을 보여주셨다는 점에 대해 미국 정부와 비

---

22   송승종, 『미국 비밀해제 자료로 본 대통령 박정희』, 북코리아, 2015, 267쪽.

공산 국가들로부터 평가받게 될 것입니다.[23]

포터 대사는 박정희 대통령과의 면담 후 다음과 같은 보고서를 본국 정부에 보냈다.

일단 그에게서 우리가 원하는 대로 일방 보복을 하지 않겠다는 보장을 받아 내긴 했지만, 또 다른 북한의 도발이 벌어지면 '만사 도루묵(All Bets are Off)'이 될 것이다.

미국 정부는 1월 25일, 박정희의 거센 보복 요구를 누그러뜨리기 위해 250~300대 가량의 항공기를 한국과 인접지역에 배치하기로 결정했고, 항공모함 엔터프라이즈호를 동해로 출동시켰다. 1월 25일 톰슨 주 소련 미국대사는 소련의 움직임과 관련하여 다음과 같이 본국 정부에 보고했다.

미국이 원산항 인근에 해군함정을 배치할 경우 북한에 의한 함정·승무원의 송환 가능성은 사라질 것이며, 이러한 무력시위는 소련이 중재자로 나서거나, 위기 사태의 완화를 위해 북한에 조용히 압력을 행사하지 못하도록 방해하는 걸림돌이 될 것이다.

---

23   김석규, 앞의 책, 185쪽.

미국은 항공기와 항공모함의 한반도지역 배치가 한국 정부에 '최소한 진정 효과'를 가질 것으로 기대했다. 어떤 면에서 보면 항공기의 한반도 추가 배치는 북한에 대한 무력시위나 방위태세 보강보다는 박정희 대통령의 보복 심리를 완화시키기 위한 목적이었다.

"김일성이란 자는 해적이자 도둑놈"

2월 초 존슨 미국 대통령은 1·21 사태와 푸에블로호 납치로 충격을 받은 박 대통령에게 따뜻한 위로의 메시지가 담긴 친서를 보내왔다. 박정희는 존슨 대통령에게 보낸 답신에서 북한의 도발에 대한 응징의 필요성을 다음과 같이 피력했다.

> 공산주의자를 다룸에 있어 평화적 해결을 위한 무한정의 노력은 우리(한미)가 아닌 그들(북한)에게만 이익이 될 것입니다. 한국의 경험으로 볼 때 공산주의자들에게는 어떠한 도발행위도 상응하는 징벌을 피할 수 없다는 교훈을 가르쳐야 합니다. 만일 우리가 과거에 정전협정을 위반할 때마다 북한의 위반을 응징했더라면, 우리는 이러한 위반 행위들로 인해 벌어지는 상황을 예방할 수 있었을 것입니다.
>
> 다시 말해서 오늘날에 직면한 상황은 우리가 북한의 협정 위반에 효과적으로 대처하지 못한 결과로 인한 것으로 생각됩니다. 따라서 우리는 그

들의 도발에는 반드시 응징이 따른다는 점을 인식하도록 우리의 단호한 입장과 결의를 보여 주어야 합니다. 우리는 오로지 이 방법만이 북한의 습관적인 도발을 바로잡는 수단이라는 점을 기억해야 할 것입니다.[24]

1·21 사태, 푸에블로호 납치 등 일련의 충격적인 대남 도발사건을 경험한 주한 유엔군사령부는 김일성이 체 게바라가 주창한 '많은 월남' 노선을 추종한 결과라고 분석했다. 즉, 김일성은 체 게바라가 주장한 대로 미국이 월남 이외의 다른 전쟁을 동시에 지원할 수 없다는 허점을 노려 마음 놓고 대남 도발을 자행할 지도 모른다는 판단을 한 것이다.

박정희는 이처럼 국가안보가 위태로운 시기에 북한으로부터 사과와 배상을 받을 생각은 하지 않고, 오히려 한국군이 북한에 보복하는 것을 더 두려워하는 미국의 태도에 낙담 절망했다. 또 청와대 습격사건과 푸에블로호 납치문제를 분리한 다음 한국을 왕따시키고 북한과 비밀 협상에 나서자 묵과할 수 없는 일이라고 판단했다. 미국은 끈질기게 북한에 대한 응징을 주장하는 박정희를 '정신 나간 사람'으로 취급하기에 이르렀다.

김신조 일당에 의한 1·21 청와대 습격사건은 유엔헌장 4조 2항의 '무력사용 금지원칙'을 위반한 명백한 국제법 위반행위다. 그럼

---

24 송승종, 앞의 책, 274쪽.

에도 불구하고 미국은 푸에블로호 승무원 귀환을 위한 비밀협상에만 주력할 뿐 청와대 습격사건에 대한 보복문제는 말도 꺼내지 못하도록 만들었다. 이렇게 되자 2월 8일 박정희의 분노가 폭발했다.

이날 박 대통령은 포터 주한 미국대사를 청와대로 불러 "김일성이란 자는 해적이자 도둑놈이다. 그는 함정을 납치하고 청와대를 습격한 범죄자다. 이제 미국은 북한과 대화를 해서 뭔가를 얻으려 한다. 왜 미국은 이런 전술이 북한에 먹혀들어 갈 것으로 생각하는가?" 하며 2시간 30분 동안 강력 항의했다. 포터 대사는 이날 면담 내용 중 박정희의 발언을 미 국무부에 다음과 같이 보고했다.

대통령은 2시간 반에 걸쳐 그동안 참았던 감정을 폭발시켰다. 지금까지는 한국 정부가 전쟁을 원치 않았기 때문에 국민들의 분노를 통제할 수 있었다. 그러나 그럴 가능성이 높기도 하거니와, 또 다른 사건이 발생할 경우에는 잠자코 가만있기는 불가능할 것이다. 이렇게 되면 한반도에서 다시 전쟁이 일어날 것이다.

푸에블로호 사건 후 동해에 긴급 배치되었던 엔터프라이즈 항모가 임무를 마친 듯 남쪽으로 이동을 개시한 데 대해 강력한 비난을 퍼부었다. 엔터프라이즈는 남쪽으로 갈 것이 아니라 더 북쪽으로 이동해서 원산항 외곽에 진주했어야 옳다. 그리고 "우리가 푸에블로호와 승무원들을 되찾을 때까지 원산항은 폐쇄한다"고 선언했어야 했다. 이렇게 해도 북한이

아무 반응을 보이지 않으면 그때는 원산항으로 쳐들어가 푸에블로호를 되찾아야 한다.[25]

미국의 딜레마

두 시간 반 동안 박정희의 호통에 시달리던 포터는 전문의 말미에 이렇게 기록하고 있다.

> 한국에 고삐를 채워야 하는 가장 중요한 문제에 대해, 우리는 북진의 필요성을 주장하던 이승만에게 한때 그러했듯이 (박 대통령에게도) 금지명령을 내려야 할 필요가 있는지 검토해야 할 시점에 와 있다.[26]

박정희의 인내심이 바닥을 드러내고 있다고 판단한 미국 정부는 사이러스 밴스를 특사로 파견키로 했다. 밴스 특사의 방한 직전 본스틸 유엔군사령관은 샤프 태평양사령관에게 한국 정부 내에서 벌어지고 있는 급박한 분위기에 대해 "한국이 고의로 전쟁을 도발할 경우 미국은 한국을 방위할 책임이 없으며, 대북 보복을 주장하는 한국 내 분위기는 한국 정부가 의도적으로 부추기는 난잡한 감성주

---

25 송승종, 앞의 책, 280~282쪽.
26 송승종, 앞의 책, 282쪽.

의"라고 비판하는 전문을 보냈다. 다음은 그 전문의 주요 내용이다.

본인(본스틸)은 지난 며칠간 한국 정부 내 일각, 특히 박정희 대통령 자신이 갈수록 비합리적 행태를 보이는 모습에 아연실색하고 있다. 어제 입수한 첩보에 의하면 박 대통령은 거의 비이성적으로 당장 북한을 공격해야 할 필요성에 집착하고 있다. 미북(美北) 간 비밀협상에 충격을 받아 마치 될 대로 되라는 식이다.

이런저런 첩보를 종합해 보면 북한 도발 즉시 즉각 보복을 위한 계획을 수립하라는 지시가 한국군에 내려졌다는 징후가 포착된다. 한국군 첩보에 의하면 어느 한국 공군 장교는 자신이 일방적인 공습을 하라는 명령을 청와대로부터 받을지 몰라 두려워하고 있는데, 그는 그런 명령이 자살행위라고 생각한다. 본인은 가능한 모든 예방조치를 강구하고 있으나 100퍼센트 보장할 수 없다.

본인은 북한으로부터 격렬한 도발을 당하지 않는 한, 긴밀한 대화를 통해 한국군 참모총장들을 잘 구슬러 그런 명령에 불복종하도록 유도하려는 생각, 또는 적어도 그런 희망을 갖고 있다.[27]

이 전문이 담고 있는 내용은 대단히 심각하다. 본스틸은 자신의 작전통제권 하에 있는 한국군 참모총장들을 설득하여 대통령의 명

---

27   송승종, 앞의 책, 288~289쪽.

03_고슴도치 이론   **89**

령에 '불복종'하도록 만들겠다는 뜻을 노골적으로 밝힌 것이다. 이 것은 유엔군사령관의 본분과 직책에서 벗어난 망언이나 다름없으 며, 더 심하게 말하면 이승만 대통령이 휴전문제로 미국 측과 계속 마찰을 빚자 그를 제거하기 위해 미국이 준비했던 '에버레디 계획' 의 박정희 판 버전이나 다름없는 것으로 해석될 수도 있다.

전투 과정에서 한쪽 눈을 잃어 늘 왼쪽 눈을 검은 안대로 가리 고 다녔던 제13대 주한미군사령관 본스틸 대장은 대령 시절이던 1945년, 일본의 항복 직후 딘 러스크 미 육군장관 보좌관과 함께 한반도에 38도선을 그은 사람이다. 그는 또 주한미군사령관 시절 155마일 전선에 철책을 치는 데 지대한 공헌을 했다.

당시 우리나라 경제 사정이 대단히 어려워 휴전선 철책을 치는 데 소요되는 철조망과 쇠기둥을 미군으로부터 지원받아야 했다. 본스틸 사령관은 한국에 있는 미군 물자만으로는 부족하자 오키나와에 있는 제2차 세계대전 때 쓰고 남은 잉여물자까지 제공하는 등 전폭적인 지 원을 아끼지 않았다. 이 때문에 이재전 장군은 "본스틸 장군은 이래 저래 한반도의 허리를 두 번 자른 장본인"이라고 말한 바 있다.

본스틸 사령관의 보고에 대해 샤프 태평양사령관은 다음과 같은 요지의 답변을 보냈다.

미국은 군대의 전 역량을 월남에 투입하고 있으므로 '제2의 전쟁'에 개입할 준비가 되어 있지 않다. 우리는 한국이 원하는 전쟁에 끌려들어 갈 의도가 전혀 없다. 한국이 개시한 군사행동에 우리가 참여하는 것은 자동적인 의무조항이 아니다.[28]

박정희는 방한한 밴스 특사와의 회담에서 미국이 한국군의 대북 보복작전을 한사코 반대하자 "미국이 계속 반대하면 주월 한국군을 철수시키겠다"고 말했다. 밴스 특사는 "그렇다면 우리도 주한미군을 철수시키겠다"고 맞불을 놓았다.

대북 보복공격에 나선 이진삼 대위

흥미로운 사실은 밴스 특사가 서울을 방문한 후 존슨 미국 대통령에게 구두로 귀국 결과를 보고했는데, 이 자리에서 밴스는 존슨 대통령에게 한국군이 DMZ를 넘어 북한군을 응징하기 위해 기습 공격한 사례를 다음과 같이 보고했다.

국방장관이란 사람[29]은 정말 위험한 인물입니다. 휘하에 엘리트 침투부대를 조직해서 국경을 넘어 북한지역을 습격하고 있습니다. 그러다 보니

---

28   송승종, 앞의 책, 292쪽.
29   당시 한국의 국방부장관은 김성은(1963년 3월 16일~1968년 2월 27일 재임)에 이어 최영희
     (1968년 2월 28일~1968년 8월 5일 재임)였다.

남북이 서로 비난합니다.

　이러한 한국군의 대북 보복공격 사실은 밴스 특사가 한국에서의 활동결과를 보고한 메모에서 보다 자세한 내용이 발견된다. 이 메모를 보면 당시 박정희는 북한의 거듭되는 남침 도발에 대한 응징을 여러 차례 시도했음을 발견할 수 있다. 관련 내용을 소개한다.

　DMZ를 넘어 한국군이 북한을 기습하는 것에 대해 대다수의 한국 정부 각료들은 모르고 있었다. 그 이유는 국방장관이 개인적으로 침투부대를 통제했고, 이들의 활동은 한국 정부 내에서도 극비로 되어 있었기 때문이다. 지난 7개월간 한국군은 월 평균 2회 꼴로 작전을 수행한 바, 우리 (미국)는 이런 공격의 '도발적 성격'을 강조했다.

　우리는 한국 측에 부분적으로 북한의 심각한 대남 도발은 북한에 대한 한국군의 습격, 특히 1967년 11월 북한 인민군 사단사령부에 대한 습격 사건에 대한 보복이라는 점을 암시했다. 12명의 한국군 특수대원들은 인민군 사단사령부를 폭파시키고 한 명의 사상자도 없이 전원 생환했다. 우리는 한국군의 습격이 김일성에게 징벌적 효과를 미쳤다는 증거가 없음을 지적했다.

　한국 정부도 자체 침투부대를 운용 중인 바, 그중 일부가 DMZ를 넘어 북한을 습격했다. 이런 맥락에서 한국인이라는 인종 가운데는 비둘기나 매

는 거의 없고, 온통 호랑이들뿐인 것 같은 인상을 받았다.[30]

밴스 특사의 보고에서 언급하고 있는 1967년 11월 북한 인민군 사단사령부에 대한 습격사건을 지휘한 사람은 이진삼_{육군참모총장·자유선진당 의원 역임}이었다. 당시 방첩부대에 근무하던 이진삼 대위는 1967년 9월, 무장공비로 남파됐다가 전향한 대원 3명을 이끌고 군사분계선을 넘어 황해도 개풍군 지역에 세 차례 침투했다.

당시 북한군은 우리 군의 GP를 잇따라 습격하고 주한미군 막사를 파괴하는 등 소규모 군사 도발이 기승을 부릴 때였다. 이진삼 대위는 지뢰를 설치하던 13명의 인민군을 사살했다. 그는 이후에도 전향한 공비들을 이끌고 두 번 더 북한에 침투, 20명의 인민군을 추가로 사살한 사실을 우리 군 당국이 공식 확인하여 발표했다.

이번에는 조기경보기 격추시켜

북한은 푸에블로호 사건을 해결하기 위해 판문점에서 미국과 협상할 용의가 있다는 성명을 발표했고 미국은 이를 수용했다. 1·21 무장공비 습격사건과 푸에블로호 납치문제를 함께 다루어 달라는 한국 측의 요청은 거절되었다. 미국은 한국을 제외한 채 판문점에

---

30   송승종, 앞의 책, 306~307쪽.

서 북한과 비밀협상 테이블에 마주 앉았다.

미국은 사건 발생 후 11개월 만인 1968년 12월 23일 오전 11시 30분, 28차례에 걸친 비밀협상 끝에 합의문서에 서명함으로써 82명의 생존 승무원과 시신 1구를 판문점을 통해 돌려받았다. 그러나 선체와 장비는 북한에 몰수되었고, 미국은 북한이 요구한 사과까지 함으로써 사실상 항복문서를 북한에게 건네주었다.

그러나 미국을 향한 북한의 노골적인 테러 행위는 이것으로 끝이 아니었다. 다음해인 1969년 4월 14일 새벽 4시 47분_{미국 현지 시각}에는 더 끔찍한 비극이 발생했고, 미국은 푸에블로호 사건 때보다 더 비참한 꼴을 북한으로부터 당했다.

이날 동해상 영공을 비행하면서 북한지역을 정찰 중이던 미 해군 소속 EC-121 조기경보기는 갑자기 나타난 북한 미그 전투기가 발사한 미사일에 피격되어 기체가 바다에 추락하면서 승무원 31명 전원이 사망했다.

일본 아쓰기 기지에서 이륙한 이 경보기에는 8명의 장교와 23명의 승무원이 탑승하고 있었고, 그중 한 명은 미 해병대원이었다. 탑승자들 중 9명은 러시아어와 한국어의 암호통신을 해독하는 언어학자들이었다.

미그 전투기는 북한의 어랑비행장을 이륙하여 미 해군기를 공격했는데, 이 비행장은 김책공군대학이 관할하는 공항으로서, 평소 이

공항에는 속도가 느린 미그 15기만 운영하고 있었다. 북한은 미 해군 경보기를 기습 공격하기 위해 평남 북창비행장에 있는 미그 21기 두 대를 어랑비행장으로 이동시켰다. 극비리에 이동을 하기 위해 미그 21기를 분해하여 동체와 부품을 열차편으로 실어 날랐다.

분해한 기체를 기차로 실어다가 다시 조립한 후 어랑비행장 활주로에 위장해 놓았으며, 전투기 중량을 가볍게 해 이륙 거리를 단축하기 위해 미사일도 1발씩만 탑재했다. 미군의 레이더를 피하기 위해 개마고원지역에서 저공비행 훈련을 한 다음 EC-121기가 나타나기만을 기다렸다.

4월 15일 새벽, 북한 레이더에 EC-121기가 예상 항로로 날아오는 모습이 포착되자 두 대의 미그 21 전투기가 이륙했다. 초저공비행으로 미군 경보기에 접근한 미그 21은 갑자기 치솟아 오르며 열추적 미사일 두 발을 발사하여 EC-121기를 격추시켰다. 이날은 바로 김일성의 57회 생일이었다.

푸에블로호 사건으로 기고만장한 김일성이 자신의 생일에 "약소국이라도 단호한 결의가 있으면 강성한 제국주의자들을 물리칠 수 있다"면서 또다시 만행을 저지른 것이다. 푸에블로호 사건 때는 납치된 승무원들의 안위 때문에 미국의 행동에 제약을 받을 수밖에 없었지만, EC-121 조기경보기 피격은 미군 승조원 전원이 사망했기 때문에 제약을 받아야 할 이유조차 없었다.

그러나 31명의 귀중한 생명과 재산상의 손실을 입었음에도 불구하고 새로 출범한 닉슨 대통령의 국가안전보장회의NSC는 기이할 정도로 평온하고 차분하게 대응했다. 미국 정부는 이 사건을 계기로 박정희와 한국 정부가 다시 '대북 보복'을 주장하는 것을 우려하고 경계했을 뿐, 자국 군인들을 미사일로 학살한 북한에는 어정쩡한 태도로 일관했다.

사건 발생 며칠이 지나지 않아 닉슨 행정부의 국방장관은 대통령에게 "북한에 대한 징벌은 얻는 것보다 잃을 것이 더 많다. 현 시점에서 군사적 대안을 사용하지 않는 편이 더 낫다"라고 보고했다.

미 해군 역사상 최악의 흑역사

사건 발생 직후 미 국방부는 항공모함 4척을 포함하여 40척의 함정을 동해로 보내 무력시위를 벌였다. 또 북한에 대한 전술 핵무기 사용 등 25개의 행동계획이 포함된 긴급계획Contingency Plan이 수립됐지만 시행하지는 않았다. 겉으로는 강력하게 무력시위를 전개했지만, 어떠한 보복조치도 없을 것이란 점은 명약관화했다.

당시 백악관 안보보좌관이었던 키신저는 자신의 회고록에서 닉슨 행정부가 이처럼 유약하게 대처한 이유는 세 가지였다고 밝혔다. 첫째, 미국이 중국과 관계 개선을 추진하고 있었던 점. 둘째, 닉슨 행정부가 출범한 지 3개월이 채 되지 않은 시점에서 발생한 조직의 미숙함. 셋째, 당시 미군 전력 중 24시간 이내에 어떠한 군사력도 이동할 수 없었다는 점이다.

뉴욕타임스의 퓰리처상 수상 기자인 세이머 허쉬가 발간한 『권력의 대가』라는 저서에 의하면 당시 국가안전국 통신감청기지는 EC-121의 격추를 전후하여 북한의 통신을 감청했다. 그 결과 이 사건이 고의적 도발이 아니라 전투기 조종사에 대한 관제 실수 때문이었다고 판단했다. 이러한 정보 판단에 따라 사건 직후 무력보복을 주장했던 닉슨 대통령과 키신저 안보담당 보좌관은 태도를 바꾸어 온건한 보복 쪽으로 선회했다.[31]

당시 월남전이 격화된 것도 한 가지 고려 요인으로 작용했을 것이다. 키신저가 이런저런 궁색한 변명을 늘어놓았지만 당시 미국이 자국 군용기가 격추되어 31명의 고귀한 인명이 희생되었음에도 불구하고 찍 소리도 못하고 조용히 넘어간 이유는 월남전 종식문제 때문이었다.

당시 미국은 파리 평화회담에 월맹을 끌어들여 월남전을 서둘러 끝내려는 계획을 극비리에 추진 중에 있었다. 만약 미국이 정찰기 격추를 문제 삼아 대북 보복공격에 나설 경우 그 파장이 월맹에까지 튀어 협상 테이블로 나오지 않을 수도 있다는 가능성을 우려한 것이다.

---

31   심용택, 『굴기-(10)핵개발 프로젝트』, 동서문화사, 2015, 214쪽.

자국 정찰기가 공격을 당했음에도 불구하고 미국이 무력시위 몇 번 벌이다가 상황을 마무리하는 모습을 본 박정희는 국제정치의 냉혹한 현실을 절실하게 깨달았다. 그는 1971년 1월 1일 신년사에서 자신의 속내를 여과 없이 보여주는 연설을 했다.

> 세계의 모든 나라들이 국가이익을 위해서는 어제의 적국을 오늘의 우방으로 삼고, 피도 눈물도 없는 적자생존의 논리를 내세우고 있는 냉혹한 생존경쟁의 시대에 있어서는 힘없는 민족은 세계무대에서 영원히 낙오되고 만다는 것을 깊이 명심해야 합니다. (중략) 이 시련을 극복하는 데는 우방의 지원이나 협력도 물론 중요합니다. 그러나 더 중요한 것은 우리 국민들의 굳센 결의와 분발과 단결이며 피와 땀을 흘려가며 국력을 기르는 일입니다.[32]

닉슨이 북한에 대해 보복하지 않은 것은 '닉슨 독트린'으로 알려진 미국의 동아시아 정책이 극적으로 변할 것임을 예고하는 서곡이었다. 닉슨 대통령은 남북한 사이의 불화로 인해 미국이 또 다른 한국전쟁으로 끌려들어가는 것을 원치 않았던 것이다.

결국 미국은 자국 조기경보기 격추 및 승무원 31명 사망사건을

---

32   대통령 비서실(편), 『평화통일의 대도: 박정희 대통령 연설문 선집』, 대한공론사, 1976, 28쪽.

눈 감아 주기로 작정했다. 닉슨 행정부는 5월 8일 이후 전투기 엄호 아래 정찰기의 비행을 재개하는 것으로 사건을 일단락 지었다. 덕분에 이 사건은 미 해군 사상 최악의 흑역사로 기록됐다.

8·18 도끼 만행 사건

1976년 봄, 조지아 주지사를 역임한 지미 카터는 민주당 대통령 후보로 출마하면서 다음과 같이 연설했다.

한국전쟁 당시 나는 잠수함 승무원으로 태평양에 있었다. 한국전쟁이 끝난 지 20여 년이 지난 오늘에도 한국에는 4만 명 이상의 미군이 주둔하고 있다. 내가 대통령이 되면 주한미군의 대부분을 단시일 내에 신중한 방법으로 철수할 것이다.

탈脫 기성정치를 내걸고 등장하여 선풍을 일으킨 지미 카터는 1976년 7월 미국 민주당 전당대회에서 대통령 후보로 지명됐다. 카터가 주장했던 주한미군 철수는 민주당 선거공약의 하나로 확정됐다. 그로부터 한 달 후인 8월 18일 오전 10시 45분.

판문점 공동경비구역 내 사천교돌아오지 않는 다리 근처에서 유엔군사령부 경비대장 아더 보니파스 대위와 마크 배럿 중위, 한국군 대위 한

명이 7명의 경비 병력과 한국인 근로자KSC 5명을 인솔하여 제3초소 옆 12미터 지점에 커다랗게 자란 미루나무 주변에서 가지치기 작업을 시작했다.

당시 판문점 내는 군사분계선이 존재하지 않아 남북이 함께 경비를 서는 '공동경비구역'으로 규정되어 있었다. 그런데 한국군 제3초소 주변에 북한이 포위하듯 세 개의 초소를 세우는 바람에 제3초소가 북한군의 위협에 노출되어 있었다. 그래서 고지대에 위치한 5초소에서 3초소를 관측해야 했는데, 3초소 옆에 크게 자란 미루나무가 시계를 방해하고 있었다.

8월 3일 유엔군 경비대는 3초소의 안전을 도모하기 위해 미루나무를 자를 것을 권고했고, 이 권고에 의해 8월 6일 노무자 4명과 유엔군 4명이 미루나무 절단을 시도했다. 이때 북한군이 이의를 제기하면서 작업을 중단시켰다. 유엔군 경비대는 "그렇다면 8월 18일에 가지치기만 하겠다"고 북한군에게 알리고 이날 작업에 돌입한 것이다.

처음엔 북한군 군관장교 2명과 병사 8명이 나타나 남한 측 노무자들에게 가지를 잘 치는 법을 알려주는 등 작업은 화기애애한 분위기 속에서 진행되었다. 그런데 10시 47분 북한군 장교후에 박철 중위로 밝혀짐가 병력을 이끌고 현장에 나타나면서 분위기가 돌변했다. 당시 북한의 후계자로 자처하던 김정일은 미군들이 판문점 공동경비구역에서 가지치기를 한다는 보고를 받고는 "조선 사람의 본때를 보여

주라"고 지시했다.

박철은 "나뭇가지를 건드리지 말라"면서 시비를 걸어왔다. 북한군 장교가 계속 엄포를 놓자 인솔 책임자인 보니파스 대위는 "합법적 절차를 거쳐 절단하는 것이니 문제될 것이 없다"면서 작업을 계속하라고 지시했다.

북한 병사가 "더 이상 자르지 마라. 작업을 중지하지 않으면 죽이겠다"고 협박했다. 보니파스 대위가 강력 항의하자 북한군 장교가 "이놈들을 죽여!"라고 외쳤다. 이를 신호로 인민군이 몽둥이와 쇠꼬챙이로 보니파스 대위와 배럿 중위를 공격했다. 그들은 한국 근로자들이 버리고 달아난 벌목용 도끼로 보니파스 대위의 얼굴을 여러 차례 내리찍었다.

이 와중에 돌아오지 않는 다리 건너편의 북한 초소에서 2대의 트럭에 나눠 탄 50~60명의 인민군 증원부대가 몰려왔다. 배럿 중위는 유엔군 3초소 동쪽 50미터 지점 도로변 숲속에서 발견됐는데, 도끼로 수차례 얼굴을 강타 당해 얼굴을 전혀 알아볼 수 없을 정도로 심하게 망가져 있었다.

배럿 중위와 보니파스 대위는 서울로 후송되는 헬기 안에서 순직했다. 이 밖에 미군 경비병 4명과 한국 경비병 2명 등 9명의 한미韓美 장병들이 중경상을 입었다. 인민군은 유엔군 트럭 3대와 유엔군 초소를 파괴한 다음 돌아오지 않는 다리 건너편으로 사라졌다.

"이번 기회에 강력한 보복을 하자"

당시 일본에서 휴가 중이던 유엔군사령관 리처드 스틸웰 대장은 사고 소식을 보고 받고는 얼마나 급했던지 여객기 대신 전투기 후방좌석에 타고 귀임했다. 국방부로부터 끔찍한 사고경위를 보고받은 박정희 대통령은 "당장 내 군화와 철모를 가져오라"고 지시했다. 이날 박정희는 다음과 같은 일기를 남겼다.

목하 스리랑카 수도 콜롬보에서 개최 중인 비동맹회의에서 주한미군 철수를 위한 정치선전에 광분하고 있는 북괴가 정치적으로 이용하기 위한 하나의 계획적인 만행이란 것은 분명한 사실이다. 이들의 이 만행을 미친개한테 물린 것으로 참고만 있어야 할 것인가. 언제까지 참아야 할 것인가.

하룻강아지 범 무서운 줄 모르는 격인 이들의 이 만행을 언젠가는 고쳐주기 위한 철퇴가 내려져야 할 것이다. 저 미련하고도 무지막지한 폭력 도배들아. 참는 데도 한계가 있다는 것을 잊지 말지어다. 미친개한테는 몽둥이가 필요하다.[33]

---

33   박정희 지음·박정희 탄생 100돌 기념사업추진위원회 엮음, 『남편 두고 혼자 먼저 가는 버릇 어디서 배웠노』, 기파랑, 2017, 151쪽.

박정희는 스나이더 주한 미국대사와 스틸웰 대장을 접견했다. 박 대통령은 희생된 미군 장교 2명에게 조의를 표하고 유가족에게 심심한 애도의 뜻을 전해줄 것을 부탁했다. 그리고 1·21 청와대 습격사건, 미 정보함 푸에블로호 납치, 미 정보기EC121 격추사건 등을 예로 들면서 "우리가 강력한 보복을 주장했음에도 불구하고 미국이 단호한 조치를 취하지 않아 이런 비극이 발생한 것"이라며 "이번 기회에 강력한 대북 보복조치가 필요하다"고 요구했다.

여기서 우리는 북한이 끔찍한 도끼 만행 도발사건을 저지른 시기를 들여다 볼 필요가 있다. 1969년 발표된 '닉슨 독트린'의 후폭풍으로 월남 패망, 캄보디아 공산화, 주한미군 철수로 인한 동아시아에서 세력균형의 파괴는 미국 내에 큰 충격과 상처를 주었다. 이에 대한 반사작용으로 미국 지도부는 태평양 중시 전략을 추진하기 시작한다. 1975년 11월 11일 헨리 포드 대통령은 "태평양 연안국의 일원으로서 아시아에 절대적인 이해관계를 갖고 있다"고 선언했다.

다음 해인 1976년 1월 27일, 럼스펠드 신임 미 국방장관은 취임 후 처음 발표한 국방백서에서 "미국 안보의 필수적인 힘의 중심지역은 서구, 즉 북대서양조약기구NATO와 동북아, 즉 일본과 한국"이라고 지적하고, "한반도에서 미 지상군을 철수시킴으로써 미국이 지난 20년간 유지해 왔던 동북아의 안정을 위협하는 것은 현명치 못하다"고 주한미군 철군 반대 입장을 분명히 했다.

이러한 태평양 중시 전략에 재를 뿌린 인물이 민주당 대통령 후보로 출마한 지미 카터였다. 그는 선거공약으로 주한미군 철수를 들고 나온 것이다. 김일성은 카터의 대통령 후보 지명, 그리고 주한미군 철수 주장에 크게 고무되어 카터의 후보 지명 한 달도 안 된 시기에 판문점 공동경비구역에서 백주에 도끼로 미군 장교 두 명을 끔찍하게 살해하는 만행을 저지른 것이다. 카터와 김일성 두 사람이 대체 어떤 관계였는지 뜻 있는 현대사 연구자들이 밝혀내야 할 역사적 과제다.

충격적인 도끼 살인 만행을 당한 미국 정부는 이번에는 조용히 넘어가지 않았다. 한미 양국군에 '데프콘 3_{전투준비태세}'가 하달됐고, 주한미군 방송을 통해 휴가 중이거나 부대를 떠나 있는 전 장병에게 즉시 복귀 명령이 발표됐다. 한국전 이후 주한미군에 '데프콘 3'가 발령되기는 이때가 처음이었다.

미국 정부는 8월 18일 밤 일본 오키나와 기지에서 F-4 전폭기 1개 대대와 미국 아이다호 주 기지에 있던 핵무기 탑재가 가능한 최신예 전폭기 F-111 1개 대대를 한국에 배치했다. 8월 20일에는 미 7함대에 경계령을 내리고 항공모함 레인저호를 한국 해역으로 이동시켰다. 또 오키나와 주둔 미 해병대 1,800명이 한국으로 이동했고, 요코스카에 기항 중이던 항모 미드웨이호가 중무장한 순양함 5척과 함께 한국 해역에 진입했다.

"국군이 이번 작전 수행하라"

김일성은 8월 19일 새벽 5시를 기해 인민군 전 부대와 노농적위대, 붉은 청년 근위대 등 예비군 병력에까지 북풍 1호준전시 상태를 선포하고 전투태세 돌입명령을 내렸다. 일촉즉발의 전운이 감도는 가운데 박정희는 8월 20일 육군 제3사관학교 졸업식에 참석해 다음과 같이 단호한 발언을 했다.

> 이틀 전에는 휴전회담 장소인 판문점에서 작업 중이던 유엔군 측 장병에 대하여 계획적으로 시비를 걸어 흉기를 휘두르고 잔악무도한 집단 살상 난동을 벌였습니다. 우리가 참는 데에도 한계가 있습니다. 미친개한테는 몽둥이가 필요합니다. 우리가 그들로부터 언제나 일방적으로 도발을 당하고만 있어야 할 아무런 이유도 없습니다. 이제부터는 그들이 또다시 불법적인 도발을 자행할 경우, 크고 작고를 막론하고 즉각적인 응징 조치를 취할 것이며, 이에 대한 모든 책임은 전적으로 그들 스스로가 져야 할 것입니다.

당시 박정희 대통령의 졸업식사를 작성했던 박찬세 공보비서관은 차 안에서 "미친개한테는 몽둥이가 필요하다"는 대통령의 연설을 듣고 깜짝 놀랐다. 부랴부랴 돌아와 확인해 보니 그 표현은 자신이 쓴 원고에 대통령이 직접 추가를 한 것이었다.

한국군 전방의 전 사단 병력과 전차부대가 휴전선으로 집결했다. 미국의 포드 대통령은 긴급 참모회의를 소집하여 '특별대책반'을 구성하고 스틸웰 유엔군사령관의 제안에 따라 문제가 된 미루나무 제거를 결정했다. 작전명은 미국의 전설적인 나무꾼 이름을 따 '폴 버니언 작전 Operation Paul Bunyan'으로 명명됐다. 8월 20일, 스틸웰 대장이 박정희 대통령을 예방하여 다음과 같이 보고했다.

미국 정부는 도끼 만행 사건으로 중단되었던 미루나무 절단작전을 전개하여 여하한 방해가 있더라도 이를 배제, 절단하기로 했습니다. 북한 측이 무력으로 대응하면 우리도 즉각 대응하여 판문점 군사분계선을 넘어 개성을 탈환하고 연백평야 깊숙이 진출하여 수도 서울에 대한 서부전선의 지리상의 근접에 따른 위협을 완화한다는 방침을 세웠습니다.

당시 미국은 북한군 전차부대가 남진할 경우 이에 대한 전술핵 사용까지를 고려하는 실질적인 전쟁계획을 수립했다. 미루나무 절단작전은 판문점 경비를 미군이 담당하고 있는 만큼 미군 측이 담당하며, 작전개시 시각은 8월 21일 오전 7시였다.

보고를 들은 박정희가 스틸웰 장군에게 말했다.

이미 두 명의 미군 장교가 도끼 만행 사건으로 고귀한 생명을 잃었습니다. 판문점 공동경비지역이 미군 관할이라 하여 더 이상 미군의 희생을 내고 싶지는 않습니다. 우리 국토수호의 1차적 책임은 우리 국군에게 있는 것입니다. 따라서 미군 지휘관 1명을 제외하고 절단작전, 경호, 근접 지원 등 제1전선은 우리 국군이 맡겠습니다. 미군은 제2전선을 지원해 주시기 바랍니다.

미군의 생명을 염려하여 한국군이 희생자가 발생할 지도 모르는 위험한 절단작전을 수행하겠다는 제안을 들은 스틸웰 대장은 순간 형용하기 어려운 감동을 받고는 "각하의 뜻을 감사히 따르겠습니다" 하고 인사를 했다. 박정희는 배석했던 서종철 국방부장관, 노재현 합참의장에게 "특전사 산하 정예부대와 제1전선을 맡고 있는 육군 부대가 이번 작전을 수행하라"고 군 통수권자로서 명령했다. 그날 저녁 늦게까지 박정희는 국방부장관, 합참의장, 육군참모총장과 함께 청와대에서 작전 준비사항을 검토하고 북한으로 진격할 때에 대비한 대책을 숙의했다.

김일성의 사과

8월 21일 아침 7시. 한미 양국군이 데프곤 2^{전쟁 돌입상태}에 돌입한 가운데 문제의 미루나무 절단작전에 나섰다. 포드 미국 대통령의 지시에 따라 중무장 헬리콥터, F-4 팬텀 전폭기, F-111 전폭기, 괌에서 날아온 B-52 전략폭격기가 4중으로 판문점 상공을 경비하는 가운데 미군 장교의 지휘 하에 16명의 작업반과 이를 경비·근접 지원하기 위해 태권도 유단자로 구성된 64명의 국군 특전사 정예요원, 1사단 수색대가 투입되었다.

주한 미 2사단장은 헬기를 타고 상공에서 작전을 진두지휘했다. 판문점 공동경비지역 남쪽에는 만일의 사태에 대비하여 즉각 전투에 투입하기 위해 미 2사단 장병이 탑승한 20여 대의 헬기가 상공을 선회하기 시작했다. 한국 해역에 진입한 미 항공모함 미드웨이호는 함재기를 띄웠고, 항모 내에는 즉시 투입 준비가 완료된 해병부대가 대기 중이었다.

드디어 미루나무 절단 작전이 개시됐다. 7시 20분께 북한 병사 200여 명이 돌아오지 않는 다리 건너편에 집결하기 시작했다. 그들은 건너편에서 사진만 찍을 뿐 도발 행위를 하지 못하고 얼어붙어 있었다. 당시 김일성은 인민군 부대에 "도발하지도 말고, 도발에 걸려들지도 말라"는 명령을 내렸다.

7시 55분, 한국군 작전 팀이 미루나무를 완전 절단하고 남방분계선 내에 불법으로 설치한 북한군 초소도 때려 부순 다음 철수했다. 1시간 30분의 작전 진행 도중 방해나 저항은 전혀 없었고, 평양-원산 선 이남에서 북한 항공기는 단 한 대도 이륙하지 않았다.

8월 21일 오후, 김일성은 한미 연합군의 모든 작전이 종료된 후 인민군사령관 명의로 스틸웰 유엔군사령관 앞으로 다음과 같은 유감 성명을 보내왔다.

이러한 사태가 일어난 것을 유감으로 생각한다. 쌍방은 앞으로 이런 일이 다시 일어나지 않도록 노력해야 할 것이다.

김일성은 휴전 이후 최초로 자신들의 도발 행위에 대한 사과를 한 것이다. 한편 1976년 11월 미국 대통령 선거에서 카터 후보가 승리하여 당선됐다. 카터 당선자는 대통령에 취임하기도 전에 "주한미군 철수를 포함한 선거공약을 기필코 이행할 것"이라고 선언했다. 주한미군과 무슨 원수라도 진 것이었을까?

04

농업이 아니라 공업이다

제철소를 건설하고
자동차를 개발하라

1950~1960년대 선진국 대학에서는 '후진국 경제발전론'이 인기 있는 과목이었다. 후진국은 대부분 농업이 주된 산업이었다. 따라서 농업 분야에 우선적인 투자를 하여 여기서 얻어지는 잉여로 중소형 공업을 일으켜 공업화를 추진하는 것이 합리적인 경제발전 공식이라는 주장을 하는 학문이었다.

불행하게도 한반도는 농업에는 그다지 적합한 환경이 아니었다. 대부분이 산악 지형으로 구성되어 있는 지형적 특성상 농경지가 국토의 22퍼센트에 불과했다. 게다가 200만 가구의 농가가 약 200만 정보의 농토를 경작함으로써 농가 가구당 경지면적은 1정보에 불과했고, 인구밀도는 도시국가를 제외하면 세계에서 가장 높았다. 한반도의 기상 여건 상 겨울이 춥고 길기 때문에 농토를 연중 이용하기도 불가능하다.[34]

---

34   김정렴, 『한국경제정책 30년사』, 중앙일보사, 1995, 173쪽.

강수량은 벼농사를 짓기에 충분할 정도로 내리지만, 7~8월에 집중호우나 폭우 형식으로 쏟아지기 때문에 이 기간을 제외하고는 늘 가뭄에 시달렸다. 이처럼 척박한 농업 환경에서 미국이 제안한 '농업 생산성을 높이는 길을 통한 근대화'의 방법론을 수용하여 그 길로 갔다면 우리는 아직도 저급한 농업 국가 수준에서 벗어나지 못해 아시아에서도 후진국 대열에 위치해 있었을 지도 모른다.

1960~1970년대 세계 경제학계에서 개발도상국 경제발전 이론으로 가장 유명했던 학자는 영국 옥스퍼드대학의 아서 루이스 교수였다. 그는 인도의 경우를 예로 들어 "개발도상국은 공장을 짓는 산업화에 앞서 우선 농업 개발을 이루는 방법으로 경제를 일으켜야 한다"고 주장했다. 루이스 교수 입장에서 볼 때 산업화는 어디까지나 농업 발전이 이루어진 뒤에나 가능한 것으로 보았다. 농촌 개발로 쌓여진 자본 축적을 바탕으로 제조업이 발전함으로써 산업화가 촉진된다는 것이다. 거시경제 개발 모델을 만든 네덜란드의 경제학자 얀 틴베르헨의 균형성장론도 루이스 교수의 입장과 같았다.[35]

두 사람 모두 노벨 경제학상을 수상했다. 이러한 세계 경제학계의 석학碩學들 입장에서 볼 때 가난한 농업국에서 벗어나지 못한 대한민국이 기술이나 경험, 자본, 고급인력이 턱없이 부족한 상태에서 수출주도의 공업화를 먼저 추진하고, 여기서 얻어지는 경제력으

---

35   황병태, 『박정희 패러다임』, 조선뉴스프레스, 2011, 55쪽.

로 농촌 근대화를 앞당기고자 시도했던 '선先공업화, 후後농업 발전' 전략은 후진국 경제발전의 일반론에서 보면 도저히 성공 가능성이 없는 무모한 만용으로 보였을 것이다. 게다가 그저 평범한 경공업 건설이 아니라 막대한 투자요인이 발생하는 중화학공업과 무기를 만드는 방위산업을 해외에서 돈을 빌려다 건설하고, 수출주도형 전략을 통해 해외에 중화학공업 제품을 팔아서 빚을 갚겠다고 나선 것은 일종의 치기 내지는 모험의 극치로 비판을 받았다.

한국의 외채 감시한 IECOK

그러나 외국의 석학이나 국제기구 전문가들의 비판과 반대에도 불구하고 박정희 대통령은 "성공할 수 있다"는 자기 확신이 있었다. 그리하여 외자를 도입하여 수출주도형 공업화 전략의 추진에 나섰다. 박정희는 세계시장에서 경쟁하기 위해 그에 적합한 '규모의 경제'를 추구함으로써 투자자금도 배가되었다.

이렇게 되자 모자라는 자금 수요를 충당하기 위해 해외에서 많은 차입을 해야 했다. 외채가 계속 늘기 시작하면서 해외에서는 한국경제를 우려의 시선으로 바라보는 것으로 그친 것이 아니라 일종의 감시 및 압력단체를 만들어 브레이크를 걸기 시작했다. 1966년 세계은행을 앞세워 대한對韓국제경제협의체International Economic Consultative

Organization for Korea·IECOK라는 단체가 출범한 것이 그 증거다.

황병태의 저서 『박정희 패러다임』에 의하면 IECOK는 명목상으로는 한국의 외채가 위험 수준으로 치닫는 것을 막기 위해 설치된 것이라고 주장했지만, 그 내막을 들여다보면 한국의 종합제철소 건설 사업을 견제하는 것이 본래의 목적이었다고 한다. 그들은 한국이 해외에서 외채를 조달하려 할 때마다 "감 놔라, 배 놔라" 하며 감시하고 사용처를 따지는 등 상전 노릇을 했다.

IECOK는 기회가 날 때마다 한국의 외채에 대한 심각성을 경고하고 나섰다. 국내 언론과 야당 정치인들은 순진하게도 이 단체가 발표하는 경고를 그대로 받아서 국내에 '외채 망국론'을 확대 재생산했다. 국내 정치권과 언론이 터무니없이 외채 망국론을 과장 선전하자 어느 날 박정희 대통령은 장기영 경제부총리와 황병태 당시 경제기획원 공공차관과장을 청와대로 불러 이렇게 말했다.

오늘 신문을 봤더니 또 외채 망국론 얘기가 나오던데, 도대체 제정신들 갖고 그렇게 떠들 수 있는 것인가. 거기에 너무 신경 쓸 일 없네. 우리가 외채를 들여와 개인적으로 술 사 먹고 떡 사 먹었는가. 국가경제를 위해 공장 지으려고 외채를 끌어들이고 있는 것이니, 그런 쓸 데 없는 소리에 공연히 기죽지 마시오.[36]

---

36   황병태, 앞의 책, 59쪽.

언론이나 정치권, 외국의 학자들이 뭐라 떠들건 우리 갈 길을 간다는 의지의 표현이었다. 박정희는 자신이 설정한 목표를 달성하기 위해 엄정한 원칙과 기준 하에 조직적이고 통합적인 패러다임으로 국정을 운영해 갔다. 이영훈 교수는 박정희 정부의 행동원리를 다음과 같은 다섯 가지로 요약한다.

첫째, 정부와 기업의 더 없이 강렬한 개발 의욕.

둘째, 특정의 정책 목표는 실현 가능한 것이어야 할 것. 이를 위해 강력하고 충분한 지원.

셋째, 낮은 수준에서 높은 수준으로 개발계획의 단계성과 과학성 추구.

넷째, 국제경쟁력을 지닐 수 있는 충분한 규모.

다섯째, 정부·기업·민간의 기민한 협의 및 협력체제 구축. 이를 위한 정기적인 관민(官民) 합동회의체 운영.

'산업의 쌀' 제철

우리나라 제철 기업이 일본을 누르고 조강 생산 세계 1위 자리에 오른 것은 1998년이다. 1998년 통계를 보면 포스코는 조강 2,654만 톤을 생산해 2,433만 톤을 생산한 일본의 신일본제철을 누르고 2년 연속 조강 생산 세계 1위를 차지했다. 1999년 국내 철강업체의 전체 조강 생산량은 4,104만 톤으로 중국·미국·일본·러시아·독일에 이어 세계 6위를 차지했다.

조선은 1999년 세계 선박 수주의 40.9퍼센트를 점유하며 선박 수주량 세계 1위를 차지했다. 2000년 상반기에도 국내 7개 조선사의 수주 실적은 전 세계 선박 시장의 50퍼센트를 넘어 사상 최대의 호황을 맞은 바 있다.

그러나 40년 전으로 시계 바늘을 돌리면 전혀 다른 풍경이 전개된다. 1961년 5·16 직후 한국경제인협회전경련의 전신가 국가재건최고회의에 제출한 '기간산업 건설계획안' 자료에는 당시 국내 철강산업 현황은 다음과 같이 표현되어 있다.

제철부문에 있어 국내 유일의 생산공장인 삼화제철은 20톤 용광로 8기에 연간 생산 능력 48만 톤의 용량을 보유하고 있으나 현재 1~2기만을 가동하고 있으며, 제강부문은 6만 2,000톤의 연간 생산 능력을 보유하고 있으나 실질적으로는 대한중공업의 50톤 평로(平爐) 1기만이 제대로 가동되고 있다.

압연시설은 대한중공업 외 27개 공장에서 도합 34만 6,000톤 용량을 보유하고 있으나 특수 강재는 그 최소 경제적 가동용량이 각각 연산 10만 톤 이상임을 비추어 아직 국내생산을 도모할 단계에 이르지 못했으므로 부득이 외산(外産)에 의존할 수밖에 없는 실정이다.

산업사회에서 철강은 '산업의 쌀'이라 불릴 정도로 중요한 위치를 차지한다. 철강산업이 건재해야만 기계공업, 자동차공업 등 연관 산업이 발전할 수 있기에 철강은 그 나라 산업력과 국력의 바로미터가 된다. 따라서 중화학공업의 핵심 중에서도 핵심은 종합제철소 건설이었다.

종합제철소_{혹은 일관제철소라고도 한다}란 철강 제조와 관련된 제선, 제강, 압연 등 모든 공정을 한 곳에 집약시켜 놓은 대단위 공장을 말한다. 제선은 철광석과 코크스 등을 고로_{용광로}라 부르는 대형 가마에 넣고 철광석을 녹여 액체 상태의 쇳물을 뽑아내는 공정이다.

제강은 제선 공정에서 생산된 쇳물에서 각종 불순물을 제거하는 작업이다. 압연은 쇳물을 슬래브_{긴 쇠막대} 형태로 뽑아낸 다음 슬래브에 강한 압력을 가해 얇은 철판 형태로 가공하는 과정이다. 압연은 슬래브를 뜨겁게 가열하여 철판을 뽑아내는 열강압연과 차게 식은 상태에서 철판을 뽑아내는 냉간압연이 있는데, 열간압연을 통해 만들어진 철강 반제품을 핫코일이라 부른다.

종합제철소가 필수적으로 갖춰야 하는 설비는 철광석을 녹이는 대형 가마_{고로}다. 국내에서는 포항종합제철_{포항·광양}과 현대종합제철_{당진}이 고로를 보유한 종합제철소다. 나머지 철강업체들은 전기로_{고압 전류로 고철을 녹이는 가마}를 보유하고 있거나, 고로 없이 종합제철소에서 생산된 핫코일을 가져다 최종 완제품을 생산한다.

종합제철소 건설 역사[37]

중화학공업은 공업화에 필요한 원부자재를 국내에서 공급하고, 수출산업의 부가가치를 높이기 위해 오래 전부터 그 당위성이 제기되어 왔다. 그러나 거액의 고정자본과 장기 투자가 요구되는데 비해 다른 업종보다 이윤율이 현저히 낮고, 투자금의 회수기간도 길어 민간 기업이 이를 성공시키기는 지극히 어렵다. 때문에 선진국들도 국가자본이나 반관반민半官半民 형태로 운영하는 것이 일반적이다. 자본축적이 허약한 한국은 정부조차 종합제철소에 투자할 여력이 부족했다.

역대 정부는 철강산업의 중요성 때문에 국제 규모의 종합제철소 건설을 추진했으나 한국이 처한 낙후된 경제 산업적 여건으로 인해 좌절을 거듭해 왔다. 한국의 공업화 과정에서 종합제철소 건설 프로젝트처럼 오랜 진통과 좌절을 겪은 사업은 찾아보기 힘들다.

제철산업은 원자재 다多소비산업이다. 철강 1톤을 생산하기 위해서는 철광석과 코크스, 석회석 등 3톤의 원자재가 투입되어야 한다. 우리나라의 경우 제철산업에 필요한 원자재는 석회석을 제외하고는 거의 전량을 수입에 의존해야 했다. 때문에 원자재 확보에 소요

---

37   종합제철소 건설 관련 부분은 김용삼, 『한강의 기적과 기업가 정신』, 프리이코노미스쿨, 2015, 197~215쪽 참조.

되는 자금, 제철소를 건설하는 데 필요한 막대한 외자 동원이 현실적 어려움으로 대두되었다.

박정희 정부는 중화학공업 건설을 선언하고 전후방 연관 효과와 성장 기여도, 부가가치 유발 효과 등을 고려하여 제철·비철금속·조선·기계·전자·화학 등 6대 전략업종을 선정했다. 공장 건설과 운영은 민간 주도로 하고, 정부는 재원 조달과 입지, 사회간접자본 시설 확충, 기술인력 개발 등 민관 임무 분담체제로 추진키로 했다.

국내 제철산업의 역사는 조선총독부 시절 일본 기업들이 항구도시를 중심으로 철강생산 기지를 구축하고 군수물자 생산에 나서면서 시작됐다. 1913년 미쓰비시가 대동강 하구인 황해도 송림군 겸이포면에 겸이포제철소를 건설했다. 이 제철소를 시작으로 1940년대를 전후하여 흥남제철소, 조선이연 인천공장, 삼화제철소 등이 설립되었다. 삼화제철소는 1943년 일본 고레가와是川제철이 강원도 삼척에 소형 용광로 8개를 설치한 제철소를 건설했는데, 해방 후 삼화제철소로 이름이 바뀌었다.

삼화제철소는 하루 20톤의 선철을 생산했는데, 포항제철이 건설되면서 생산을 중단했다. 삼화제철소의 소형 용광로는 원형을 복원하여 2003년부터 포스코 역사관 야외 전시장에 전시하고 있다. 이것이 남한지역에 건립된 용광로 중 가장 오래된 것이다.

종합제철소 건설은 5·16 이후 군사 정부의 업적으로 알려져 있고, 포항제철 하면 박태준 신화가 자연스럽게 떠오른다. 그러나 '철강 산업 육성' 의지를 불태운 선구자는 이승만 대통령이었다. 이승만은 1952년부터 판문점에서 휴전회담이 본격화되자 전후복구 사업을 위해서는 무엇보다 철강재 생산이 시급하다는 점을 꿰뚫어보았다. 그는 선진국인 미국에서 유학과 망명 생활을 하는 과정에서 산업문명의 핵심이 철강산업에 있다는 사실을 알고 있었다.

이승만 대통령, "철강공장 건설" 특별지시

1953년 이 대통령은 내각에 철강산업 진흥책을 마련하라는 특별지시를 내렸다. 이 지시에 의해 관계부처는 1953년 4월 4일 대통령령으로 인천의 대한중공업공사를 국영기업으로 출범시켰다. 1938년 1월 조선이연금속 인천공장으로 출범하여 해방 후 귀속재산 기업으로 우리 정부 소유가 된 이 공장은 이승만 대통령의 명에 의해 1953년 대한중공업공사로 창립되었다.[38]

이 공장은 일제시대 때 전쟁 물자를 생산해 왔으며, 6·25 때 파괴된 채 방치되어 있었다. 이승만 정부는 이 공장을 복구하기 위해 연산 5만 톤 규모의 중유를 때서 고철을 녹이는 평로平爐를 건설하고

---

38   이 회사는 5·16 후인 1962년 인천중공업으로 상호를 변경했고, 1970년 4월 인천제철에 합병된 뒤 2001년 INI스틸을 거쳐 2006년 4월 현대제철 인천제철소로 이름이 바뀌었다.

제강공장과 압연공장을 재건하기로 결정했다.

당시 우리나라 국가 예산은 미국으로부터 제공되는 원조자금이 55퍼센트 정도를 차지하고 있었다. 정부는 철강공장 건설계획을 수립한 후 미국 원조기관에 필요한 자금 지원을 요청했다. 그러나 미 원조기관은 "전쟁이 끝나지도 않은 상황에서 제강공장 건설은 시기상조"라며 우리 정부의 요구를 거절했다. 보고를 받은 이 대통령은 "철강산업은 전후복구와 국가건설에 필요불가결한 산업이다. 나라 살림이 극히 어려운 상황이지만 만난을 무릅쓰고 자체 보유 달러로 철강공장을 건설하라"고 내각에 지시했다. 그리하여 철강공장 건설을 위해 당시로서는 거금인 140만 달러를 투자하기로 결정했다.

미국 측이 철강공장 건설에 비협조적인 태도를 보이자 이 대통령은 전쟁 부상자 치료를 위해 부산항에 와 있던 서독 적십자병원장 후버 박사에게 한국의 철강공장 건설에 서독이 기술지원을 해 줄 것을 요청했다. 당시 서독은 제2차 세계대전에서 패전한 후 전후복구가 한창이었다. 서독 기업들도 해외 공사를 수주하여 달러를 벌어들이는 일에 전력을 기울이고 있었다.

이승만의 부탁을 받은 후버 박사는 한국의 철강공장 건설계획을 서독 정부에 보고했다. 서독 정부는 일본에서 활동하며 유엔군에 물자를 공급하던 유대인 중개상 사울 아이젠버그를 교섭 상대로 내세워 적극적인 수주 활동을 벌였다. 이때 오스트리아 출신인 프란체스카 여사는 같은 오스트리아 여권을 소지한 아이젠버그를 이 대통령에게 소개하여 아이젠버그가 한국 프로젝트와 인연을 맺는 계기를 만들었다.

1954년 실시된 대한중공업공사의 5만 톤 평로 제강공사 국제입찰에는 미국, 스위스, 서독 기업들이 참여했는데 서독의 데마그DEMAG 사가 공사를 수주했다. 1956년 2단계로 실시된 380만 달러의 압연 공장 건설사업도 데마그 사에 돌아갔다. 이때부터 서독은 한국의 제철공업과 깊은 인연을 맺게 된다. 공장 건설과 운영을 위해 다수의 한국인 엔지니어와 기술자들이 서독으로 건너가 유학을 하고 왔고, 서독에서 1급 기술자들이 한국에 파견되어 공장 건설을 도왔다.

이승만 대통령은 우리나라에 근대식 제철공장을 건설하고 운영하려면 고급 기술자가 필요하다고 판단해 제철 분야 국비유학생을 선발하여 서독으로 보냈다. 당시 서독에 제철 유학생으로 파견되었던 사람 중의 한 명이 김재관 박사다. 그는 박정희 정부에서 포항제철 설계 작업에 참여했고, 상공부 중공업차관보를 역임하며 고유모델 국산 자동차 개발 사업의 실무책임자로서 큰 역할을 한다.

유대인 거상(巨商) 아이젠버그의 등장

김재관 박사의 증언에 의하면 이승만 대통령이 선발된 유학생들을 경무대로 불러 일일이 장학증서를 주면서 "열심히 공부하고 오너라. 우리가 참다운 독립국가가 되려면 제철공장이 있어야 돼. 여러분들이 그걸 해내야 한다"며 어깨를 어루만져 주었다.[39]

이승만은 공장 건설공사가 진행되는 현장을 수시로 방문하여 작업을 독려했다. 불철주야 작업을 서둔 덕분에 1956년 하반기에 평로 제강공장이 완공되어 첫 출강식出鋼式이 거행됐다. 평로 제강공장에 이어 압연공장 건설이 완료되면서 1959년 본격적인 생산이 개시되었다.

전란의 와중에 이승만 대통령의 결단에 의해 추진된 대한중공업공사의 건설과 가동, 조업을 위해 양성된 제철 전문 인력과 관리 책임자들은 박정희 시절 추진된 포항제철 건설 과정에서 총동원되어 중요한 역할을 하게 된다. 바로 그들이 우리 기술로 연산 103만 톤 규모의 일관제철소를 설계하여 한국 제철산업이 짧은 기간 내에 세계적인 경쟁력을 가진 분야로 발돋움하게 된 것이다.

이승만 대통령의 제철공장 건설 과정에서 한국과 인연을 맺은 인물이 유대인 거상巨商 아이젠버그다. 1921년 독일 뮌헨에서 태어난 아이젠버그는 1939년 유대인 박해를 피해 스위스와 네덜란드를 거쳐 중국 상하이로 이주했다.[40] 당시 일본군 점령지였던 상하이엔 유

---

39 저자와의 인터뷰.

40 사울 아이젠버그 관련 내용은 박재선, 「박재선의 유대인 이야기: 냉전시대 동과 서를 잇던 사울 아이젠버그」, 『중앙선데이』 2011년 8월 28일(제233호) 참조.

럽 각국에서 피난 온 약 3만 명의 유대인들이 집단 거주하고 있었다. 아이젠버그는 상하이에서 훗날 이스라엘 건국의 주역이 된 시온주의 청년 행동대 '베타르'에 가입했다.

아이젠버그는 1945년 미군 점령지였던 일본으로 건너가 도쿄에 거점을 두고 미군을 상대로 생활용품과 고철 판매, 한국을 비롯한 아시아 각국에 주재하는 미국 대사관과 극동군사령부 산하 각 부대의 용역을 수행했다.

대한중공업 철강공장 프로젝트로 한국과 인연을 맺은 아이젠버그는 이후 한국의 경제개발 과정에 깊이 개입하게 된다. 그는 박정희 정부 시절 서독 차관 도입을 주선했으며 전화교환 설비, 화력발전소, 시멘트공장, 원자로 도입 등 대형 프로젝트에 소요되는 외자 도입에 결정적인 역할을 했다. 1973년 캐나다에서 가압 중수형 캔두 원자로 도입 때는 유럽 30개 은행의 차관단 컨소시엄을 구성하여 자금을 공급했다.

아이젠버그는 공산권과도 깊은 연계를 맺고 있었다. 그는 월남 패망 당시 끝까지 사이공에 남아 교민을 철수시키다가 월맹군에게 체포되어 수감 생활을 하고 있던 이대용 공사의 석방에도 깊이 개입했다.

정부는 대한중공업공사의 생산이 본궤도에 오르자 '제강공업 육성 5개년계획'을 수립하고 연산 20만 톤 규모의 전기로 제철공장을 동해에 건설하기 위해 서독에서 제철 전문가를 초빙하여 제반 상황을 점검했다. 문제는 전기로 제철공장을 운영하기 위해서는 소요되는 전기를 공급할 발전소를 건설해야 하는 등의 문제로 인해 계획 자체가 폐기되었다.

대한중공업공사의 정상 가동에도 불구하고 국내의 철강재 수요가 급격히 확대되자 당시 국내 단 하나뿐인 용광로 제철공장이었던 삼화제철소_{강원도 삼척 소재}가 주목을 받기 시작했다. 정부는 삼화제철소의 시설 확장을 위해 외국 회사들과 협상을 벌인 결과 1960년 2월, 서독 데마그 사가 연산 제강능력 21만 톤의 종합제철소 건설계획안을 제출했다.

거듭된 실패

당시 데마그 사의 계획은 외자 3200만 달러, 내자 200억 환을 들여 일산_{日産} 700톤의 용광로 제철공장, 코크스공장, 제강공장, 압연공장 등 현대적인 종합제철소를 건설한다는 것이었다. 삼화제철소는 이 안을 가지고 서독과 차관 교섭을 추진하는 와중에 5·16 군사 쿠데타가 일어나 프로젝트가 중단되었다.

1962년 1월 13일 군사 정부가 발표한 제1차 경제개발 5개년계획의 핵심 프로젝트는 비료공장, 시멘트공장, 종합제철소 건설이었다. 당시 발표된 종합제철소 건설계획은 데마그 사가 수립한 안에 비해 금액이 약간 늘었고, 시기를 1962년부터 1966년까지로 정한 것을 제외하고는 동일했다. 1962년 2월 3일 울산종합공업단지 기공식이 거행됐는데, 울산공업단지는 종합제철소 건설이 핵심 사업이었다.

이 계획이 발표되기 전인 1961년 11월 삼화제철소의 이동준 사장을 단장으로 한 한국 대표단이 서독의 데마그·크루프·GHH 등 제철기업을 방문하여 한국의 종합제철소 건설을 위한 협정서에 조인했다. 당시 서독 뮌헨공대에서 유학 중이던 김재관 박사가 현지에서 대표단과 합류해 서독과의 교섭을 도왔다. 국내에선 최형섭_{후에} _{과기처장관}박사가 상공부 광무국장으로 임명되어 광무국 내에 철강공업 추진을 위해 금속과를 신설하고 서울대 공대의 윤동석 교수 등이 참여하여 종합제철추진위원회가 발족되었다.

1962년 4월 정부는 서독의 DKG 연합체_{데마그·크루프·GHH}와 한국의 종합제철 건설과 관련한 기술용역 및 공장 건설 예정계획서 작성을 위한 계약을 체결하고 5월에 한국종합제철주식회사를 설립했다. 이 회사는 대한양회의 이정림, 동양시멘트의 이양구, 극동해운의 남궁련, 대한산업의 설경동 등 소위 부정 축재자로 몰린 기업가들이 민간 투자 공동체를 구성하여 종합제철소 건설을 맡기로 한 결정에 따라 민간 투자 공동체가 운영을 책임지기로 했다.

한국과 서독의 협력에 의해 종합제철소 건설이 본격화되자 미국도 바빠졌다. 그동안 한국의 제철공장 건설을 방관하고 있던 미국은 6·25 당시 유엔군사령관을 역임했던 밴 플리트 장군을 주축으로 대한投資團 투자단을 구성하고 제강능력 연산 35만 톤의 종합제철소 건설안을 제시했다. 미국의 대한 투자단은 소요 자금 1억 5500만 달러의 75퍼센트를 국제개발처 Agency for International Development·AID 자금으로 충당할 것을 제의하여 종합제철소 기술계획서 작성 협약을 맺었다.

의욕적으로 추진되던 군사 정부의 경제개발계획은 1963년에 외화 고갈, 홍수와 흉작으로 인한 경기침체로 인해 대대적인 수정 과정을 거치게 된다. 그 결과 비용이 가장 많이 드는 종합제철공장 건설계획은 중단되었다. 미국 측 차관 제공선인 AID는 한국의 제철산업이 철광석과 코크스탄 등 자원이 빈약하고 일본과 경쟁력이 없다면서 "한국은 종합제철소 건설보다는 철강재를 해외에서 수입하는 것이 유리하며, 제철소 건설 비용 1억 5000만 달러는 다른 산업에 투입하는 것이 유익하다"는 보고서를 발표했다.

이 보고서가 발표되자 1963년 6월 경제기획원은 한국종합제철 주식회사를 해산했다. 종합제철소 건설의 꿈이 물거품이 된 것이다. 의욕적으로 추진됐던 제1차 경제개발 5개년계획은 거의 모든 부문에서 계획 목표를 초과 달성했으나 종합제철소 건설계획만은 실패했다.

KISA의 제철산업 구상

종합제철소 건설안이 또다시 제기된 것은 제2차 경제개발 5개년계획 때였다. 정부는 4대 목표사업으로 종합제철, 석유화학, 기계공업, 조선을 선정하고 투자자금 확보를 위해 1967년 3월 미국의 코퍼즈 사가 중심이 되어 서독·이탈리아·영국·프랑스 등 5개국 18개 기업으로 구성된 대한對韓국제제철차관단Korea International Steel Associates·KISA을 구성했다.

KISA는 입지가 양호한 포항에 연산 60만 톤 규모의 종합제철소를 건설한다는 계획을 수립했다. 공장 설립에 필요한 소요 외자 1억 2500만 달러는 1968년까지 KISA가 알선하기로 합의했다.

이 합의를 토대로 1968년 4월 1일 포항종합제철주식회사가 설립되어 대한중석 사장이던 박태준이 대표로 선임됐고, 내자로 진행되는 기반시설 공사가 1968년 10월 3일 포항 현지에서 기공식을 갖고 시작되었다.

기공식 참석을 위해 포항 현지로 내려가는 도중 해임 소식을 들은 장기영 부총리는 기공식에 참석하여 "개천개지開天開地한 지 4300년 만에 우리나라 최대의 공장을 5개국 차관으로 건설케 되었다. 종합제철의 성패 여부가 2차 5개년계획의 성패를 가름하는 만큼 강철 같은 무서운 책임감과 철석같은 단결로 이를 성취해 달라"는 요지의 치사를 하고 종합제철 건설의 책임을 박충훈 부총리에게 넘겼다.

당시 해외 유치 과학자로 한국과학기술원KIST에 초빙되어 온 김재관 박사는 KIST가 종합제철의 기술계획을 맡게 됨에 따라 미국 코퍼즈 사에 출장을 간 뒤 KISA가 제출한 종합제철소 건설안을 검토했다. 그런데 KISA의 건설안은 향후 수요가 증가할 때 공장 확장이 불가능한데다 시설도 구식의 낡은 설비 위주로 설계되어 있다는 사실을 발견했다.

KISA가 한국 정부에 제출한 계획은 초기 투자비는 적게 드는 것으로 되어 있으나 내용을 들여다보면 경제적 규모로의 확장이 불가능하여 현대적인 종합제철소라고 하기에는 상당한 문제점이 있는 프로젝트였다. 말하자면 KISA는 낡고 구식인 자신들의 노후 설비를 한국에 팔아치우기 위한 속셈이 들어 있는 계획을 한국에 제안한 것이다.

김재관 박사를 비롯하여 KIST에서 파견된 한국 엔지니어들은 불합리한 건설안의 수정을 요구했으나 KISA 측은 이를 거부했다. 이 와중에 세계은행은 KISA가 제안안 방안을 검토한 후 "한국의 종합제철소 건설은 타당성이 없는데다 시기상조"라며 차관 지원을 거부했다. 파리에서 열린 대한對韓국제경제협의체IECOK 총회도 세계은행의 평가에 따라 차관 제공을 거부하여 종합제철소 건설계획은 다시금 물거품이 되었다. 당시 선진국들은 한국을 비롯한 개발도상국들이 추진하는 종합제철소와 고속도로 등을 정권의 과시용이거나 혹은 전시용 사업이라며 못마땅하게 생각하고 있었다. 제2차 세계대전 후 인도, 터키, 멕시코, 브라질 등 선발 개도국들은 100만 톤 규모의 종합제철소 건설에 나섰으나 부실에 빠져 골치를 앓고 있었다. 유진 블랙 세계은행 총재는 세계은행과 IMF 연차총회에서 "개발도상국에는 세 가지 신화가 있으니 고속도로 건설, 종합제철 건설, 그리고 국가원수 기념비 건립이다. 세계은행은 이런 사업에 지원을 하지 않겠다"고 선언했다.

미국의 고위 관료와 전문가들은 한국의 산업 현황으로 볼 때 종합제철소 건설은 시기상조라면서 "철강재는 미국이나 일본에서 사다 쓰는 것이 더 유리하며, 한국은 제철소 대신 기계공업에 주력하는 것이 좋겠다"는 입장이었다. 이것이 KISA의 안이 표류하게 된 근본 원인이었다.

박정희, "우리 손으로 건설계획 만들라" 지시

박정희 대통령은 경부고속도로와 함께 종합제철소 건설을 필생의 역점사업으로 추진하고 있던 터에 거듭된 실패는 그에게 큰 좌절을 안겨 주었다. 원점에서부터 문제점을 다시 검토하기 위해 1969년 5월 22일, 청와대에서 관계 장관 전원이 참석한 가운데 종합제철소 건설 대책회의가 열렸다.

이날 전문가로부터 브리핑을 들은 박 대통령은 "종합제철소 건설계획을 외국 기관에 일임하고 결과만을 기다리는 것은 자주성 없는 태도다. 한국의 전문가들이 자체적으로 건설계획을 만들어 적극적인 자세로 외국 투자기관을 설득하라"고 지시했다. 이어 그동안 KISA와 협상을 진행해 왔던 박충훈 경제부총리를 해임하고, 6월 3일 김학렬 대통령 경제수석비서관을 새 경제부총리에 임명했다. 취임 직후 김학렬 부총리는 자신의 방에 걸린 흑판에 '종합제철소 건설'이라는 글씨를 크게 써 놓았다.

김학렬 부총리는 취임 다음날 정문도 경제기획원 기획차관보_{후에} _{현대중공업 사장, 현대건설 사장 역임}를 단장으로, 노인환 공공차관과장을 간사로 하여 '종합제철사업 계획연구위원회'_{이른바 제철사업 전담반}라는 태스크 포스를 구성했다. 제철사업 전담반에는 KIST의 김재관·윤여경 박사, 김철 상공부 금속과 철강계장을 비롯하여 포항제철, 한국은행, 산업은행에서 엘리트 15명이 차출되었다.

정문도는 이후락 비서실장으로부터 "박태준에게 포항제철을 맡겼더니 되는 일이 없어. 당신이 포철 사장을 맡으라"는 연락을 받았다. 정문도는 사장은 맡을 수 없다고 고사하고 그 대신 종합제철소 건립 실무 책임을 맡게 되었다.[41]

---

41   저자와의 인터뷰.

위원회가 첫 소집된 날 김학렬 부총리는 "여러분은 일생에 가장 보람 있는 일을 하는 것이다. 다른 일은 일체 생각할 필요가 없다. 불철주야 종합제철만 생각하라. 일을 하다가 잘 안되면 한강에 가서 빠져 죽어라" 하고 살벌한 훈시를 했다.

전담반 멤버들은 작업 내용을 극비에 붙인 채 명동 YWCA 근처의 호텔에서 불철주야 종합제철소 건설안 작성에 매달렸다. 당시 실무 작업에 참여했던 김재관 박사는 종합제철소 건설을 위한 세 가지 원칙을 수립했다.

첫째, 경제성 있는 대단위 일관작업 설비를 갖춘 종합제철소 건설을 계획한다.

둘째, 생산성이 가장 높은 최신 공법인 연속주조 시설을 대폭 도입한다.

셋째, 장래 세계적 규모로 확장할 수 있는 현대적 공장배치 계획을 세운다.

윤여경 박사의 증언에 의하면 당시 전담반이 작성한 안은 KISA 안에서 60만 톤이던 연간 생산규모를 100만 톤 이상으로 늘리고, 중간 제품까지만 생산한다는 것이 주요 골자였다. 두 달에 걸친 노력 끝에 드디어 우리 기술진의 손에 의해 '종합제철소 건설계획안'이 완성되었다. 이때 만들어진 포항제철의 연산年産 능력은 103만 톤, 투자 규모는 외자 1억 600만 달러, 내자 633억 원이었다.

전담반이 마련한 건설계획안을 박 대통령에게 브리핑을 할 때의 일이다. 정문도 단장이 설명을 마치자 박정희가 "정문도 단장, 정말 이 안대로 종합제철 건설에 자신 있소?" 하고 물었다. 정 단장은 "각하, 이것은 하고 못하고 의지의 문제가 아니라, 어느 누구도 이 안을 부인하지 못하는 현실입니다" 하고 답했다.

일본의 물심양면 협조

정부는 1969년 8월 4일 전담반이 작성한 '종합제철소 건설계획안'을 정부의 정식 방안으로 확정했고, 이것을 8월 중순 열린 한일 각료회담에 제출하여 일본을 설득해 대일對日 청구권 자금으로 포항제철 건설에 돌입하기로 했다.

정문도 단장과 김재관 박사를 비롯한 전담반 요원들은 한일 각료회담에 참석하는 대표단보다 먼저 일본으로 건너가 일본제철연맹 회원을 비롯하여 야와타八幡제철, 후지제철, 일본강관 등 일본 철강 3사 대표들에게 한국 정부안을 브리핑하고 설명회를 가졌다.

이 설명회에 참석했던 아리가 도시히코有賀敏彦·후에 포철 기술고문단장는 "한국에서 종합제철소 건설안을 가져왔다기에 개략적인 개념만 정리한 줄 알았는데 정말 놀랐다"면서 적극적인 지지 의사를 보였다. 그는 일본 측에 "한국의 일관제철소 프로젝트는 성공 가능성이 있다"고 설득하여 양국 정부가 자금조달 협정을 맺을 수 있도록 노력했다.

후에 아리가는 신일본제철 감사역으로 한국에 파견되어 포항제철 현포스코 건설을 물심양면으로 도왔다.

당시 한국은 최초의 종합제철소 건설을 시작했지만 어느 누구도 제철소는커녕 쇳물을 녹이는 대형 고로조차 운영해 본 경험이 없었다. 이때 아리가 씨가 한국 엔지니어들을 일본으로 초청하여 일본 유수의 제철소에서 견학과 연수를 시켜주었다. 아리가는 포항에 3년간 머무르며 포항제철 1기 건설을 위한 기술 지도를 적극적으로 수행하여 신일본제철 본사로부터 "기술 전수를 지나치게 열심히 하는 것 아니냐"며 질책을 받기도 했다. 지식경제부는 2011년 12월 12일 한국 무역 1조 달러수출+수입 달성을 기념하여 국내 무역 발전에 기여한 유공자로 아리가 씨를 선정하여 그에게 동탑산업훈장을 추서했다.[42]

한국의 종합제철소 건설에 힘을 보탠 또 한 사람의 일본인은 일본 양명학의 대가로서 요시다 시게루吉田茂 수상의 국사國師 역할을 했던 야스오카 마사노리였다. 야스오카는 한국의 제철산업을 위해 미국이 협조하지 않을 것을 미리 예상하고 김주인 당시 공화당 의원에게 "일본이 한국에 제공하게 될 대일 청구권 자금을 뚫어라" 하는 메시지를 전했다.

---

42 이날 아리가 도시히코 외에 우리나라 조선업 발전에 공헌한 영국인 윌리엄 존 덩컨에게 금탑산업 훈장, 현대 포니 승용차를 디자인한 이탈리아인 조르제토 주지아로는 철탑산업훈장을 수여했다.

야스오카는 포항제철 건설에 대일 청구권 자금을 사용할 수 있도록 막후에서 일본 지도부를 적극 설득하여 일본 측이 이를 수락했다. 마침내 1969년 12월 3일 김학렬 부총리와 가네야마 마사히데金山政英 주한 일본대사는 총 외자 1억 2,370만 달러 규모의 '종합제철소 건설에 관한 한일 간의 기본 협정'에 조인했다.

포항제철 건설 과정에서 일본은 한국의 식민지 경영에 대한 사죄 의미에서 물심양면으로 도왔다. 또한 파격적인 기술지원을 함으로써 포항제철이 세계적인 경쟁력을 가진 종합제철소로 발돋움하는 데 크게 기여한 점에 대해 한국인들은 감사의 마음을 가져야 한다고 생각한다.

1970년 4월 1일 경북 포항에서 박정희 대통령과 김학렬 부총리, 각계 인사를 비롯하여 종합제철소 건설기획안을 작성한 전담반원 전원이 참석한 가운데 포항종합제철소 착공식을 가졌다. 1973년 6월 8일에는 착공 3년 만에 국내 역사상 처음으로 대용량 용광로 제철공장의 역사적인 화입식火入式이 거행되었다.

포항제철이 성공한 이유

포항제철은 1차 확장공사로 260만 톤, 2차 확장공사로 550만 톤의 생산능력을 확보한 데 이어 1981년 5월에는 생산능력이 850만 톤에 이르렀다. 이렇게 대규모 확장공사를 계속하면서도 계획 당시에 만든 공장 배치도는 조금도 변경된 것이 없다.

또 하나 중요한 점은 고로, 제강공장, 압연공장 등을 수없이 추가 증설하면서도 먼저 세운 공장의 조업은 잠시도 중단하지 않고 한쪽에선 생산, 다른 쪽에선 확장공사가 가능했다는 점이다. 이러한 미래지향적 설계 및 계획은 당시의 제철 선진국들이 한국 정부에 제출한 KISA 안에서는 상상조차 할 수 없었던 것을 한국의 엔지니어와 관리자들이 창조해 낸 것이다. 당시 전담반 요원으로 종합제철소 건설계획안을 수립했던 김재관 박사는 우리나라 종합제철산업의 성공 요인을 다음과 같이 분석했다.[43]

첫째, 6·25 이후 역대 정부가 일관되게 제강공업 육성에 국가적 노력을 집중했다.

둘째, 사업이 절망적인 상태에서도 좌절하지 않고 나름대로 초석을 하나씩 쌓아갔다.

셋째, 자주적으로 동원할 수 있었던 민족자금(이승만 시절의 국가 보유 달러, 박정희 시절의 대일 청구권자금)이 있었다는 점이다.

넷째, 외자 확보가 불가능하여 궁여지책으로 자체 자금을 짜내서 사업을 추진한 것이 오히려 전화위복이 되었다. 즉, 외국 회사의 농간에 말려들

---

43   저자와의 인터뷰.

지 않고 우리의 발전적 의지를 종합제철소 건설안에 마음껏 반영시켜 자주적인 프로그램을 독자적으로 완성할 수 있었다.

다섯째, 20여 년 동안 온갖 시련을 겪으면서 프로젝트 참여자들이 훌륭한 결실을 맺기 위해 총력을 기울였다.

포항제철에서 우수한 철강재가 저렴하고 안정된 가격으로 생산되면서 우리나라 중화학공업은 가속도가 붙기 시작했다. 포철건설이 막바지 피치를 올리던 1973년 1월 13일, 박정희 대통령은 본격적인 공업화 발전을 위해 '중화학공업화 정책'을 선언하고 이를 원활히 수행하기 위해 정부 기구를 대폭 정비했다.

상공부를 중화학공업화 체제로 전환한 이낙선 상공부장관은 KIST 소속으로 종합제철소 건설계획 프로젝트의 전담반에서 활약했던 김재관 박사를 초대 중공업차관보로 임명했다. 이 장관은 김재관에게 철강공업을 비롯하여 기계·자동차·조선·전기 등 중공업 발전의 기틀을 확립할 중책을 맡겼다.

이승만 정부 시절 국비 유학생으로 선발돼 서독에서 제철을 공부하고 귀국한 김재관은 KIST 재직 시절 정부 의뢰로 중공업·기계공업 육성방안 등을 연구·입안하여 중공업 분야 정책 수립에 중요한 인물로 주목을 받아 왔다. 이런 면에서 볼 때 이승만 시절의 대한중공업 평로 제철소 건설이 대한민국의 산업혁명을 위한 인재 양성에 얼마나 중요한 역할을 했는지를 실감할 수 있을 것이다.

4대 핵심공장 건설에 도전

김재관 박사가 이경서^{전 국방과학연구소 부소장}박사와 함께 1972년에 작성한 '기계공업 육성방안'은 한국 중공업 발전의 좌표를 정확히 설정한 걸 작으로 평가된다. 두 사람은 이 보고서에서 한국의 공업화를 한 단계 성숙시키기 위해서는 ▲주물선^{주물용 선철}공장 ▲종합 특수강공장 ▲중기 계 종합공장 ▲대형 수출선 조선소를 건설해야 한다고 제안했다. 이 방안은 '4대 핵심공장 건설' 프로젝트로 이어져 현대중공업, 한국중 공업^{현재의 두산중공업}, 삼미특수강 등이 출범하는 계기가 되었다.

김재관 박사의 증언에 의하면 우리 정부가 기계공업 육성에 관심을 가지기 시작한 것은 1968년 세계은행이 한국의 종합제철소 건설계획을 시기상조라고 거부하면서 "한국은 종합제철소 대신 기계 공업 발전에 주력하는 것이 좋겠다"고 권고한 것이 계기가 되었다. 정부는 기계공업 육성을 위해 KIST에 용역을 의뢰했고, 최영화^{해리 최} 박사 주관 하에 기계공업 육성방안이 검토되면서 4대 핵심공장 프로젝트가 제안된 것이다.

1973년 1월에 선포된 박정희 대통령의 중화학공업화 정책은 한국이 처한 국가안보적 상황에서 어쩔 수 없는 선택이었다. 월남전의 수렁에 빠진 미국은 닉슨 독트린 발표로 난관에서 빠져나오고자 했다. 닉슨 독트린은 주한미군 철수라는 충격적인 내용이 담겨 있었다. 북한 공산집단의 거듭된 남침 위협에 노출되어 있던 한국은 자주국방을 위해 방위산업 건설이 절실했다.

김학렬 부총리는 당시 경제기획원 경제협력차관보이던 황병태를 책임자로 경제기획원과 KIST의 엘리트들과 작업반을 편성해 방위산업에 필수적인 4대 핵심공장 건설을 시작했다. 정부는 중화학공업의 원활한 추진을 위해 관련 기업에 내국세와 관세 감면, 정책적 금융지원, 수입 규제에 의한 국내 판매가격 보조, 행정 지원 등을 시행했다.

정부가 4대 핵심공장 건설계획을 확정하고 이를 추진하는 과정에서 많은 논란이 제기되었다. 기술과 경험이 전무한 상황에서 고도의 기술이 요구되고, 자본집약적이며 투자비 회임기간이 긴 중화학공업이 우리 현실에 맞는 것인지에 대한 의문이 제기된 것이다. 당시 국내 실정상 4대 핵심공장이 요구하는 기술수준과 투자비 확보가 쉽지 않았기 때문이다. 예를 들어 대형 수출선 조선소를 건설하기 전 우리나라의 수출선 건조 실적 중 최대 규모는 대한조선공사_{뒤에 한진중공업}가 건조한 1만 7,000톤 급이 고작이었다. 이런 현실에서 20만 톤이 넘는 대형 수출선 건조는 무모한 발상이라는 비판이 제기된 것이다.

당시 한국이 대형 수출선 사업에 뛰어들어야 한다고 주장한 사람은 미국 미시간대 교수 출신의 김훈철 박사였다. 그는 "근대의 조선

공업은 영국에서 시작됐는데, 영국의 조선공업이 쇠퇴하면서 네덜란드, 노르웨이, 독일 등이 이 산업을 이어받았고, 이것이 일본으로 넘어와 일본은 세계 조선 시장의 60퍼센트를 점유하고 있다. 이제 일본의 조선공업은 한국으로 넘어올 것이 분명하므로 지금 당장은 어렵더라도 조선업을 시작해야 한다"는 주장을 곳곳에 전파했다.

정주영 회장은 자서전 『이 땅에 태어나서』에서 조선소 건설을 맡을 당시의 어려웠던 상황을 다음과 같이 토로하고 있다.

> 조선업 경험은 없었지만 그동안 여러 종류의 건설을 하면서 체득한 경험으로 철판에 대한 설계나 용접은 자신이 있었고, 내연기관을 장치하는 것도 별거 아니었다. 이를테면 배를 큰 탱크로 생각하고 정유공장 세울 때처럼 도면대로 철판을 잘라서 용접을 하면 되는 것이고, 내부의 기계장치는 건물에 냉온방 장치를 설계대로 앉히듯이 선박도 기계 도면대로 제자리에 설치하면 되는 것 아닌가. 말하자면 나는 조선업자로 조선소 건설을 생각한 게 아니라 건설업자로서 조선소 건설을 생각했다.[44]

남들이 불가능하다고 포기할 때 한국은 도전

1972년 3월 23일 현대조선소 기공식이 거행됐고 1974년 6월에

---

44   정주영, 『이 땅에 태어나서』, 솔 출판사, 1998, 180쪽.

70만 톤 드라이 도크 2기를 갖춘 국제 규모의 조선소가 준공됐다. 조선소 준공과 동시에 배 길이 320미터, 폭 50미터의 26만 톤 급 초대형 유조선VLCC 두 척이 건조되어 선주에게 인도되었다. 조선소 건설과 동시에 26만 톤 급 선박 두 척을 함께 건조한 것은 세계 조선업계 사상 초유의 모험이었다. 전문가들은 "불가능한 일을 벌이다 큰 문제가 발생할 것"이라며 반대 의견이 빗발쳤지만 정주영은 생각이 달랐다. "반드시 다 지어진 조선소에서 선박을 만들어야 한다는 법 같은 것은 어디에도 없다"면서 자신의 의지대로 밀고 나갔다.

현대조선은 1975년 드라이 도크 3기, 240만 톤 시설 능력을 갖춘 세계 최대 규모의 조선소로 발돋움했다. 조선소 건설 당시의 일화를 정주영은 자서전에서 다음과 같이 회고하고 있다.

2,000명이 넘는 사람들이 다 같이 우리가 조국 근대화에 앞장선 전위부대라는 일체감으로 똘똘 뭉쳐 낮도 밤도 없이 거의 365일 돌관 작업을 해냈다. 대부분의 임직원이 새벽에 일어나서는 여기저기 고인 웅덩이 물에 대충 얼굴을 씻고는 일터로 나가 밤늦게까지 일하고, 숙소에 돌아와서는 구두끈도 못 푼 채 자고는 했다. 하루 이틀도 아니고 공사 기간 내내 그랬던 것을 생각하면 당시 우리 현대 사람들의 그 투철했던 사명감과 강인한 정신력에 지금도 경의와 감사의 염(念)이 출렁인다.[45]

---

45   정주영, 앞의 책, 181~182쪽.

142   박정희 혁명 2

이처럼 드라마틱하게 시작된 한국의 대형 수출선 건조사업은 울산 현대조선소 준공 이후 불과 10년 만에 세계 2위의 조선국으로 급부상했고, 1999년 세계 선박 수주의 40.9퍼센트를 점유하며 선박 수주량 세계 1위를 차지했다. 현대중공업, 대우조선, 삼성중공업은 200년 조선 역사를 가진 유럽, 100년 역사를 가진 일본 유수의 조선소들을 제치고 생산능력으로 세계 10대 조선소로 발돋움했다.

한국 자동차산업의 기적

한국이 일군 또 하나의 기적과 같은 드라마는 기계 산업의 불모지나 다름없는 상황에서 세계 5대 자동차 강국을 건설한 것이다. 자동차산업은 2만여 개의 정밀부품들이 동원되는 종합기계공업이다. 관련 산업에 대한 파급효과가 막대하며, 기계공업의 핵심을 이룰 뿐 아니라 방대한 고용창출 효과도 거둘 수 있다.

자동차 생산을 위해서는 철강, 비철금속, 기계, 고무, 유리, 전기제품, 도장 등이 뒷받침을 해야 하므로 자동차는 연관 산업 발전에 직접적인 영향을 미치는 선도 산업이 된다. 또 자동차산업이 발달하면 운수, 정유, 정비, 주유소, 주차장, 터미널, 금융, 보험, 서비스센터 등 파생산업이 발달하여 국가 GDP 신장에도 크게 기여한다. 이런 이유 때문에 자동차를 지배하는 기업이 세계를 지배하고, 선진 각국에서 자동차산업을 국가 전략산업으로 육성하는 것이다.

우리나라에서 근대적인 자동차산업은 제1차 경제개발 5개년계획 발표 직후인 1962년 제일교포 박노정이 새나라자동차를 설립하면서 시작됐다. 이 회사는 경기도 부평에 조립공장을 세우고 같은 해 8월 닛산의 소형 세단 블루버드를 SKD Semi Knock Down 방식으로 수입 해다가 조립 생산을 시작했다. 블루버드는 '새나라'라는 이름으로 1962년 11월부터 1963년 5월까지 2,700여 대를 판매했다.

새나라자동차는 외환 사정 악화와 4대 의혹 사건의 여파로 9개월 만에 문을 닫았고, 1963년 11월 중고 사륜구동차 엔진과 부품에 차체를 덮어씌운 신성호시발자동차의 개량형를 제작한 김창호의 신진자동차에 넘어갔다. 신진은 도요타와 기술제휴로 코로나를 조립 생산했고 이어 크라운, 퍼블리카를 국내에 선보였다.

1944년 일본에서 귀국한 김철호는 경성정공뒤에 기아자동차을 설립했다. 김철호는 6·25 당시 부산으로 피난을 가서 자전거야말로 국가적으로 시급을 요하는 산업이라는 생각에서 주야를 가리지 않은 연구 개발에 매달려 3000리호 자전거 생산에 성공했다.

이어 김철호는 1962년 일본 혼다와 기술제휴로 국내 최초의 모터사이클 'C100'을 생산했고, 일본 마쓰다자동차와 기술제휴로 배기량 356CC의 삼륜차 K-360을 시작으로 기아 마스터T600~T2000 시리즈를 잇달아 성공시켰다. 기아가 개발한 T600 삼륜차는 기술사적 가치가 높다는 평가를 받아 2008년 문화재청 등록문화재 제400호로 지정되었다.

1967년 12월 정부가 정주영의 현대에 자동차산업 진출을 허가하자 현대는 포드와 기술제휴로 코티나 조립 생산에 돌입했다. 이번에는 아세아자동차가 아이젠버그와 손잡고 이탈리아 피아트와 제휴하여 피아트 123을 선보여 국내 자동차 시장은 신진·현대·아세아의 3파전으로 전개되었다.

1969년 경인고속도로가 개통되면서 자동차 수요가 늘자 박정희 정부는 자동차공업 육성 기본계획을 발표했다. 그러나 당시 한국 자동차 메이커들은 고유모델의 승용차가 없었다. 때문에 선진국 메이커로부터 그 나라에서는 이미 한물간 모델의 차체와 주요 부품들을 수입하여 국내에서 조립 생산하고, 국내에서는 시트, 유리 등 단순 부품들을 생산 공급하는 글로벌 하청 구조였다.

고유모델 승용차를 개발하라[46]

자동차 회사에서 고유모델 차량은 경쟁에서 강력한 무기이며, 판매 증진을 위한 최선의 수단이자 부품공업을 장악하는 고삐다. 고

---

46   고유모델 승용차 개발 관련 내용은 김용삼, 『한강의 기적과 기업가정신』, 프리이코노미스쿨, 2015, 218~225쪽 참조.

유모델 승용차 개발 능력이 없는 회사는 모델 보유회사의 단순 하청 조립이나 부품공장으로 전락하든가, 모델 보유회사에 흡수되는 것이 전 세계적 현상이었다.

한국은 자동차산업의 마스터플랜을 작성하는 과정에서 이 점을 유의 깊게 분석한 후 고유모델 승용차 개발에 돌입했다. 그 결과 전 세계적으로 보편화된 육성 방식이었던 '아래서부터 출발하는 문제 해결 방식Bottom Up이 아니라, 어느 나라도 시도하지 않았던 '고유모델 승용차의 하향식Top Down 양산화 정책'을 창안해 냈다.

사실 기계공업이 거의 발달하지 못한 한국에서 고유모델 승용차 개발에 나선 것은 이제 갓 태어난 젖먹이에게 100미터 달리기 국제 대회에 출전하라는 뜻이나 다름없었다. 우리나라가 고유모델 차량을 개발하여 수출산업으로 육성하는 전략을 세우고 이를 고집스럽게 추진한 주인공은 김정렴 대통령 비서실장, 오원철 대통령 경제2수석, 이낙선 상공부장관, 김재관 상공부 중공업차관보였다.

이들이 자동차의 완전 국산화에 매달린 이유는 세계 어느 나라의 자동차 메이커도 후진국의 자동차공업을 육성해주지 않고 자기들 잇속만 차리기 때문이었다. 오원철은 "외국 회사에 의지해 자동차 공업을 하겠다는 것은 호랑이 굴에 들어가서 어미 호랑이의 양해를 구한 다음 새끼 호랑이를 갖다 키우는 것처럼 절대 불가능한 일"이라면서 고유모델 승용차 개발을 밀고 나갔다.

이 무렵 중국은 외국 기업에 자국 시장을 개방했는데, 이 과정에서 한국이나 타이완과 협력하는 회사는 제외한다는 '저우언라이周恩來 4원칙'을 발표했다. 이렇게 되자 1970년 12월 국내 승용차 시장의 70퍼센트를 점유하고 있던 신진자동차의 합작선인 도요타가 중국 진출을 위해 한국에서 철수했다.

외국의 합작선이 모델과 차체, 엔진, 핵심부품을 공급하지 않으면 자동차 생산이 불가능한 상황에서 도요타가 한국에서 철수하자 신진자동차는 부랴부랴 미국 GM과 합작 계약을 맺고 GM코리아로 사명을 변경했다.

1973년 정부가 수립한 중화학공업 육성계획의 주요 목표는 기계공업, 그 중에서도 자동차공업이 선도적 역할을 담당하도록 되어 있었다. 초대 중공업차관보로 임명된 김재관 박사는 철강, 조선, 기계 및 자동차공업 육성 업무를 담당했는데, 그에게 4개 분야 중 가장 뒤처진 자동차공업을 단기간에 획기적으로 육성하라는 특별 임무가 주어졌다.

1973년 6월 김재관 차관보는 그동안 정부가 추진해 온 자동차산업 관련 정책을 전면 폐기했다. 그리고 세계 어느 나라에서도 시도하지 않았던 '고유모델 승용차의 하향식 양산화 정책'을 기본 골격으로 하여 '장기 자동차공업 진흥계획'을 수립했다. 1975년까지 국산화 비율을 80퍼센트로 하고, 우리 실정에 맞는 소형차 개발에 주력할 것이며, 국제 경쟁력을 갖출 때까지 경쟁 제품의 수입을 금지한다는 것이 주요 내용이었다.

1973년 7월 12일 상공부는 국내 자동차 4사GM코리아·기아·현대·아세아자동차에 "정부는 한국 자동차공업 장기 진흥계획을 수립했으니 각 사는 고유모델 승용차 공장 건설계획을 작성하여 8월 5일까지 제출하라"는 공문을 발송했다.

정주영의 도전

한국이 선택한 '고유모델 승용차의 하향식 양산화 정책'의 기본 골격은 전통적인 방식과는 정반대되는 전략이었다. 즉, 자동차공업에서 가장 어렵고 핵심적인 고유모델 차량을 개발해 양산하여 전 세계시장에서 선발 메이커들과 경쟁한다는 도발적이며 도전적인 구상이었다. 독자적인 고유모델 차량의 개발은 선진국 메이커의 예속 상태에서 벗어나 자주적인 성장을 하기 위해서는 반드시 성공시켜야 하는 어려운 과제였다.

당시 우리나라의 총 자동차 등록 대수는 17만 대, 국내 자동차회사의 연간 총 조립 생산 실적이 3만 대가 안 될 때였다. 외국 모델을 들여다 조립 판매하는 데 급급하던 국내 자동차 업계는 고유모델 승용차를 독자 개발하기 위한 설계도와 5만 대 이상 생산을 위한

5000만 달러의 시설투자를 담보하는 투자계획서를 제출하고, 그대로 시행하겠다는 약속을 하라는 공문이 날아오자 "자동차공업의 기본도 모르는 사람들이 한국 실정도 모르면서 너무 앞서가는 요구를 하고 있다"며 아우성을 쳤다.

정부는 고유모델 승용차 생산 메이커로 GM코리아, 기아, 현대 등 3사를 지정했다. 그 직후인 1973년 10월에 중동전쟁이 발발하여 제1차 석유 위기가 밀어닥쳤다. 세계의 자동차산업은 불황에 빠져들면서 생산 감축, 공장 폐쇄가 잇따랐다.

세계 경제가 크게 위축되자 한국의 자주적인 자동차 고유모델 개발정책에 미온적인 태도로 일관했던 GM코리아가 고유모델 승용차 개발 생산계획을 포기했다. 대신 그들은 GM 계열사인 오펠의 모델과 부품을 들여다 조립 판매하기로 결정했다. 뒤를 이어 기아도 고유모델 생산을 포기하고 일본에서 부품을 들여다 브리사를 조립 생산키로 했다.

마지막 주자인 현대자동차는 조립 생산 실적이 연간 7,000대도 안 되는 소규모인데다 2년여 추진했던 포드와의 합작계획도 1973년에 무산되면서 고립무원의 처지였다. 정주영은 정부의 고유모델 승용차 개발정책에 적극 호응하여 단 3주 만에 연간 5만 대 생산을 목표로 하는 포니 자동차 생산계획서를 제출했다.

당시 현대의 국산 부품 사용 비율은 30퍼센트였는데 대부분이 타이어와 배터리 등 단순 부품이었고, 주요 부품은 모두 수입에 의존하고 있었다. 이런 형편에서 연간 5만 대 생산은 충격적인 수치였고, 투자비용도 1억 달러가 요구되었다. 모기업인 현대건설의 연간 공사 수주액이 50억 원, 현대자동차의 자본금이 17억 원에 불과한 상황에서 1억 달러 투자는 그룹의 존망이 걸린 문제였다.

회사 관계자들은 국산모델 개발은 타당성이 없고 시장성도 거의 없다면서 반대했다. 그러나 정주영은 생각이 달랐다. 정주영은 승용차, 버스, 트럭 등 모든 차종을 생산하는 종합자동차공장 건설계획서를 상공부에 제출했다. 그리고 청와대를 찾아가 오원철 당시 대통령 경제2수석에게 "1억 달러를 들여 일류 자동차 공장을 짓겠다. 국민차도 만들겠다. 두고 보라"고 말했다.

디자인은 이탈리아, 엔진은 일본

현대는 정주영의 진두지휘 하에 국산자동차 개발과 공장 건설에 박차를 가했다. 정주영의 자동차산업 기본방침은 다음과 같았다.

첫째, 고유모델 승용차를 개발하여 수출 주력 상품화한다.
둘째, 외국 기업과의 자본 제휴는 하지 않는다.
셋째, 종합자동차공장을 건설하되 새로운 승용차는 완전 국산화한다.

넷째, 국제경쟁력이 가능한 규모로 한다.

이를 위해 영국의 유명한 자동차 엔지니어인 조지 턴불을 현대자동차 부사장으로 영입하여 고유모델 승용차 생산을 맡겼다. 1973년 9월 현대는 이탈리아의 설계 전문 용역회사인 이탈 디자인 사와 설계계약을 체결하고 한국의 미래형 자동차 모델 디자인을 의뢰했다. 스타일링은 자동차 디자인의 거장 조르제토 주지아로, 차체 설계는 알도 만토바니가 담당했다. 그리고 엔진기술 및 엔진공장 건설은 미쓰비시에 맡겼다.

주지아로는 폴크스바겐의 골프와 시로코, 파사트, 이탈리아의 알파 로메오, 일본의 이스즈 117 승용차를 비롯하여 세계적인 히트작을 디자인한 자동차 디자이너 분야의 세계적인 거장이었다. 이탈리아 사람들이나 자동차 설계 관계자들은 주지아로를 '제2의 미켈란젤로'라고 부를 정도였다.

주지아로는 국내 최초로 해외에 수출된 현대자동차 포니를 디자인했고 이어서 마티즈와 렉스턴, 쏘나타, 매그너스, 코란도C 등을 디자인하여 한국 차의 수준을 세계화하는 데 큰 역할을 했다. 그는 한국 수출에 기여한 공로로 2011년 10월 12일 열린 '제48회 무역의 날' 기념식에서 철탑산업훈장을 수상했다.

설계와 엔진 등 핵심부품을 외국에서 사다가 장착하는 한이 있더라도 고유모델 승용차를 만든다는 정책에 의거해 이탈리아 디자인에 미쓰비시 엔진을 탑재한 형태로 탄생한 대한민국 최초의 고유모델 승용차가 현대 포니였다. 고유모델 승용차의 개발 및 생산은 세계 16번째, 아시아에서는 일본에 이어 두 번째였다.

1976년 2월 첫 선을 보인 연료절약형 승용차 포니는 폭발적인 인기를 끌었고, 생산 개시 직후부터 해외에 수출되어 큰 호응을 얻었다. 이어 현대차는 엔진의 독자개발에 도전했다. 기술진들은 미쓰비시와 포드 자동차를 분해하여 부품들을 모방 설계하는 리버스 엔지니어링Reverse Engineering 과정을 통해 관련 기술을 습득했다.

1983년 정주영은 '알파 프로젝트'라고 명명된 새 엔진 개발에 돌입했다. 기초적인 기술만 도입하고 기본 설계에서부터 최종 제품 개발에 이르는 전 과정을 독자적으로 추진한 결과 1990년 11월, 자동차의 심장에 해당하는 엔진을 자체적으로 설계 개발하는 데 성공했다.

포니가 전 세계에 수출되어 성공을 거두자 고유모델 승용차 개발을 포기했던 기아와 GM코리아도 독자모델 개발에 뛰어들면서 우리나라 자동차산업은 급성장하기 시작했다. 한국은 1990년 최초로 세계 10위의 자동차 생산국에 진입한 이후 1991년 9위, 1992년 7위, 1995년 5위, 1997년에는 프랑스를 제치고 일본, 미국, 독일에 이어 세계 4위를 달성해 자동차산업을 시작한 지 불과 20년 만에 국가 주력산업으로 확고한 뿌리를 내렸다.

자동차산업 성공의 이유

수출에서도 괄목할 만한 성장을 보였다. 1999년 반도체188억 달러에 이어 자동차가 111억 달러 수출로 단일 품목 수출 2위를 차지했고, 전 세계 190개국에 자동차를 수출하는 국가 기간산업으로 성장했다. 김재관 박사는 한국의 자동차산업이 선진국 자동차회사에 예속되지 않고 자주적으로 성공을 거둔 이유를 다음과 같이 밝혔다.

첫째, 자동차산업 발전에 가장 큰 걸림돌이었던 도요타가 '저우언라이 4원칙'에 의해 자발적으로 한국에서 철수했기 때문이다. 만약 도요타가 한국에서 계속 사업을 했다면 우리나라 자동차산업은 설 땅을 잃었을 지도 모른다.

둘째, 중동전쟁으로 인한 석유파동으로 세계의 자동차회사들은 4~5년간 혹심한 불황에 빠져 신규 투자를 할 여력이 없었다. 이로 인해 한국의 고유모델 승용차가 세계시장을 파고들어 성장할 수 있는 틈새가 생겼다.

셋째, 석유파동으로 인해 에너지 절약 운동이 벌어지면서 한국이 전략적으로 육성한 유류절약형 소형차가 히트할 수 있는 기회가 만들어졌다.

05

닉슨 독트린, 그리고
주한미군 철수

"안보 위해서라면
모든 것 다 바친다"

1969년 7월 25일.

이날은 인류 사상 최초로 달을 정복한 우주선 아폴로 11호에 탄
닐 암스트롱을 포함한 세 우주인이 지구로 귀환한 날이다. 리처드
닉슨 미국 대통령은 이날 항공모함 호네트호를 타고 태평양상에서
역사적인 아폴로 11호의 우주인이 귀환하는 장면을 지켜본 후 미
국령 괌 섬에 도착했다.

다음날부터 시작되는 아시아 5개국 순방을 앞둔 닉슨 대통령은
이날 밤 백악관 수행 기자단과 예정에 없던 회견을 열었다. 기자 간
담회에서 닉슨 대통령은 충격적인 발언을 했다. 발언 내용이래야
"길지 않은 기간 동안 미국은 세 번씩이나 아시아에서 전쟁을 치르
기 위해 태평양을 건넜다"면서 아시아 동맹국들의 자주국방 능력
강화와 미국의 부담 경감 필요성을 강조했을 뿐이다.

그러나 이 발언은 미국의 지원을 받던 아시아 동맹국들을 충격에

빠뜨렸다. 미국이 월남을 비롯한 아시아 대륙에 더 이상 지상군을 투입하지 않겠다는 의미로 해석됐기 때문이다. 즉, "아시아 국가들이여. 이제부터 당신들 나라의 안보는 스스로 책임져라"며 등을 떠민 것이다. 이런 인식을 바탕으로 '닉슨 독트린'이 만들어져 1970년 2월 전 세계에 공포되기에 이른다.

괌에서 닉슨 대통령이 문제의 발언을 한 지 불과 1주일 후인 8월 2일 샌프란시스코에서 박정희-닉슨 대통령은 한미 정상회담을 가졌다. 때마침 정상회담장 주변에는 월남전에 반대하는 시위대 5,000여 명이 몰려와 반전反戰 구호를 외치며 맹렬하게 시위를 벌였다.

이날 회담에서 닉슨 대통령은 "미국 국민들의 여론이 전 세계적으로 미군의 축소를 요구하고 있으나, 김일성에게 경고하기 위해 주한미군의 감축을 추진하지는 않을 것"이라고 약속했다. 닉슨의 이 발언으로 박정희는 "한국은 닉슨 독트린에서 예외로 인정받았다"고 확신했다.

박정희와의 약속을 뒤집은 닉슨 대통령

그러나 이런 기대는 얼마 가지 않아 실망감으로 변했다. 샌프란시스코에서 한미 정상회담이 열린 지 불과 12일 후인 8월 14일, 닉슨 대통령이 참석한 국가안전보장회의NSC에서 주한미군 철수 문제가 본격 거론되었다. 이날 닉슨은 "연간 10억 달러의 예산이 소요되는 현재 규모의 주한미군을 앞으로 5년 후에도 유지할 수 없으므로, 지금부터 주한미군 철수와 관련된 5개년계획을 수립하라"고 지시했다.

회의에서 닉슨 대통령은 "박정희 대통령에게 주한미군 감축이 추진되는 상황을 철저히 비밀로 하라"고 지시했다. 불과 2주도 안 되는 사이에 미국 대통령이 주한미군 철수와 관련하여 동맹국 대통령에게 했던 말을 정반대로 뒤집은 것이다.

1969년 11월 말 닉슨 대통령은 키신저에게 "이제는 주한미군을 실제로 감축할 시간"이라고 지시했다. 좀 더 일찍 착수했어야 하는데 EC-121 조기경보기 격추사건으로 시간이 지체되었으므로 서둘러 철군을 추진하라는 지시였다. 두 달 후인 1970년 1월 하순, 김동조 주미대사는 레어드 미 국방장관을 면담하는 자리에서 다음과 같은 발언을 들었다.

첫째, 주한미군 감축에 대한 압력이 강화되고 있다.
둘째, 한국군은 미군 철수가 시작되기 전에 현대화되어야 한다.

충격을 받은 김동조 대사는 그린 국무부차관보와 접촉하여 레어드 장관이 언급한 주한미군 철수와 관련된 내용을 문의했다. 그린

차관보는 다음과 같이 답했다.

레어드 장관의 발언은 미국 정부의 공식 입장이 아니며, 미군 철수가 임
박했음을 의미하는 것도 아니다. 우리(국무부)는 현 시점에서 병력 철수와
관련된 어떠한 제안도 가지고 있지 않다. 우리는 언제나 이처럼 중요한
사안에 관해서는 한국 정부와 협의하고 있으며, 미군 병력수준을 감축하
는 어떤 조치에 대해서도 틀림없이 사전에 협의할 것이다.

그런 차관보의 발언은 사실과는 전혀 다른 거짓 설명이었다. 이
미 닉슨 행정부는 범정부적 차원에서 오래 전부터 주한미군 철수
문제를 본격 논의해 왔고, 1970년 초에는 닉슨 대통령이 "주한미군
규모를 절반으로 감축하라"는 지침을 내렸기 때문이다.

1970년 3월 4일 닉슨 대통령이 주관한 국가안전보장회의에서
주한미군 감축이 결정됐다. 키신저는 주둔 중인 주한미군 2개 사단
중 '1개 사단' 감축안을 제시했고, 국무부는 '2만 명 감축'을 주장했
다. 닉슨 대통령은 이날 "주한미군 일부를 철수해야 한다. 우리는
한국에 영구히 6만 4,000명을 주둔시킬 수 없다. 우리는 신중하게
계획을 수립하고 이것을 3월에 결정하게 될 월남으로부터의 다음
번 미군 철수 문제와 연결시켜야 한다. 주한미군을 감축하되, 최선
의 방책으로 박정희 대통령이 스스로 감축을 요구하도록 유도하는

방안을 마련해야 한다"고 말했다.

3월 20일, 키신저 안보보좌관은 국방장관, 국무장관, CIA 국장, 합참의장, 예산국장에게 "1971년까지 2만 명의 주한미군을 철수한 다"는 대통령 지침을 하달했다. 이처럼 주한미군 감축을 동맹국 대통령과 대사에게 거짓말까지 하면서 비밀 군사작전 수행하듯 기습적으로 추진해야 했던 절박한 이유는 무엇이었을까?

주한미군은 계륵(鷄肋)이었나?

역사적 사례를 분석해 보면 제2차 세계대전 이후 주일미군이나 독일 주둔 미군은 단 한 번도 철군·감축 이야기가 거론된 사례가 없다. 반면 미국은 수시로 주한미군 철수를 시도했다. 1949년에는 수백 명 수준의 군사고문단만을 남겨놓고 철수했으며, 애치슨 선언을 통해 공개적으로 한국 포기 의사를 전 세계에 밝힌 바 있다.

그렇다면 미국 입장에서 볼 때 한국은 어떤 존재였을까. 미군정통치 시절이던 1947년 미 군부는 공동전략조사위원회를 조직하여 미국의 국가안보 차원에서 이익이 걸려 있는 세계 여러 나라가 차지하는 중요성을 측정한 바 있다. 이 위원회가 1947년 4월 27일 제출한 보고서에 의하면 한국은 16개 나라와 지역 중에서 15등이었다. 동시에 원조의 시급성 등급에서는 5등, 두 가지 조건을 결합해서 매긴 등급이 13등이었다. 미국 안보와 국가이익이라는 입장에서 볼 때 한국은 원조를 해야 할 가치가 없는 지역이었던 것이다.[47]

5·16 군사쿠데타가 발생한 후인 1961년 6월 3일 미국의 '한국 문제에 관한 대통령 직속 긴급조치반'은 '한국의 군사 정세에 관한 미 국방부 평가'라는 제목의 보고서를 작성했다. 그 부속문서에 국방 안보 차원에서 한국의 전략적 가치에 대한 미국의 솔직한 평가가 발견된다. 주요 내용은 다음과 같다.

> 한국을 공산세계에 잃으면 일본의 안보는 큰 위협을 받게 된다. 강력한 한국의 존재는 일본을 중국의 위협으로부터 보호할 뿐 아니라 소련의 위협에 대해서도 어느 정도 균형자 역할을 수행할 수 있다. 한국은 동북아시아의 강력한 군사적 보루로서 미군이 중국의 영향권 안에 있는 다른 곳, 특히 동남아시아에서 적의 위협에 대응할 수 있는 신축성을 보장한다. 한국의 방위능력이 약화되면 태평양에서 미국의 전반적인 방어태세도 크게 약화될 것이다.[48]

이런 자료를 토대로 볼 때 미국이 바라보는 한국은 "중국과 소련의 위협으로부터 일본을 보호하기 위한 하나의 군사적 보루" 정도

---

47   이정식, 『대한민국의 기원』 일조각, 2011, 163쪽.
48   심융택, 『굴기-실록·박정희 경제강국 굴기 18년 (10)핵개발 프로젝트』, 동서문화사, 2015, 89~90쪽.

의 위상과 가치 정도로 보는 것이 정확한 판단일 것 같다. 1963년 미 국가안전보장회의NSC 일원인 로버트 코머가 케네디 대통령에게 제출한 다음과 같은 메모는 미국이 한국을 어떤 시각으로 바라보고 있는지를 적나라하게 보여주는 증거물이다.

한국에 대한 우리(미국)의 투자는 우리의 전략적 이익을 훨씬 초과하는 것이다. 한국전 종전 이후 약 50억 달러를 투자한 외에도, 다시금 향후 5년간에만 군사원조 프로그램(Military Assistance Program·MAP)으로 수십억 달러를 지출할 계획을 갖고 있다. 더구나 한국이 비대한 군대에 소요되는 비용을 자력으로 감당하기에는 한참 멀었다. (중략) 아마도 우리는 군대에 돈을 덜 쓰고, 경제개발에 더 많이 투자해야 할 것이다. 한마디로, 우리에게 한국은 계속해서 가장 돈이 많이 드는 군사 위성국이다. 우리가 한국에 그 많은 비용을 지불할 필요가 있을까?

미군이 왜 한국을 보호해 줘야 하는가?

주한미군 철수 문제가 잊을 만하면 튀어나오는 단골 메뉴가 된 근본적 이유는 미국의 세계 전략 차원에서 볼 때 한국은 미국의 '사활적 이익Vital Interest'이 걸려 있는 나라가 아니기 때문이다. 즉, 미국 입장에서 볼 때 주한미군은 계륵鷄肋과 같은 존재였다.

때문에 한국과 미국이 동맹관계를 유지하고 있는 것은 사실이지만 미국의 납세자들은 "많은 비용과 미국 군인들을 희생시켜 가면서까지 한국을 지켜야 할 가치가 있는 나라"인지에 대해서는 흔쾌히 동의하지 않고 있었다.

1970년대 초 워싱턴의 포토맥 어소시에이츠가 시행한 미국 국민 의식조사에 의하면, "한국이 북한의 공격을 받았을 때 미국이 무력으로 한국을 방위해 주어야 할 것인가"라는 질문에 찬성 32퍼센트, 반대 52퍼센트였다. 반면 "일본이 소련이나 중국의 공격을 받았을 때 미국은 일본을 방위해 주어야 하는가"라는 질문에는 찬성 50퍼센트, 반대 35퍼센트였다.

이 자료에 의하면 미국인들의 절반 정도는 미국이 반드시 방위해 주어야 할 나라는 한국이 아니라 일본이라고 생각한다. 때문에 '한국을 방어하기 위해 많은 비용을 지불하는 것'에 회의적 시각을 갖는 인사들의 문제 제기로 인해 주한미군 철수 문제는 대한민국 건국 직후부터 연례행사처럼 제기되었다.

케네디 행정부 시절에도 예산 절감을 위해 주한미군 1개 사단을 오키나와로 재배치하고, 한국군 58만 명 가운데 7만 명 감축을 위한 타당성 검토를 실시했다. 당시 케네디 정부의 계산에 의하면 주한미군 1개 사단이 철수할 경우 한국 입장에서는 930만 달러의 손실이 발생하는데, 이는 한국의 수출액 22.7퍼센트가 감소함을 의미했다. 이러한 손실을 상쇄하려면 미국 정부가 한국에 더 많은 추가 지원을 해 주어야 하는데, 지원액을 증가시킬 수 있는 가능성이 의심스럽다고 판단하는 보고서가 러스크 국무장관에게 보고됐다.

1964년 3월 중순, 그러니까 한일 국교 정상화를 위한 회담이 위기를 맞고 있을 무렵 미 육군성은 주한미군사령관에게 미8군에 인가된 현재의 병력 수를 5만 1,000명에서 9,000명이 감소될 것이라는 지침을 내려보냈다. 이는 미군의 해외 주둔으로 인해 발생하는 국제수지 적자를 줄이기 위한 조치였다.

주한미군 병력 현황(1965.12~1966.11)

일시	인가인원(명)	배치인원(명)	현재원(명)
1965년 12월	51,288	51,267	48,517
1966년 1월	50,647	51,267	50,158
1966년 2월	50,647	53,843	50,396
1966년 3월	50,646	54,061	50,456
1966년 4월	50,789	54,061	47,680
1966년 5월	50,747	49,467	45,990
1966년 6월	50,782	46,495	43,351
1966년 7월	50,588	43,729	41,170
1966년 8월	50,588	43,121	39,940
1966년 9월	50,588	41,156	38,711
1966년 10월	50,588	44,350	39,799
1966년 11월	50,121	48,704	43,748

출처: 송승종, 『미국 비밀해제 자료로 본 대통령 박정희』, 북코리아, 2015, 192쪽.

1965~1966년 주한미군 병력 현황표를 보면 주한미군의 현재 원은 적을 때는 3만 8,711명에서 많을 때는 5만 456명까지 1만 1,000명이나 차이가 난다. 이는 미국이 월남전에 개입하면서 한국과 협의나 상의 없이 주한미군을 빼내 수시로 월남으로 전출입 시켰음을 시사하는 것이다.

기정사실화 된 주한미군 철수

미국 입장에서 볼 때 한국은 미국의 사활적 이익이 걸려 있는 나라가 아니었다. 때문에 미국의 국익은 한국의 방어와는 아무 관련이 없어 보였다. 이 와중에 이승만 대통령이 한국전쟁에서 적당히 휴전을 하고 떠나려는 미국을 붙잡고 "단독 북진, 반공포로 석방"이라는 벼랑 끝 외교를 펼친 끝에 얻어낸 한미상호방위조약과 한미동맹이 이 나라의 안보를 지금까지 담보해 왔다.

프랑스의 시인 앙리 미쇼는 "새가 미치건 말건 나무는 관심 없다"고 외쳤다. 미국은 합리적 이성에 의해 움직이는 국익 우선의 나라일 뿐, 결코 한국의 안위를 위해 존재하는 천사天使 가브리엘은 아니었다. 박정희는 이 점을 꿰뚫어보고 미국과의 동맹을 유지하기 위해, 그리고 주한미군을 빼내 월남에 투입하는 것을 예방하기 위해 한국군 전투부대 5만 명을 월남에 파병한 것이다.

미국은 한국군 백마부대와 맹호부대, 청룡부대와 비둘기부대가 주둔하고 있던 1968년 이후에도 민간인_{전역 장병} 5,000명, 전투병 6,000명 등 총 1만 1,000명으로 구성된 한국군 1개 경비사단의 추가 파병을 꾸준히 요청했다. 한국군도 파병 규모를 최대 9만 7,000명으로 증가시키려는 계획을 적극 검토한 바 있다. 그러나 이 계획은 격화되는 대남 도발로 인해 성사되지 못했다.

1970년 5월 29일 포터 주한 미국대사는 박 대통령을 예방하여 주한미군 철수 문제와 관련하여 통역을 제외한 두 사람만의 비밀 대화를 나누었다. 이날 회동 후 포터 대사는 국무부에 대화 결과를 다음과 같이 보고했다.

> **박정희:** 이제 양국은 한국 국민들과 마주앉아 미 의회에 보내기 전에 대한(對韓) 지원 프로그램을 구상해 보아야 합니다. 그렇게 할 수만 있다면 1975년 이전에도 미군 철수가 가능할 것입니다.
>
> **포터:** 각하, 우리(미국)는 주한미군 철수에 대한 각하나 한국 정부의 승인을 요청하는 것이 아닙니다. 우리가 그렇게 해야 할 의무는 없습니다. 우리는 각하와 협의하라는 지시를 받았고, 그래서 지금 협의를 하고 있는 것입니다.
>
> **박정희:** 내가 알기로는 미군이 철수하기 전에 내 승인이나 동의가 필요하도록 되어 있어요.

포터: 분명히 말씀드리지만, 아무리 한국처럼 우호적인 동맹국이라도 우리는 어떤 국가의 정부에도 우리 군대의 이동과 관련된 통제권을 부여할 수는 없습니다. 그 점에 일부 오해가 있는 것 같은데, 지금 그런 오해가 생기는 것도 무리는 아닙니다. 우리가 협의를 해야 할 필요가 있는 것은 맞지만 이것(승인 또는 동의를 받는 것)은 다른 문제입니다.[49]

1970년 6월 5일, 서해 휴전선 부근에서 우리 어선단 보호 임무를 수행하던 120톤 급의 해군 방송선이 교전 끝에 북한에 납치됐다. 이 방송선은 12시 50분 휴전선 남쪽 4마일 해상에서 북한 고속정 2척이 접근해 오는 것을 보고 선장 이하 승무원 20명이 전투를 벌였으나 북한 선박이 시속 25노트의 고속인데다 고속정이 발사한 75밀리미터 구경 함포에 기관실이 명중되어 오후 1시 40분쯤 침몰 직전에 북한으로 끌려갔다.

"월남의 한국군 철수시키겠다"

약 3주 후인 6월 22일 새벽 3시 50분, 서울 동작동 국립현충원에서 충격적인 사건이 발생했다. 서울 시내까지 대담무쌍하게 침투한 북한 게릴라들이 6·25 행사에 참석하는 박정희 대통령과 정부 요

---

49   송승종, 『미국 비밀해제 자료로 본 대통령 박정희』, 북코리아, 2015, 511쪽.

인들을 폭사爆死시키기 위해 국립현충원 내의 현충문 지붕 위에 올라가 원격조정 고성능 폭탄을 설치했다.

이들은 원거리에서 전파 조작으로 폭파하려 했는데, 조작 실수로 폭탄이 미리 폭발했다. 덕분에 게릴라 1명은 현충문에서 약 10미터 떨어진 잔디밭에서 피투성이 시체로 발견됐고, 잔당 2명은 추적 끝에 계양산에서 사살됐다.

대남 도발이 시시각각으로 심각한 국면을 맞고 있는 와중인 1970년 7월 5일, 로저스 미 국무장관은 마닐라에서 열린 월남 참전 7개국 외상회의에서 최규하 외무장관에게 주한미군 7사단이 철수한다는 사실을 일방적으로 통보했다. 다음날인 7월 6일에는 윌리엄 포터 주한 미국대사가 정일권 국무총리에게 주한미군 2개 사단 중 1개 사단의 철수 방침을 알렸다.

충격을 받은 박정희 대통령은 미국 상원 외교위원회의 대외방위협정 및 공약분과위원회사이밍턴 청문회에 참석하기 위해 출국을 준비 중이던 포터 주한 미국대사를 청와대로 불렀다. 박 대통령은 포터 대사에게 "주한미군 철수 문제가 논의되고 있다는 데 사실인가?" 하고 물었다. 포터 대사는 "사이밍턴 청문회에서 주한미군 1개 사단 철수 문제가 논의될 것 같다"면서 관련 내용을 시인했다. 이에 대해 박정희는 다음과 같이 입장을 밝혔다.

주한미군 철수는 미국의 사정이지만, 한국의 입장도 있으니 본국에 돌아가면 나의 말을 그대로 전해 달라. 주한미군은 한국만을 위해 주둔해 있는 것이 아니다. 동북아시아의 대공(對共)방위를 위해 있는 것이다. 한국의 경제 사정이 어느 정도에 달하면 미군이 있는 것을 바라지 않는다. 자기 나라에 외국군이 와 있는 것을 어느 나라 사람들이 좋아하겠는가? 오키나와 같은 곳은 미군을 나가라 하는데 있겠다고 버티고, 우리나라는 있어 달라 하는데 나가겠다 하니 우리도 철수하라 하면 더 있어 주겠는가?

미군이 철수해도 좋다. 그러나 우리나라가 공산주의자를 막을 수 있는 지원을 해 주어야 한다. 그래도 미군을 꼭 철수하겠다 하면 별 수 없다. 데리고 나가라. 우리는 월남에 나가 있는 군대를 철수해서라도 나라를 지켜야겠다. 우리는 우리 앞의 적도 막아내기 벅찬데 월남에까지 군대를 흩어 놓을 수가 있겠는가?[50]

대통령이 월남에 나가 있는 한국군 전투부대를 철수하겠다는 발언에 포터 대사는 눈이 휘둥그레져서 "각하, 월남에 나가 있는 한국군을 철수시키겠다는 말씀입니까?" 하고 물었다. 박정희는 "미군을 철수하겠다면 그런 대책이라도 세워야 38선을 막을 수 있지 않겠습니까. 사이밍턴 청문회에 가면 내 말을 그대로 전해주세요" 하고 답했다.

---

50   김종신, 『박정희 대통령과 주변 사람들』, 한국논단, 1997, 154쪽.

이 와중에 한국과 한 마디 상의도 없이 미국이 이미 오래 전부터 지속적으로 주한미군을 빼내갔다는 사실이 확인되자 박정희는 또 한 번 큰 충격을 받았다.

"NATO에서는 왜 미군 철수 않는가?"

1970년 8월 4일 오후, 포터 주한 미국대사와 존 마이켈리스 유엔군사령관은 주한미군 감축을 통보하기 위해 박정희 대통령과 두 시간 동안 회담했다. 마이켈리스 사령관은 6·25 전쟁 당시 미 제25사단 27연대장으로 참전하여 다부동 전투에서 백선엽 장군의 국군 1사단과 함께 성공적인 방어 작전을 펼쳐 대한민국을 위기에서 구해 낸 명 지휘관이었다. 특히 마이켈리스 연대는 낙동강 방어선 전투에서 방어망이 무너질지도 모르는 위급한 전선마다 신속히 투입되는 기동타격대 역할을 훌륭히 수행하여 반전의 계기를 만들어 낸 역전의 명장이었다.

한국을 위기에서 구해 낸 그가 한국 대통령에게 주한미군 감축을 통보하는 역할을 맡았을 때 어떤 심정이었을까. 이날 포터 대사는 박정희와 회담한 후 그 내용을 국무부에 다음과 같이 보고했다.

포터: 금일 저희가 각하를 뵈려는 목적은 미국의 입장을 검토해 보고, 어

떻게 하면 양국이 앞으로 협조할 수 있는지를 알아보기 위해서입니다. 현재 양국 간 (미군 철수에 관해) 공동계획이 이루어지지 않고 있어 문제가 됩니다.

박정희: 주한미군 감축이 이루어지려면 한국에서 절대로 전쟁이 벌어지지 않을 것이라는 확약이 있어야 돼요. 이런 종류의 합의가 없다면 나는 미군 감축에 동의하지 않을 것이오.

포터: 한국 정부가 참여할 수 없다고 하여, 불행하게도 어쩔 수 없이 단독으로 감축계획을 수립하고 있습니다. 계획에 의하면 1970년까지 5,000명을 줄이고, 1971년 3월까지 8,500명, 그리고 1971년 6월 말까지 4,900명을 줄일 계획입니다.

박정희: 만일 미국이 미군 감축을 강행하면 반대하지는 않겠지만 협조하지도 않을 거요. 아마도 한국 정부가 비협조적이고 비타협적이라고 말할 수 있겠지만, 그건 미국도 마찬가지요. 왜냐하면 한국 정부는 이런 결정에 대해 사전 협의를 요청받지 않았기 때문이요.

포터: 저희는 한국 측 입장을 알 수 없었기 때문에 일방적으로 계획수립에 착수할 수밖에 없었습니다.

박정희: 만일 한국의 요구가 도저히 받아들일 수 없는 미국의 태도에 직면한다면, 주한미군 철수에 단호히 반대할 생각이오. 그러나 미군이 미국의 통제를 받고 있으니 설령 계획대로 주한미군을 철수한들 내가 뭘 어떻게 할 수 있겠소?

포터: 모든 것을 요약하면 신뢰의 문제입니다. 우리는 기회가 있을 때마다 최고위층에서 한국군 현대화에 대한 의지를 확약했고, 우리는 한국에 대한 안보 공약을 재확인했습니다. 법적으로 볼 때 우리가 할 수 있는 것 이상으로 (한국에) 해 줄 수는 없습니다.

박정희: 나는 상호방위조약에 크게 의존하지 않아요. 한국전쟁이 터졌을 때 방위조약이 없는 데도 미국이 귀중하고 적시적인 도움을 주었지요. 닉슨 대통령께서는 독트린을 설명하면서 해외 주둔 미군을 줄이겠다는 의도를 내비치셨지요. 설명이 끝난 후 각하께서는 나에게 닉슨 독트린이 한국에 적용되지 않을 것이고 반대로 주한미군은 더욱 강해질 것이며, 이것이 공동성명에 발표될 것이라고 말씀하셨어요. 그리고 한국군을 월남에 파병할 당시 주한미군사령관이 내게 서한을 보내 한국군이 월남에 주둔하는 한 주한미군 감축은 없을 것이라고 선언했어요. 주한미군 감축이 결코 없을 것이라고 확약한 지 1년도 지나지 않아 미국이 내게 미군 철수계획을 내민 거요. 지금까지 모든 것이 미국의 일방적인 결정으로 이루어졌고, 미국은 한국 사람들의 희망을 존중하거나 경청하려 들지 않았어요. 미국은 그저 부대를 본국으로 철수시키는 것뿐이고, 그렇다고 긴급한 목적 때문에 그러는 것도 아니에요. NATO는 어때요? 왜 거기서는 미군이 철수하지 않는 거요?[51]

---

51   송승종, 앞의 책, 524~530쪽.

"미군은 가고 싶으면 가라"

한국 측의 강력한 저항에 부딪친 닉슨 대통령은 8월 24일, 애그뉴 부통령을 특사로 서울로 보냈다. 8월 25일 박정희와 회담한 애그뉴는 미군의 해외 군사 개입 반대와 해외 주둔 미군의 감축과 관련한 설명과 함께 주한미군 7사단을 1971년 6월까지 철수한다는 방침을 밝혔다.

이날 박정희는 애그뉴 부통령에게 주한미군 감축이 불가피하다면 북한의 계속적인 무력도발과 위협에 대비하여 한국군 현대화가 선행되어야 한다는 점을 논리정연하게 설명했다. 회담 내용이 너무나 진지하고 심각하여 점심식사도 잊은 채 6시간이나 진행되었다.

다음날 아침 2차 회담에서 애그뉴 특사는 한국군 장비 현대화, 장기 군사원조, 2만 명 이상은 감군하지 않는다는 점을 약속했다. 그런데 이날 한국을 떠나 타이완으로 향하는 비행기 안에서 애그뉴 부통령은 수행한 미국 기자들과 회견을 갖고 "앞으로 5년 이내에 주한미군은 한국에서 완전히 철수할 것"이라고 선언해 하루 전에 박 대통령에게 했던 약속을 뒤집었다.

회담에 배석하여 애그뉴 부통령이 "미 7사단만 철수하고 미 2사단은 계속 주둔하여 한국 안보에 임하게 되기 때문에 미 7사단이 철수해도 한국 안보에는 절대 염려가 없다. 2만 명 이상의 감군은

절대 없다"라는 말을 박 대통령과 함께 직접 들었던 김정렴 비서실
장은 큰 충격을 받았다.

애그뉴의 기자회견 내용을 보고 받은 박정희는 굳은 표정으로 한
참 동안 침묵을 하더니 "미군은 가고 싶으면 가라. 자주국방만이 우
리가 살 길이다. 미국 측 방침에 일희일비하는 처지를 빨리 초월해
야 한다. 자주국방에는 막대한 내·외자가 소요되므로 경제가 잘 되
어야 하고, 첨단 정밀무기는 고가高價이므로 외화는 신종 고성능 무
기 도입에만 충당하고 전통적 기본무기를 하루빨리 국산화해야 한
다"고 말했다.

이후 한미 양국은 10차에 걸친 고위 군사회담을 통해 1971년 2
월 5일, 다음과 같은 공동성명을 발표하여 주한미군 감축 문제를 매
듭지었다.

첫째, 1971년 6월 말까지 미 7사단 철수를 중심으로 주한미군 1만
8,000명을 감축한다. 서부전선 제1선을 담당하던 미 2사단을 후방으로
돌리며, 북한군과 직접 대치하는 휴전선 전체의 지상방어 임무는 한국군
이 전담한다.

둘째, 한국군 현대화 5개년계획을 추진하며, 미국은 군사 원조와 군사 차
관을 제공한다.

셋째, 종래의 연례 국방장관회의의 격을 높여 외무·국방관계 고위 관리

가 참석하는 연례안보협의회의를 개최한다.

1971년 3월 27일, 박정희 후보와 김대중 후보가 대결한 제7대 대통령 선거를 한 달 앞둔 시점에서 주한미군 제7사단이 이한^{離韓} 고별식을 가졌다. 남한에 대한 북한의 도발이 극에 달했을 때 미국 정부는 기어이 주한미군 1개 사단을 철수시킨 것이다.

이날 박정희는 미 7사단을 부대표창하고 해럴드 무어 사단장에게 훈장을 수여했다. 해방 직후인 1945년 9월 8일 한국에 가장 먼저 상륙하여 고락을 나누었던 공헌, 특히 6·25 전쟁 중의 무공과 희생에 대한 감사의 표시였다. 중앙일보는 미 7사단 고별식 장면을 다음과 같이 보도했다.

주한 미 7사단 한국을 떠나다

미 제7사단 이한 고별식이 27일 오전 10시 45분 박정희 대통령을 비롯, 존 H 마이켈리스 유엔군사령관, 윌리엄 포터 주한 미국대사, 정래혁 국방장관 등 각 군 수뇌와 미군 장병 가족 등 2천여 명이 석별의 정을 나누는 가운데 미8군 연병장 "기사의 광장"에서 거행됐다. 9천일 동안 정든 한국전선을 떠나는 7사단의 무공을 치하, 박정희 대통령은 7사단기에 대통령 부대표창 리번을 달아주고 사단장 해럴드 무어 소장에게 보국훈장 국선장을 수여했다.

박정희 대통령은 치사를 통해 "미 제7사단 장병 여러분은 새 한국 창설의 산파역이었고 침략자를 무찌른 전승의 영웅이었으며 평화와 자유수호의 십자군이었다"고 치하하면서 "성장하고 발전하는 새 한국의 모습과 한국민의 우정을 필히 간직해 주도록" 당부했다.

박 대통령은 미 7사단이 한국과 인연을 맺어온 지난 4반세기를 회고하면서 "여러분의 희생과 공헌에 대한 우리 국민의 신망과 우정은 영원할 것"이라고 다짐했다. 대검부대라는 별명을 지닌 7사단기를 앞세운 수호대는 이날 사단가인 "아리랑"을 들으며 미8군과 한국 육해공군 의장대를 마지막으로 사열, 축포와 올드 랭 사인이 연주되는 가운데 고별의 횃불을 끄고 작별을 고했다. 7사단기 수호대는 미 워싱턴 주 포트루이스 기지로 철수, 해체된다.[52]

미 7사단의 철수로 인해 주한미군 병력은 총 6만 3,000명에서 4만 3,000명으로 줄었으며, 미 2사단은 비무장지대의 서부 해안 전선 27킬로미터의 방어 임무를 한국군에 인계하고 미 7사단이 주둔하고 있던 후방으로 이동했다.

주한미군은 1971년 3월 말까지 휴전선 일대에서 철수를 완료하고 휴전선의 모든 작전 책임을 한국군에 이양했다. 이로써 휴전 18년 만에 처음으로 155마일 휴전선 전체의 방어를 한국군이 담당하

---

52   「중앙일보」, 1971년 3월 27일.

게 되었다.

휴전선 비무장지대에서 미군이 철수했다는 사실은 전략적으로 보면 한국이 북한과의 전쟁에 말려들었을 때 미국의 즉각적인 지원을 받을 수 없는 취약한 위치에 놓이게 됨을 의미했다. 이때부터 박정희는 핵무기와 미사일 개발을 비롯하여 자주국방에 대한 신념을 굳히게 되었다.

모래시계 사단Hourglass Division, 총검 사단Bayonet Division, 캘리포니아 사단California Division 등 갖가지 별명을 가진 미 제7사단은 제1차 세계대전 중인 1917년 12월 캘리포니아 주 포트 오드에서 창설되었다. 1945년 9월 8일 24군단 예하부대로 인천에 상륙하여 38선 이남지역의 일본군 무장해제 임무를 수행했고, 대한민국 건국과 국군 창설을 도운 뒤 1948년 일본으로 철수했다.

6·25 전쟁이 발발하자 그해 9월 15일 인천상륙작전의 선봉부대로 또다시 인천에 상륙, 서울 수복작전을 주도했다. 미 7사단은 북진작전에 참여하여 그해 11월 한만韓滿국경인 혜산진까지 진격했으나 중공군의 개입으로 후퇴했고 이어 화천·김화·철원 등지에서 중공군과 격전을 벌이며 전공을 세웠다. 이 사단은 1971년 4월 2일, 미 워싱턴 주 포트루이스로 철수하여 창설 54년 만에 퇴역·해체되었다.

주한미군 7사단의 철수 준비가 진행 중이던 1971년 2월, 닉슨 미국 대통령은 중공과의 수교를 발표했다. 그로부터 3개월 후 중공이 유엔 의석을 차지하고 타이완이 유엔에서 축출되었다. 미국이 북한의 동맹국이자 6·25에 불법 개입하여 통일의 기회를 좌절시킨 중공과 국교 수립을 한 것은 한국에겐 깊고 큰 충격이었다.

"싸우면서 건설하자"

레어드 미 국방장관은 1971년 7월 11일부터 14일까지 한미 연례안보회의Security Consultation Meeting 참석을 위해 한국을 방문한 후 닉슨 대통령에게 귀국 결과를 보고했다. 레어드 장관은 방한 당시 박 대통령을 예방했는데 이때 박정희는 레어드에게 다음과 같이 발언한 사실이 기록되어 있다.

> 한국은 미군이 대한민국에 무한정 주둔해 달라고 요청할 의도가 전혀 없다. 다만 한국군이 자급자족 능력을 갖출 때까지 한국에서 군사력을 유지해 달라는 것이다.

레어드는 보고서 말미에 주한미군의 추가 감축 문제와 관련, 다음과 같이 언급했다.

주한미군 규모는 추가적인 감축이 가능하다. 1973년을 시작으로 한국군 현대화 프로그램이 성과를 낼 경우, 미국은 추가로 최소한 1만 4,000명의 지상군을 감축할 계획을 수립해야 한다.

1960년대 중반, 미군과 한국군이 월남 정글에 묶여 있는 틈을 이용하여 중국의 마오쩌둥毛澤東은 1965년 9월 3일, 김일성에게 "월남의 베트콩식 무력해방을 남한에서 실시하라"고 강요했다. 이에 고무된 김일성은 1970년대를 공산통일의 시기로 정하고 도발 강도를 지속적으로 높여가기 시작했다. 마오쩌둥과 김일성은 미국이 월남에 발목이 잡혀 있어 남침을 해도 한반도에서 제2의 전선을 벌이기 어렵다고 판단한 것이다.

그 결과 1967년에는 445건의 북한 게릴라 침투사건이 일어났고, 1968년에는 무려 542건으로 대남 침투가 격화됐다. 북한의 거듭된 남침 도발로 안보상황이 크게 위협받자 박정희는 1968년부터 1970년까지 3년간 국정지표를 '싸우면서 건설하는, 일면 건설 일면 국방의 해'로 정하고 250만 명의 향토예비군 창설, 고등학교와 대학교에 군사훈련 도입으로 맞섰다.

박정희는 이제 미국도 믿을 수 없는 상황이 되었으므로 우리 국토는 우리가 만든 무기로 지킨다는 각오로 오원철에게 국산 무기 개발을 지시했다. 1971년 11월부터 개인용 화기와 박격포, 화포 등

병기 국산화 개발이 시작됐다.

사실 당시 우리나라의 경공업 제품 원료들은 대부분 일본으로부터 수입되었다. 때문에 우리 경제가 일본에 예속되는 것으로부터 벗어나야겠다는 의지에서 중화학공업이 육성된 측면도 강하다. 이는 오원철의 다음과 같은 증언을 통해 알 수 있다.

경공업 제품을 수출하는 과정에서 알게 된 것은 우리나라에 연관 산업들이 제대로 발달하지 못했고, 또 제조에 필요한 모든 원료들을 일본에서 수입해야 했기 때문에 우리 경제가 예속화되는 문제가 제기되었다. 그래서 이제는 생산재까지 국내에서 만들자는 차원에서 착수한 것이 중화학공업이다. 우리는 수출제일주의 국가목표를 달성하기 위해 꼭 필요로 하는 중화학공업을 시작했기 때문에 성공할 수 있었다.[53]

그런데 국산 무기 개발은 시행착오의 연속이었다. 피나는 노력으로 시제품 개발에는 성공했으나 소재의 부적합, 가공기술의 미흡 등으로 심각한 문제들이 제기됐다. 극한상황을 견뎌야 하는 무기 제조를 위해서는 특수 철강소재와 비철금속, 전자기술, 초정밀 가공기술, 그리고 기계공업 확보가 급선무였다. 1년여 시행착오 끝에

---

53   오원철, 「중화학공업 건설 주역 오원철의 북한 재건 계획」, 월간조선, 2003년 1월호 별책 부록, 『한반도의 대전환』, 186쪽.

방위산업 육성을 위해서는 선진 수준의 철강공업, 비철금속공업, 기계공업, 전자공업 등 중화학공업을 전면적으로 일으켜 세우지 않으면 불가능하다는 결론에 도달했다.

박정희는 거의 매일 국방 관계자와 대책회의를 가졌고, 방위산업 육성을 독려했다. 모든 것이 부족한 상황에서 단시일 내에 중화학공업을 정상궤도에 올려놓아야만 방위산업이 가능했다. 이를 위해서는 국가 총력전 체제가 불가피했다.

10월 유신 선포

박정희는 고민에 빠졌다. 중화학공업 육성에는 10년 이상의 세월과 천문학적인 투자가 요구되었다. 그런데 자신의 임기는 3선 개헌을 통해 임기를 4년 더 늘렸음에도 불구하고 1975년까지로, 3년밖에 남지 않았기 때문이다.

이를 돌파하기 위해서는 비상한 정치적 결단이 요구됐다. 1972년 10월 17일 저녁 7시, 갑자기 정규방송이 중단되고 긴급뉴스라는 자막이 떴다. 전국에 비상계엄이 선포된 후 동시에 국회를 해산하고 정당의 정치활동을 정지하는 등 헌법의 일부 효력이 정지되며, 효력이 정지된 헌법조항 기능을 비상국무회의가 수행한다는 박정희 대통령의 특별담화문이 발표됐다.

유신헌법 골격은 대통령이 국회의원의 3분의 1과 모든 법관을 임명하고, 긴급조치권, 국회 해산권을 가지며, 대통령의 임기는 6년에 연임할 수 있다. 대통령 선출제도는 국민의 직접선거로 선출하는 직선제에서 통일주체국민회의가 선출하는 간선제로 바뀌었다. 3권 분립이라는 민주주의 기본 틀이 무너지고 입법·사법·행정의 3권이 대통령에게 집중된 것이다.

사실상 10월 유신은 일종의 준전시 동원체제였는데, 박정희가 이를 선포한 배경에는 방위산업과 중화학공업 육성이라는 역사적 사실이 숨어 있다.

박정희와 미국, 그리고 북한

우리에게 미국은
어떤 존재인가?

　박정희는 초급장교 시절부터, 그리고 5·16 거사에 이르기까지 군 지휘관 생활 과정에서 미군과의 관계가 원만하지는 않았다. 1953년 박정희는 대령으로서 보병에서 포병으로 병과를 바꾸었는데, 장군 진급을 위해 동료 대령 6~7명과 함께 전방의 미군 포병대에서 현장 실습교육을 받았다.

　어느 날 교육을 담당한 미군 대위가 "대령 여러분, 별 달고 장군이 되려면 매주 보는 시험에서 좋은 점수를 받아야 합니다"라고 말했다. 이 과정에서 미군 대위의 발언 태도가 참석자들의 감정을 자극했던 것 같다. 박정희 대령이 자리에서 일어나서 "넌 교육만 하면 되지 진급을 시키고 안 시키고가 무슨 상관이야. 나쁜 자식 같으니라구" 하고 소리쳤다. 통역병이 이 말을 옮기다가 '나쁜 자식'이란 단어에서 머뭇거리자 박정희는 "통역이 어려운가? 그렇다면 내가 하지. 갓댐 선 오브 비치"라고 외쳤다.

'대등한 입장에서의 동맹' 추구한 박정희

박정희는 재임 중 자국의 이익에 따라 수시로 오락가락하는 미국의 대한정책에 대해 신뢰하지 않았다. 그는 대통령 재임 시절 사석에서 "키 크고 싱겁지 않은 사람 없다더니 미국 사람들이 딱 그렇다"면서 불만을 토로하기도 했다.

박정희 재임 기간 중 미국 대통령

대	이름	재임 기간(연도)	비고
35대	존 F. 케네디 (John Fitzgerald Kennedy)	1961~1963	-최연소 당선, 암살
36대	린든 B. 존슨 (Lyndon Baines Johnson)	1963~1969	-승계 후 연임 -월남전쟁 참전 개시 -인류 달 착륙 성공
37대	리처드 닉슨 (Lyndon Baines Johnson)	1969~1974	-아이젠하워의 부통령 출신 -워터게이트 사건 -하야한 유일한 대통령
38대	제럴드 포드 (Gerald Rudolph Ford)	1974~1977	-부통령 수행 중 대통령 사임으로 승계
39대	지미 카터 (James Earl Jimmy Carter Jr.)	1977~1981	-도덕외교 -노벨 평화상 수상

미국은 한국을 '보호자로서의 동맹' 입장으로 바라보는 것을 당연하게 여긴 반면, 박정희는 '대등한 입장에서의 동맹' 관계로 전환

하고자 했다. 이러한 대미對美 민족주의적 사고방식으로 인해 미국과의 긴장관계가 형성되기도 했다. 박정희 대통령 재임 기간 동안 미국에서는 케네디, 존슨, 닉슨, 포드, 카터 등 5명의 대통령이 바뀌었다. 미국 대통령 중 박정희와 호흡이 잘 맞았던 대통령은 존슨과 포드였고, 사이가 가장 안 좋았던 대통령은 카터였다. 카터는 재임 5개월째인 1977년 5월 23일 노트르담대학에서 "공산주의에 대한 지나친 공포가 독재자의 존재를 허용하는 결과가 되었다"면서 그 사례로 한국, 로디지아, 브라질을 언급했다.

한국이 위치한 동북아는 국력이나 군사력 면에서 세계적인 강국들이 포진하고 있다. 이러한 지정학적 각도에서 한국의 안보를 담보하는 길은 원교근공遠交近攻, 즉 미국과의 동맹 강화가 생명선이었다. 때문에 한국에 있어 미국은 '절대 필요한 존재'지만, 미국 입장에서 볼 때 한국이 그 정도 위상을 차지하고 있지 못하고 있다는 것이 늘 문제의 요인이 되었다.

박정희 대통령의 미국관美國觀은 "철저하게 자국의 이익에 따라 움직이는 나라"였다. 역사적 관점에서 볼 때도 미국은 늘 그런 모습이었다. 조선이 1882년 서방 국가 중 최초로 수교조약을 체결한 나라가 미국이었다. 수교 이후 양국은 서로가 서로의 존재를 필요로 하는 상호 협조 관계가 아니라, 조선이 미국을 일방적으로 짝사랑하는 비정상적 관계였다.

조약 체결 당사자였던 미국의 슈펠트 제독은 조선이 대단히 가난해서 상업적 중요성이 거의 없다는 사실, 즉 미국이 조선에서 돈벌이를 할 만한 변변한 가치가 없다는 사실을 잘 알고 있었다. 그럼에도 불구하고 미국이 신미양요로 치열한 전투를 치렀던 조선과 수교한 이유는 "조선 근해에서 난파된 미국 상선과 선원들을 보호하기 위해서"였다. 당시 미국의 포경선들이 태평양 건너 동해까지 진출하여 고래를 잡는 와중에 위급상황이 생길 경우 이들을 보호하기 위한 목적이었던 것이다.

반면 조선은 미국을 중국을 대체할 새로운 '상국上國'이라고 여겨 지대한 관심을 보였다. 고종은 미국이 주변 열강들과는 달리 영토에 대한 야심이 없는 우호적이고 정의로운 나라로 인식하고, 미국의 도움을 얻어 독립을 유지하고자 1882년 미국과 조미수호통상조약을 맺었다. 그것도 조선 스스로의 판단이 아니라 청국의 북양대신 리훙장李鴻章의 강력한 권고에 의해 수교했다.

"대포와 화약이 곧 법이다"

미국과 체결한 수호통상조약의 제1조는 "조선과 미국 두 나라 사이에 영구적인 평화와 우호가 있을 것"이라고 되어 있다. 만약 제3국이 어느 한쪽 정부에 대해 부당하게, 혹은 억압적인 행동을 할 경우 미국과 조선은 "그 사건을 통지받는 대로 원만한 타결이 이루어지도록 거중조정에 최선을 다함으로써 우의를 표한다"고 규정하고 있었다.

고종을 비롯한 조선의 지도부는 '거중조정에 최선을 다한다'는 구절을 미국이 포악한 제국주의 포식자들로부터 조선을 보호해 줄 새로운 '형님 나라'가 된다는 뜻으로 해석했다.

비슷한 시기, 일본의 지도자 중의 하나였던 후쿠자와 유키치福澤諭吉는 조선 지도부의 이상론적 인식과는 달리 냉철한 현실 인식으로 변화무쌍한 국제정세를 바라보면서 이렇게 말했다.

수백 권에 달하는 국제법 서적도 서너 문의 대포와 겨루지 못한다. 아무리 많은 우호조약도 얼마 되지 않는 화력 앞에 속수무책이다. 대포와 화약이 바로 법이다.

불행인지 다행인지 조선에 대한 미국의 기본 입장은 무관심, 즉 외교 용어로 표현하면 '우호적 중립'이었다. 미국은 조선에서 자신들이 반드시 쟁취해야 할 정도의 중대한 이권을 발견하지 못했다. 설령 중대한 이권이 있었다 해도 당시 미국의 국력으로는 그것을 쟁취할 만한 능력이 없었다.

1900년대 초의 미국은 오늘날 우리가 알고 있는 것과 같은 군사

강국이 아니었다. 전문가들의 연구에 의하면 1890~1900년대 초 미국의 군사력은 유럽의 소국 루마니아 수준이었다. 때문에 미국이 조선에 관심이 있었다 해도 상하이上海에 파견되어 있는 영국의 동양함대나 러시아 함대가 두려워 자기 뜻을 관철시킬 수 없는 나라였다.

반면 고종을 비롯한 조선 지도부의 미국에 대한 관심은 지대했다. 워싱턴의 주미 한국공사관은 미국의 일부 인사들과 극비리에 교섭하여 미국 은행으로부터 부산·인천·원산 세 항구 세관의 관세를 담보로 200만 달러의 차관을 빌리는 데 성공했다. 이 돈으로 미군을 조선에 파병하여 청국이나 일본의 간섭을 막아보고자 했다. 이 계획은 미국 정부의 강력한 반대로 무산되었다.

미국은 별 볼 일 없는 조선 문제로 인해 국제분쟁에 휩쓸리지 않기 위해 엄격한 '중립 불간섭' 정책을 유지했다. 조선에 파송된 일부 선교사들이 조선의 독립을 돕는 등의 정치 행위는 미국을 한반도에서 벌어지는 복잡한 파워 게임의 소용돌이로 끌어들일 수도 있다는 점에서 우려했다. 그 결과 미국 정부는 아펜젤러나 언더우드, 헐버트 같은 친親조선적 입장의 자국 선교사들이 반反왕실 활동을 지원하거나, 정치 활동을 금하는 훈령을 내렸다.

조선을 일본에 넘긴 미국

미국도 서양 열강들과 마찬가지로 제국주의적 야심이 있는 국가였다. 다만 그 야심을 뒷받침할 만한 국력이 뒷받침되지 않았다. 미국이 제국주의 정책으로 나설 무렵 세계는 제국주의 국가들의 침략으로 인해 아프리카, 아시아의 주요 요충지는 이미 서양 각국의 식민지가 되어 있었다.

뒤늦게 제국주의 대열에 들어선 미국의 시어도어 루스벨트 대통령은 미국이 배타적 권리를 행사할 만한 곳을 찾아내기 위해 많은 노력을 했다. 루스벨트는 자신의 외교정책을 한마디로 "발언은 부드럽게 하고 몽둥이는 큰 것을 드는 것"이라고 설명했다.

미국의 영토와 영향력을 태평양 건너 일본을 통해 중국에까지 확대하기를 원했던 루스벨트는 한반도와 만주를 식민지로 삼기 위해 부단히 활동하고 있는 러시아라는 강적을 적절히 제어하기 위해 일본을 앞세우고자 했다. 루스벨트는 1900년 미국 부통령 재임 시절 친구에게 이런 편지를 보냈다.

나는 일본이 대한제국을 차지하기를 바란다. 그러면 일본은 러시아를 저지하게 될 것이고, 이제까지 해 온 것으로 보아 일본은 충분히 그럴 만한 능력이 있다.

루스벨트 대통령은 1905년 7월 29일 윌리엄 하워드 태프트 육군 장관을 일본에 보내 가쓰라 다로桂太郎 일본 총리와 미국이 필리핀을 점령하는 대가로 일본이 한반도를 지배하도록 하는 태프트-가쓰라 밀약을 맺었다. 태프트 장관과 함께 여객선 맨추리어호를 타고 아시아 순방에 나섰던 루스벨트 대통령의 딸 앨리스 루스벨트는 1905년 9월 19일, 귀국길에 잠시 조선을 방문하여 국빈 대접을 받았다.

고종의 부인이었던 엄비嚴妃는 민간에서 3만 원의 거금을 빚으로 얻어 앨리스에게 줄 선물을 마련했다는 풍문이 돌았다. 대한제국을 일본의 보호국으로 넘겨주는 포츠머스 강화조약이 체결9월 5일된 지 2주일 후에 이 땅에서 벌어진 일이다.

나라 밖에서 태풍이 몰아치는 것도 모르고 자신들의 나라를 일본에 넘긴 대통령의 딸 일행을 위해 조선 지도부는 "황실을 방문한 어느 누구보다 극진한 대접"을 베풀었다. '대한제국 침탈 비밀외교 100일의 기록'이라는 부제가 붙은 『임페리얼 크루즈』의 저자 제임스 브래들리는 고종과 앨리스 일행의 만남 장면을 다음과 같이 기록하고 있다.

고종은 앨리스와 식사를 마친 후 수행원으로 함께 온 네바다 주 출신 상원의원 프랜시스 뉴랜즈를 불러 시어도어 루스벨트에게 "조정 역할"을

발휘해 한국을 점차 거세지는 일본의 억압으로부터 구해달라는 요청을
해달라고 부탁했다. 뉴랜즈는 "공식적인 창구를 통해 적법하게 요청하
라"며 비웃는 투로 답했다.[54]

앨리스가 서울에서 조선과 미국의 우호를 위해 축배를 든 지 두
달도 되지 않아 을사늑약이 체결되자 1905년 11월 28일 루스벨트
는 서양 국가들 중 가장 먼저 서울 주재 미국 공사관을 폐쇄했다.
1904~1905년 로이터 통신원과 미국공사관 부영사를 지낸 윌러드
스트레이트는 미국인들이 "침몰하는 배에서 우르르 도망치는 쥐들
처럼" 서울에서 도망쳐 나갔다고 기록했다. 제임스 브래들리는 당
시 정황을 이렇게 기록하고 있다.

> 대한제국을 배신함으로써 루스벨트는 아시아 대륙에 대한 일본의 영토
> 확장 계획에 파란 불을 켜줬다. 그리하여 수십 년 뒤에 또 다른 루스벨트
> 대통령(프랭클린 루스벨트)은 테디 루스벨트(시어도어 루스벨트)가 행한 비밀
> 협약의 결과로 빚어지는 피비린내 나는 처절한 전쟁(일본과의 태평양전쟁을
> 뜻함-저자 주) 소용돌이에 휘말리게 된다.[55]

---

54   제임스 브래들리 지음·송정애 옮김, 『임페리얼 크루즈-대한제국 침탈 비밀외교 100일의 기
      록』, 도서출판 프리뷰, 2010, 314쪽.
55   제임스 브래들리 지음·송정애 옮김, 앞의 책, 17쪽.

제임스 브래들리는 루스벨트와 태프트가 2인 1조로 한 팀이 되어 태프트-가쓰라 밀약을 체결하여 일본에 아시아 침략의 날개를 달아줌으로써 후에 제2차 세계대전이라고 부르게 될 전쟁이 태평양에서 일어나도록 길을 열어줬다고 주장한다. 루스벨트가 체결한 태프트-가쓰라 밀약은 한국을 일본에 넘겨주는 사형 선고문이었다.

1950년 애치슨 선언의 진짜 의미

1945년 9월 8일 인천에 상륙하여 3년여에 걸쳐 군정을 실시했던 미군이 1949년 6월 말 철수한 이유는 한국이 자신들의 인력과 비용을 투입해가며 지켜야 할 '가치가 없는 나라', 즉 미국의 국익에 별 도움이 되지 않는 나라였기 때문이다.

1949년 6월 말 주한미군이 철수한 지 6개월 후인 1950년 1월 12일, 딘 애치슨 미 국무장관은 워싱턴의 내셔널 프레스 클럽에서 '아시아의 위기: 미국 정책의 시험대'라는 유명한 연설을 했다. 이날 애치슨은 "아시아에 있어서 미국의 방어선은 알류산 열도에서 일본을 지나 오키나와와 타이완을 거쳐 필리핀으로 그어진다"고 선언했다. 이어 애치슨은 "타이완과 한국은 모두 미국의 방어권 밖에 있다. 다시 말해 미국 방위권 밖의 일에 대해서 미국은 관여하지 않을 것"이라고 선언했다.

애치슨 선언의 핵심 내용은 우리가 상식의 선에서 알고 있는 것처럼 북한 침략의 초대장이라기보다는 미국이 공산중국의 마오쩌둥에게 화해의 손길을 내민 것이다. 당시 모스크바에서는 스탈린과 마오쩌둥이 새로운 중소동맹 조약 체결을 위해 70여 일에 걸친 길고 지루한 협상을 진행 중이었다.

이 정보를 입수한 미국은 마오쩌둥에게 스탈린의 야욕을 폭로하고, 소련보다는 미국과 손잡고 협력하는 것이 중국의 국익에 부합한다는 메시지를 보낸 것이 애치슨 선언이었다. 미국은 애치슨 선언을 통해 중국과 소련을 떼어놓으려는 의도를 드러낸 것이다.

애치슨은 먼저 중국의 혁명에 대한 긍정적 평가부터 시작하여 한국과 타이완을 미국의 도서방위선에서 제외함으로써 한국과 타이완을 포기할 수도 있다는 트루먼 대통령의 선언을 재확인했다. 다시 말하면 마오쩌둥이 소련을 포기하고 미국과 손을 잡는다면 남한이나 타이완 정도는 공산세력에게 넘겨줄 용의도 있다는 메시지를 발신한 것이다.

그러나 마오쩌둥을 향한 미국의 구애작전은 헛물을 켜고 말았다. 스탈린과 마오쩌둥은 1949년 12월 16일부터 1950년 3월 4일까지 모스크바에서 70여 일에 걸쳐 밀고 당기는 협상 끝에 새로운 중소동맹 조약을 체결했기 때문이다.

미국과 중국의 대결장이 된 한국전쟁

1950년 김일성의 남침으로 인해 6·25가 터졌을 때 "지켜야 할 가치가 없는 나라"라면서 한반도를 떠났던 미군은 트루먼 대통령의 명령에 의해 불과 며칠 만에 전광석화처럼 참전을 결정한다. 제2차 세계대전 이후 새롭게 시작된 냉전에서 한국이 공산화될 경우 일본을 비롯한 전 세계가 공산화될 위험이 있다고 판단했기 때문이다.

당시 스탈린은 마오쩌둥을 진정한 공산주의자라고 보지 않았다. 게다가 장제스와의 국공내전에서 오랜 기간 양측이 기진맥진할 때까지 싸워 국력이 고갈되기를 바랐으나 소련의 도움 없이 간단하게 장제스를 제압하고 공산통일을 이룬 데 대해 깊은 충격을 받았다.

마오쩌둥의 중공이 결코 만만한 상대가 아님을 간파한 스탈린은 김일성이 남침전쟁을 요청하자 이 전쟁을 이용하여 미국과 중공을 한반도로 끌어들인 다음, 두 나라가 피투성이가 되도록 싸우게 한다는 대모략을 구상한다. 소련은 미국이 한반도에 묶여 있는 틈을 이용하여 동유럽을 비롯한 지구 곳곳에서 공산화를 추진하여 국익을 극대화한다는 아이디어였다.

스탈린의 교묘한 술수로 인해 단기간에 이루어질 수도 있었던 김일성의 남한 해방은 계속 지연된다. 서울 점령에 사흘이나 걸린 점, 서울 점령 후 사흘 간 한강 도하가 지연된 사실, 방호산이 지휘하는 인민군 6사단이 미군이나 한국군이 전혀 없어 무인지경이나 다름없는 호남지역을 우회하여 시간과 병력을 낭비한 사실, 전쟁 초기와 낙동강 전투 때 중공군이 개입하지 못하고 인천상륙 이후, 유엔군이 38선을 넘어 북진을 개시하자 한반도로 넘어온 사실 등은 한반도에서 미·중 대결을 일으켜 양국의 발목을 잡기 위한 스탈린의 대모략이 연출한 드라마틱한 결과였다.

만약 중공군의 한국전쟁에 대한 불법 개입이 남침전쟁 초기, 즉 낙동강 전투가 벌어지기 전에 시작됐다면 김일성은 1950년 8월 15일 무렵엔 부산까지 공산통일이 가능했을 것이다.

남침 초기에는 미국과 소련의 전쟁이었던 6·25는 유엔군의 북진 이후 미국과 중공 간의 전쟁으로 변했다. 이제 출범한 지 1년도 안 되어 모든 것이 부족했던 마오쩌둥의 공산중국은 한반도에서 막대한 국력을 소진해가며 미국과 힘겹게 싸워야 했다.

스탈린은 김일성이 일으킨 6·25전쟁을 이용하여 한반도에서 미국과 중국이 싸우도록 유도함으로써 중국이 빠르게 성장하는 것을 저지했다. 또 전후戰後 오랫동안 미·중 양국이 적대관계가 되도록 만드는 데도 성공했다. 한국전을 통해 중국과 미국의 관계 개선에 재를 뿌리려는 스탈린의 전략적 목표는 훌륭하게 달성되었다.

스탈린이 파놓은 함정에 빠져 한국전쟁에 개입한 중국은 미국이 주도하는 전후戰後 세계체제에서 완전 고립되어 20여 년 이상을 '죽竹

의 장막' 속에서 자력갱생하느라 결정적 타격을 받았다. 수천만 명이 희생된 대약진운동과 문화대혁명도 따지고 보면 한국전 개입이 몰고 온 대재앙이었다.

1969년 닉슨 독트린은 무슨 뜻이었나?

1964년 8월 월남 통킹만 사건으로 인해 월남전이 확전되면서 50여 만 명에 이르는 미군이 월남에 파병되어 악전고투했다. 미국은 1968년 1월 29일부터 2월 11일까지, 이른바 '구정 공세'로 큰 충격을 받았다.

사실 베트콩의 구정 공세는 전술적으로는 미군의 완승이었다. 초기엔 기습을 당했지만 반격에 나선 미군과 월남군이 베트콩 전투원의 절반 가까운 3만 5,000여 명을 사살하고 5,800여 명을 생포하는 등 대부분의 베트콩 조직을 와해시킨 성공한 군사작전이었다.

그러나 미국 내에 '반전反戰운동'을 촉발시키고, 궁극적으로는 미군 철수를 이끌어내는 데 성공함으로써 정치적·심리적으로는 월맹이 승리했다.

미국의 월남전 종결은 반전 여론에 밀린 퇴각으로 보이지만, 시각을 조금만 달리해서 보면 전혀 다른 의미가 내포되어 있었다. 1969년 닉슨 독트린은 1950년의 애치슨 선언처럼 미국의 '세계전략 변화'라는 큰 틀로 들여다봐야 진정한 의미 파악이 가능하다.

월남전의 수렁에서 헤매면서 출구를 모색하던 미국은 인도네시아의 수하르토가 일으킨 쿠데타를 분석한 결과 중대한 시사점을 얻게 되었다. 수하르토가 소련 편향의 수카르노 정권을 제거한 후 민족주의 길로 나아가는 모습을 예의주시한 것이다.

수하르토의 사례를 보면서 미국은 월남전을 원점에서부터 재검토하기 시작했다. 미국의 월남전 참전은 주변 국가로 공산주의가 확산되는 것을 막고, 중공의 남진을 차단하기 위한 예방전쟁이었다. 미국은 한국전 당시 38선 이북지역으로 북진했다가 중공군 개입으로 큰 희생을 치른 경험을 잊지 않았다. 때문에 월남전에서 미군 지도부는 북폭을 자주 실시하기는 했으나, 미 지상군은 남북 월남의 분단선인 북위 17도선을 절대 넘지 않았다.

월남 곳곳에서 베트콩과의 전투가 한창인 상황에서 미군과 동맹군이 철수할 경우 월남은 공산화될 것이 불을 보듯 뻔했다. 미국 지도부는 인도네시아의 수하르토 사례를 예의주시한 결과 통일된 공산 월남이 중국의 앞잡이가 아니라, 중국과 맞서는 민족주의 국가가 될 것이라는 확신을 갖게 되었다.

그 무렵 냉전이 격화되면서 공산진영은 중국과 소련이 격렬한 내분을 일으키고 있었다. 미국은 1950년 초 애치슨 선언을 통해 중국과 손잡고 소련을 왕따 시키려 했던 그 카드를 다시 꺼내 들었다. 키신저를 앞세워 중국과 손잡고 소련 공산진영을 약화시키기 위한 글로벌 대전략 프로그램을 가동한 것이다.

1971년 7월 키신저는 파키스탄을 방문하던 도중 건강이 좋지 않아 산악지대의 조용한 마을에서 잠시 휴식을 취하겠다는 말을 남긴 후 잠적했다. 이 기간 동안 키신저는 극비리에 베이징으로 날아가 7월 9일 중국 수상 저우언라이周恩来와 만났다. 이 회담에서 미·중 양국은 양국 관계 정상화, 이를 위한 조건 등을 논의했다.

중국과 손잡기 위해 주한미군 철수, 월남전 포기

중국은 양국관계 정상화를 위한 전제조건으로 주한미군과 월남에서의 미군 철수를 요구했다. 미·중 양국이 주한미군 철수 문제를 거론한 이유는 중국이 미국과 대항하는 데 따르는 안보 불안을 해소시켜주어야 한다는 필요성 때문이었다. 당시 마오쩌둥은 주한미군과 월남의 미군에 대항하기 위해 중국 남동해안지역에 55개 사단을 배치하고 있었다.

닉슨 행정부는 중국의 군사력을 소련과의 싸움에 집중토록 하기 위해 월남전을 서둘러 종식시키고 타이완해협을 경비하던 미 해군을 태평양 한복판으로 재배치하며, 주한미군 감축에 돌입한다는 계획을 세웠다. 이러한 미국의 대전략은 '닉슨 독트린'이라는 용어로 포장되어 발표됐다.

이후 미국은 월남에서 싸우다 말고 파리에서 엉터리 휴전회담을 체결하고 서둘러 철수했다. 1970년 7월 5일, 닉슨 행정부는 한국과 사전 협의 없이 6만 2,000명의 주한미군 중 2만 명의 철수를 발표했다.

이러한 국제정세의 도전에 대한 박정희의 응전은 10월 유신, 중화학공업으로 국산 무기 제조, 핵무기와 미사일 개발이었다. 10월 유신을 정권 야욕에 눈이 먼 독재자의 발악이니, '민주주의 장례식' 등으로 해석하는 것은 정치인이나 언론인, 국내 학자들의 우물 안 개구리 식 시각이다.

"아시아의 방위는 아시아인들이 담당해야 한다"는 닉슨 독트린의 외교적 수사를 한 꺼풀 벗겨내면 그 본뜻은 "마오쩌둥이여, 중국 주변에 있던 미군을 다 빼내 줄 터이니, 그리고 유엔에서 타이완을 쫓아내고 그대의 나라를 안보리 상임이사국으로 인정해 줄 터이니 소련과의 대결에 집중하라"는 뜻이 숨어 있었다.

미국이 아시아의 미군을 철수하는 등 발 빠르게 움직이자 중국은 월남과 한국 주둔 미군의 압력에 대비하기 위해 배치했던 55개 사단을 북만주로 이동시켜 소련과의 대치를 강화했다. 중국이 만주에 대병력을 집결시키자 충격을 받은 소련도 유럽에 배치했던 44개 사단을 시베리아지역으로 돌려 중국에 맞섰다.

1971년 2월 닉슨 대통령은 중국과의 수교를 발표했고, 그로부터 3개월 후 타이완이 유엔에서 축출되고 중공이 유엔 의석과 안보리 상임위원회 자리를 차지했다.

월남 패망을 눈앞에 두고 있던 1975년 4월 18일, 북한 수령 김일성은 14년 만에 베이징을 방문하여 "월남 방식에 의한 남반부 해방도 불사한다"고 선언했다. 김일성의 베이징 발언으로 인해 국내 금값이 두 배로 폭등하고 서울 북방의 땅값이 폭락한 반면 한강이남 서울의 땅값은 급등세를 보였다. 김일성의 도발적 발언에 맞서 박정희는 한 달 후인 5월 13일, '대통령 긴급조치 9호'를 포고했다.

7·4 남북 공동성명의 내막

경제력, 군사력 등 모든 면에서 북한보다 열세였던 박정희는 경제를 발전시키고, 자주국방을 위한 무기 개발 등 안보를 담보하기 위한 시간을 버는 것이 급선무였다. 이를 위해 박정희는 북한과의 대화와 협상이라는 카드를 꺼내 들었다.

이후락의 극비 방북으로 물꼬를 튼 남북 대화는 1972년 7·4 남북 공동성명으로 결실을 맺었다. 그런데 이 과정에서 복잡한 문제가 발생하게 된다.

북한의 노동당 규약에 의하면 대남혁명의 궁극적인 목표는 '전국적 범위에서 민족해방 민주주의 혁명 완수'다. 민족해방 민주주의 혁명을 완수한 후에는 자주적 민주정권을 수립하고, 이를 더욱 발전시켜 사회주의체제를 이뤄내는 것이다.

이러한 북한의 목표는 노동당 규약 전문에 "우리 민족끼리 힘을 합쳐 자주, 평화통일, 민족대단결의 원칙에서 조국을 통일하고 나라와 민족의 통일적 발전을 이룩하기 위하여 투쟁한다", "노동당의 최종 목적은 온 사회를 김일성·김정일주의화하여 인민대중의 자주성을 완전히 실현하는 데 있다"고 규정한 데서 명확하게 이해할 수 있다. 북한의 헌법보다 상위에 있는 것이 조선노동당 규약이므로 이 구절은 북한 최고의 국가목표인 셈이다.

북한이 추구하는 남북통일은 우리가 순진무구하게 생각하는 자유민주통일이 아니라 '자주적 통일'이다. 저들이 말하는 자주적 통일이란 주한미군을 철수시키고, 남한의 자유민주주의와 시장경제체제를 북한의 주체사상에 기초한 사회주의 정치체제와 계획경제로 바꾸는 북한 주도의 흡수통일을 뜻한다. 김일성은 오래 전에 "조선 공산주의자들의 목적은 자기 조국을 통일하고 전국적으로 사회주의 혁명과 사회주의 건설을 실현하며, 나아가서는 공산주의를 건설하는 데 있다"[56]고 명문화해 놓았다.

북한은 2010년 9월 28일 제3차 당대표자회의에서 노동당 규약

---

56   『김일성 저작선집(제4권)』, 195~196쪽.

을 개정했는데, 개정된 노동당 규약에는 조선노동당의 당면목적을 다음과 같이 명시하고 있다.

공화국 북반부에서 사회주의 강성대국을 건설하며 전국적 범위에서 민족해방 민주주의 혁명의 과업을 수행하는 데 있으며, 최종 목적은 온 사회를 주체사상화하여 인민대중의 자주성을 완전히 실현하는 데 있다.

북한의 용어 개념은 우리가 사용하는 단어의 뜻과는 완전히 다르다. 북한이 말하는 '자주'란 주한미군 철수와 한미연합사 해체이며, '평화통일'은 한미 군사훈련 중단, '민족대단결'은 사상과 이념을 초월하여 공산주의·사회주의 이념을 가진 세력의 단결을 위해 남한에서 공산주의 활동을 보장해야 한다는 뜻이다. 이를 위한 전제 조건으로 저들은 국가보안법 폐지와 주한미군 철수, 공산주의 합법화를 끈질기고도 집요하게 요구하고 있다.

이후락의 영웅심리

1972년 7월 4일 오전 10시, 남북이 서울과 평양에서 대한민국 중앙정보부장 이후락과 북한의 노동당 조직지도부장 김영주가 '7·4 남북 공동성명'을 동시 발표했다. 국가안보에 관한 중대 발표가 있을 거란 예고를 받고 몰려든 기자들은 기자회견장에서 이후 락이 "내가 평양에 다녀왔습니다"라고 말문을 열자 큰 충격을 받았 다. 이날 발표된 7·4 남북 공동성명의 주요 내용은 다음과 같다.

최근 평양과 서울에서 남북관계를 개선하며 갈라진 조국을 통일하는 문제를 협의하기 위한 회담이 있었다. 서울의 이후락 중앙정보부장이 1972년 5월 2일부터 5일까지 평양을 방문하여 평양의 김영주 조직지도 부장과 회담을 진행하였으며, 김영주 부장을 대신한 박성철 제2부수상 이 1972년 5월 29일부터 6월 1일까지 서울을 방문하여 이후락 부장과 회담을 진행하였다.

이 회담에서 쌍방은 조국의 평화적 통일을 하루빨리 가져와야 한다는 공 통된 염원을 안고 허심탄회하게 의견을 교환하였으며, 서로의 이해를 증 진시키는 데서 큰 성과를 거두었다.

이 과정에서 쌍방은 오랫동안 서로 만나보지 못한 결과로 생긴 남북 사 이의 오해와 불신을 풀고 긴장 고조를 완화시키며 나아가서 조국통일을 촉진시키기 위하여 다음과 같은 문제들에 완전한 견해의 일치를 보았다.

1. 쌍방은 다음과 같은 조국통일 원칙들에 합의를 보았다.

첫째, <u>통일은 외세에 의존하거나 외세의 간섭을 받음이 없이 자주적으로 해결</u>하여야 한다.

둘째, 통일은 서로 상대방을 반대하는 무력행사에 의거하지 않고 평화적 방법으로 실현하여야 한다.

셋째, 사상과 이념·제도의 차이를 초월하여 우선 하나의 민족으로서 민족적 대단결을 도모하여야 한다. (하략)

남북 대화 원했던 미국

북한의 조선노동당 규약 내용과 이후락이 북한과 합의한 7·4 남북 공동성명의 밑줄 쳐진 부분밑줄은 저자가 친 것임을 비교해 보면 놀라울 정도로 일치한다. 따라서 7·4 남북 공동성명을 액면 그대로 받아들이면 대한민국 중앙정보부장이 북한의 헌법보다 상위법인 조선노동당 규약을 수용하여 국가 차원에서 이를 공인한 것이 된다. 이 사건 이후 1980~1990년대 운동권 및 주사파 세력들은 이 논리를 확대재생산하여 우리 사회에 친북·종북의 바이러스를 무차별로 살포하는 데 결정적인 공헌을 했다.

김종필 증언록에 의하면 7·4 남북 공동성명에서 문제가 된 자주·평화·민족대단결이란 원칙을 먼저 내놓은 것은 김일성이 아니라 이후락이었다. "한 건 올리려는 목적으로, 김일성이 동의할 만한 좋은 문구를 안출해서 제안한 것"이었다는 것이 김종필의 비판이다.[57]

---

57 김종필 지음·중앙일보 김종필증언록 팀 엮음, 『김종필증언록』(1), (주)미래엔, 2016, 399쪽.

7·4 남북 공동성명이 발표된 후 청와대 공보비서실은 학계와 언론계를 중심으로 한 지식층의 반응을 조사했다. 그 결과 학계 전문가들의 견해는 모두 비판적이었다. 특히 북한의 평화통일 3대 원칙을 그대로 받아들여 수용한 것은 앞으로 한국의 안보에 근간이 되는 주한미군 철수 문제와 불가피하게 연계될 것이기 때문에 크게 경계해야 한다는 의견이 주를 이루었다.[58] 말하자면 이후락은 제 발등에 총을 쏜 격이 된 것이다.

북한이 그동안 줄기차게 주장해 온 논리를 대한민국의 중앙정보부장이 그대로 받아들여 문서화한 성명 내용에 대해 많은 사람들이 의문을 표시했으나 어떤 논리적 설명이나 해명조차 없이 오늘날까지 잊혀져 온 것이 7·4 남북 공동성명이다. 도대체 이후락은 왜 북한 측 주장을 그대로 수용한 내용에 합의한 것일까?

이후락 중앙정보부장의 평양행을 기획한 사람은 이후락 자신이었다. 김성진은 자신의 저서 『박정희를 말하다』에서 이후락이 박정희 대통령에게 평양행을 간청했다고 증언한다. 박 대통령이 만류하자 이후락이 "일이 잘못되면 가지고 간 독약을 먹고 자결하겠다"면서 거듭 간청하여 박 대통령이 허락했다는 것이다.

그런데 박정희에게 남북 대화 아이디어를 처음 제공한 사람은 포터 주한 미국대사였다. 그는 1970년 2월 말 사이밍턴 청문회에 참

58　김성진, 『박정희를 말하다-그의 개혁 정치, 그리고 과잉충성』, 삶과 꿈, 2006, 129~130쪽.

석하여 풀브라이트 상원의원의 질문에 대해 다음과 같이 발언했다.

우리는 남북 대화에 관심이 있었다. 원칙적인 문제로서 말이다. 북한과
의 대화 가능성을 한국 측과 논의해 보는 게 어떤가라는 지시를 워싱턴
으로부터 받았다. 한국 측은 1·21사태 등 박 대통령의 생명을 노리고 남
파 간첩들이 많은 상태에서 별로 환영하지 않았다. 그러나 우리는 조용
히 한국 측과 그런 대화 가능성을 논의했다. 파리에서 월남과 월맹의 협
상, 독일의 경우가 있다. 그러한 시기가 의외로 빨리 다가올지도 모른다.

그로부터 2년 후 남북 양측이 7·4 남북 공동성명을 발표한 것이
다. 닉슨 대통령은 1972년 2월 중공 방문과 그해 5월 초 소련을 방
문한 후 박정희 대통령과 인연이 깊은 마샬 그린 국무성 극동담당
차관보를 서울에 파견해 중공과 소련 방문 결과를 상세히 알려주었
다. 이때 남북 대화 가능성이 소련과 중공에 타진되었다. 이러한 사
전 조정 작업이 있은 후 박정희는 정보 총책인 이후락 부장을 평양
에 파견했다.

전후좌우 관계로 볼 때 1972년 7·4 남북 공동성명은 이후락의
머리에서 나온 발상이 아니라 닉슨 독트린, 미·중 대화, 데탕트와
연계된 미·중·소 등이 얽히고설킨 글로벌 차원의 전략적 변화였음
을 시사하는 것이다.

이후락, 김일성과 만나 망언

이후락은 1972년 5월 2일 오전 10시 평양으로 떠나기 전에 청와대에서 박 대통령에게 작별 인사를 했다. 이때 이후락은 윗옷 주머니에서 자그마한 봉투를 꺼내 박정희에게 보이면서 이렇게 말했다. 그는 흥분하면 말을 더듬는 버릇이 있었다.

"처처처 청산가리입니다. 가서 여차하면 이거 먹고 죽어 버리겠습니다."

박 대통령은 "가서 잘해봐"라며 격려해 주었다. 이후락은 이날 판문점을 통해 평양으로 들어갔다. 이후락은 원래 귀환 예정일인 5월 4일, 그것도 0시 30분쯤에 김일성 면담 연락을 받았다. 이것은 김일성과 회담을 하러 온 사람에게 귀환일까지 면담 기회를 주지 않음으로써 조급하게 만들어 의도된 목적을 이루려는 공산주의자들의 전형적인 수법이다.

이후락은 폭우가 쏟아지는 칠흑 같은 밤에 자다 말고 일어나 어딘지도 모르는 산길을 달려가 김일성을 만났다. 이후락은 이때 놀란 가슴이 나중에 병이 되어 오래도록 고생했다고 한다. 다음은 5월 4일 비 오는 한밤중에 김일성과 나눈 이후락과 김일성의 대화 내용이다.

이후락: 박 대통령과 나는 한반도의 통일을 미국, 중국, 일본, 소련 등 4개 국의 간섭 없이 우리의 힘으로 이뤄야 한다고 믿고 있다.

김일성: 우리의 입장도 외세에 의존하는 통일에는 반대한다. 이 점에 있어서 나도 박 대통령과 의견을 같이한다.

이후락: 박 대통령은 외세의 간섭을 대단히 싫어한다.

김일성: 그렇다면 우리는 벌써 문제의 진전을 보이고 있는 것이다. 외세를 배제하자. 우리끼리는 싸우지 말자. 하나의 국가로 통일하자. 공산주의니 자본주의니 하는 것은 문제 삼지 말자.

이후락: 4천만 내지 5천만 인구를 가진 나라는 강국이다. 100년 전 우리는 약했기 때문에 강대국에 복종했다. 앞으로는 강대국이 우리에게 복종할 것이다. 내가 분명히 말할 수 있는데, 강대국은 우리의 통일에 대해 말로만 좋다고 하지 내심은 원치 않고 있다.

김일성: 강대국과 제국주의는 나라를 여러 개로 쪼개려 한다.[59]

이후락과 김일성의 대화를 주의 깊게 들여다보면 이후락의 발언은 도저히 묵과할 수 없는 망언이었다.

첫째, 그는 김일성 앞에서 대한민국 대통령 박정희를 외세 배격론자로 만들어버렸다. 박정희가 반미(反美)주의자이고 외세 배격론자인가? 그렇

---

59   김성진, 앞의 책, 123~124쪽.

다면 그 증거는 무엇인가? 대한민국 중앙정보부장의 입에서 "박정희는 외세의 간섭을 대단히 싫어한다"는 발언이 튀어나오자 노회한 김일성은 쾌재를 불렀을 것이다.

둘째, 그는 무슨 까닭인지 대한민국의 국시(國是)인 자유민주주의에 입각한 통일을 전혀 주장하지 않았다. "외세를 배격하자. 우리끼리 싸우지 말자"는 것까지는 이해한다 쳐도, "공산주의니 자본주의니 하는 것은 문제 삼지 말고, 하나의 국가로 통일하자"는 김일성의 발언을 이후락이 받아들인 것을 어떤 논리로 이해할 수 있을까.

김일성과의 회담을 마치고 개선장군처럼 서울로 돌아온 이후락은 "내 의견에 김일성이 매우 찬동을 하고 나를 칭찬했다"고 자랑스럽게 보고했다.

차지철, "이후락이 김일성한테 끌려다녀"

당시 국가 지도부 내의 여러 사람도 이후락이 평양에서 김일성과 합의한 내용에 의문을 표시했다. 먼저 차지철_{당시 공화당 국회의원}의 발언이다. 차지철은 이동원 당시 외무장관을 만나 7·4 남북 공동성명 내용에 심한 불만을 표출한 내용이 이동원의 회고록에 다음과 같이 기록되어 있다.

저녁을 먹던 중 그(차지철)는 불만스런 표정으로 툴툴댔다.

"아무래도 이후락이 김일성한테 끌려다니는 것 같습니다. 7·4 남북 공동 성명에 있는 민족대동단결이니 외세 배제란 말 결국 북이 주장하는 연방 제나 미군 철수와 같은 말 아닌가요. 물론 이후락은 주한미군은 유엔군이 라 외세에 포함되지 않는다 하지만, 그거야 어디까지나 우리 생각이지 북 쪽 애들이 그렇게 생각하겠습니까. 걔들은 당연히 주한미군까지 연결시 켜 생각할 텐데…. 미군 철수하면 다시 비극이 올 수 있는데 큰일입니다."

"나(이동원)도 차 의원과 같은 느낌이오."

사실 나 역시 속으론 7·4 남북 공동성명을 비판적으로 보고 있었다. 그 의 말이 이어진다.

"요즘 장안은 온통 곧 통일이라도 될 것처럼 들떠 있는데 그것도 문제입 니다. 북쪽 애들 어떻게 믿습니까. 그깟 공동성명 하나로 통일된다면 벌 써 됐게요. 제 생각엔 이북에 큰 변화가 있거나 아니면 우리가 경제·군 사·사회 등에서 월등히 앞서지 않고는 불가능한 일입니다.[60]

김성진 당시 청와대 대변인의 기록은 더욱 적나라하다. 김성진 은 이후락의 평양행 및 북한에 가서 합의를 해 온 내용에 대단히 비 판적이었다. 이후락이 평양 잠행을 결정한 과정도 무리가 있었지만 김일성과의 면담도 비정상적이었다는 것이다. 귀경이 예정된 5월 4일 자정이 지나 갑자기 연락을 받은 데다, 북한 측은 행선지도 알

---

60   이동원, 『대통령을 그리며』, 고려원, 1993, 128쪽.

리지 않고 그저 같이 가자고 했다. 김성진은 이렇게 말한다.

> 이후락이 평양 잠행에 대한 진짜 목적이 영웅심 외에 다른 무언가가 있었는지는 아직도 의문이다. 다분히 후계자 자리를 노린 행동이 아니었는지 추측해 본다.[61]

당시 감사원장 이석제는 이후락이 평양에 다녀온 후 북한에 대한 선전이 결국 10월 유신을 야기하게 된 한 원인이라고 지적한다. 그의 증언이다.

> 박 대통령은 월남에서 손을 떼고 철수하는 미국을 보면서 우리의 안보 상황에 대해 큰 부담을 안고 있었다. 아니 큰 충격으로 받아들여졌다는 것이 솔직한 표현일 것이다. 게다가 몇 달 전 극비리에 평양에 가서 김일성과 회담을 하고 온 이후락 정보부장의 북한에 대한 선전도 한몫을 했다. 북한에 가 보니 김일성이 너무나 철저하게 신격화되어 있어 우리가 김일성을 이기려면 우리도 체제를 강화해야 한다고 말하고 다녔다. 결국 10월 유신은 김일성과의 대결에서 승리를 얻으려는 박 대통령의 최후 수단이었던 셈이다.[62]

---

61 김성진, 앞의 책, 123쪽.

62 이석제, 『각하, 우리 혁명합시다』, 서적포, 1995, 300~301쪽.

국가보안법 폐지 주장한 이후락

더욱 충격적이었던 사실은 이후락이 7·4 남북 공동성명 이후 국가보안법 폐지를 주장하고 나섰다는 점이다. 7·4 공동성명이 발표된 후 청와대 별관 회의실에서 박정희 대통령이 주재하는 안보장관 회의가 열렸다. 이 회의에서 이후락 중앙정보부장이 난데없이 "북한이 우리와 대화를 하겠다고 하니까 아무래도 국가보안법을 없애야겠습니다"라는 의견을 내놓았다. 이렇게 되자 국무총리 김종필이 "당신, 도대체 무슨 생각을 하는 거요?" 하고 격하게 비판했다. 김종필의 증언록을 통해 당시 장면을 살펴본다.

나는 그(이후락)를 향해 고함치듯 말했다.

"국가보안법은 개인의 생활을 제한하거나 억제하는 법률이 아닌 거요. 규정에 위반되는 일을 하지 않으면 설사 공산주의자라도 처벌받지 않는 법이오. 충실하게 살아가는 선량한 국민들이 일상생활을 영위하는 데 아무런 지장이 없지 않소. 이것을 없애자고 하는 건 어불성설이오."

나는 그에게 "다시는 그런 터무니없는 소리를 마시오. 당신이 북쪽에 또 갈 일은 없을 거요"라고 소리쳤다.[63]

---

63   김종필 지음·중앙일보 김종필증언록 팀 엮음, 앞의 책, 399쪽.

김종필은 이후락이 국가보안법 폐지를 들고 나온 이유는 김일성이 자신을 영웅으로 추켜세우며 칭찬하자 자신도 그쪽에 어떤 선물을 주려고 그런 발상을 내놓은 것으로 추측했다.

그렇다면 박정희 대통령은 이후락이 평양에서 합의해 온 내용에 대해 어떤 반응을 보였을까? 평양에서 돌아온 이후락이 청와대를 방문해 박정희에게 북한 잠행 및 7·4 남북 공동성명 문안에 대해 보고하자 박정희 대통령의 반응은 싸늘했다. 한마디로 협의해 온 내용이 마땅치 않았던 것이다. 김성진은 당시 장면을 이렇게 기록하고 있다.

평화통일을 읊은 것은 좋으나 북한의 인민회의가 공식적으로 채택해 놓은 평화통일 3대원칙을 그대로 받아쓴 것에 지나지 않았기 때문이다. 특히 자유민주주의 원칙에 대해 전혀 언급하지 않은 것이 문제였다.

이후락은 목숨 걸고 잠행하여 얻은 성과인 데다 미국과 중국의 화해 등 세계적인 긴장완화 추세에 부합하는 것이라는 명분 때문에 쉽게 넘어갈 수 있으리라 예상했다. 그러나 박 대통령은 남북 대화의 목적이 전쟁 재발의 방지인 이상 굳이 정치 문제로까지 판을 벌일 필요는 없으며, 먼저 인도주의적 접촉과 대화를 시작하는 것으로 충분하다고 생각했다.[64]

---

64   김성진, 앞의 책, 129쪽.

박정희 대통령이 남북 적십자회담을 비롯하여 남북 대화를 추진한 진의는 무엇이었을까? 이는 박정희의 다음과 같은 발언으로 그 속내를 짐작해 볼 수 있다.

(남북 대화를) 너무 급하게 서두를 것 없어. 최소한 우리를 치려는 상대방의 한쪽 손을 맞대고 있으면 그들이 우리를 치려고 할 때 금세 알아차릴 수 있으니 말이야.[65]

이후락의 평양 잠행에 대한 답방 형식으로 1972년 5월 29일부터 31일까지 사흘간 일정으로 북한의 박성철 제2부수상[66] 일행이 서울을 방문했다. 이때 박정희 대통령은 박성철을 만나 다음과 같이 발언했다.

남북이 평화적으로 통일되어야 한다는 데 찬성한다. 상비군을 줄이고 서로가 건설에 힘을 쏟는다면 훌륭한 나라를 만들 수 있다. 해방 직후 북한에는 스탈린 거리니 붉은 군대니 하는 말을 쓴다는 얘기를 듣고는 북한이 소련의 속국이 된 줄 알았다. (중략) 나도 여건이 성숙되면 김일성 주석

---

65 김성진, 앞의 책, 121쪽.

66 박성철은 소련 하바로프스크에서 김일성과 함께 소련군 88특별정찰여단에 소속되어 있던 빨치산 출신이다. 당시 김일성이 1대대장이었고, 박설청은 1대대 1중대 분대장이었다. 해방 후 북한에 들어가 인민군 제15사단장, 국가 부주석을 역임했다.

과 만나겠지만 지금은 아직 그런 여건이 되지 않는다. 불신의 해소와 같이 먼저 해결해야 할 문제가 산적해 있는데 지금 만나봤자 오히려 만나지 않은 것보다 못할 것이다.[67]

박 대통령의 이날 발언은 자신을 외세 배격론자로 말한 이후락 부장의 말, 그리고 김일성이 말하던 외세 배격의 허구성을 정면에서 받아친 것이 아닐까.

---

67   김성진, 앞의 책, 126쪽.

07

모든 길은 중화학공업화로

국가의 운명을 결정한
최고의 정책

　박정희는 1960년대 후반에서 1970년대 중반 미국과 불편한 관계였다. 미국이 북한의 도발에 대해 효과적으로 대응하지 못하고, 월남에서는 압도적인 전력의 우위에도 불구하고 싸우다 말고 휴전한 뒤 철수했다. 특히 한국에 대한 확실한 방위 의지를 지속하지 못하는 모습을 보면서 미국의 역할에 대해 회의하기 시작한다.

　박정희는 한국의 현실과 상황에 맞는 방식으로 안보를 해결하고, 경제개발도 추진해야 한다는 점을 절실하게 깨달았다. 미국이 주한미군을 철수하겠다니 이 나라는 우리 힘으로 지킬 수밖에 없다. 나라를 지키려면 무기를 만들어야 한다. 무기를 만들기 위해서는 고도의 기계공업과 기타 연관 산업이 뒷받침되어야 한다.

　닉슨 독트린에 의해 주한미군 7사단이 철수하면서 한·미 양국이 합의한 '한국군 현대화 5개년계획'은 15억 달러를 미국이 지원하는 것으로 합의되었다. 이 돈은 현역군의 장비 현대화에도 턱없이 부족한 금액이었다. 때문에 250만 명에 달하는 향토예비군의 무장은 우리 정부 예산으로 해결할 수밖에 없었다.

방위산업 육성계획 수립

박 대통령은 예비군 무장에 필요한 무기와 군 장비를 국산화하기로 하고 1970년 7월, 김학렬 경제부총리에게 방위산업 육성을 지시했다. 김 경제부총리는 방위산업을 위해 주물선·특수강·조선소·중기계 종합공장 등 4개 공장을 새로 건설하는 '4대 핵공장 계획'을 수립했다.

이 계획이 한·일 정기 각료회의에 주요 의제로 상정됐으나 일본 측의 소극적인 반응으로 인해 차관 도입에 실패했다. 이후 미국, 유럽으로 차관 도입선을 바꾸어 교섭을 진행했으나 1년이 지나도록 성과는 지지부진했다.

방위산업 육성 대책 마련에 부심하고 있던 와중에 오원철 당시 상공부 광공전(鑛工電) 차관보는 1971년 11월 9일, 박정희 대통령에게 방위산업 육성과 관련하여 다음과 같은 개요를 보고했다.

① 무기 생산을 전문으로 하는 군(軍) 공창은 이미 건설에 착수한 M16 자동소총 공장 외에는 더 건설하지 않는다.

② 병기 생산을 위주로 하는 민영 군수공장도 병기 수요가 불충분할 때의 전문기계 유휴 등에 따르는 비경제성 때문에 바람직하지 않다.

③ 여하한 병기도 분해하면 부품이다. 각 화기에 소요되는 적격소재를 설계대로 정밀 가공하여 생산한 부품을 결합하면 각 부품을 가공하는 공장이 수 개, 수십 개가 되더라도 최종적으로 결합된 병기의 성능은 설계대로 완벽하게 된다.

④ 우리가 소요로 하는 현대 무기는 선진국 수준의 중화학공업과 기술 및 기능이 절대적 전제다. 우리나라 경제의 중화학공업화는 우리 경제의 고도성장, 수출의 지속적 증대, 국제수지 개선책을 위해 필수적일 뿐 아니라 안보상 시급한 방위산업 육성의 근간이다.

⑤ 우리나라 방위산업 육성을 중화학공업화의 일환으로 추진하되 부품별 또는 뭉치별로 유관 공장에 분담시켜 무기 수요의 변동에 따른 비경제성을 극소화한다.

⑥ 무기 제조시설은 물론 기술자, 기능공의 양성·확보도 긴요하다.

오원철의 보고를 받은 박 대통령은 심사숙고 끝에 중화학공업과 방위산업을 동시에 건설하여 유사시에는 병기를 생산하고, 평화시에는 민수부문으로 전용하여 수출산업화 함으로써 병기 생산능력을 극대화하는 일석이조의 신전략에 찬성하고 관계부처와 협조해서 일을 진행하도록 지시했다.

박 대통령은 다음날인 11월 10일, 오원철을 청와대 경제 제2수석비서관으로 임명하여 국산 무기 개발에 돌입했다. 1972년 1년간 군 당국과 민간기업의 노력을 통해 개발된 기초화기의 시제품 생산에 착수했다. 그런데 시제품 개발에는 성공했으나 소재의 부적합, 가공시설의 정밀도와 가공기술 미흡 등으로 성능이 기준에 크게 미치지 못했다.

1년여 시행착오 끝에 국군 무기 현대화와 자주국방을 위해서는 선진국 수준의 중화학공업 건설이 필수적이란 사실을 절실히 깨닫게 된다. 그 결과 1973년 1월 13일 박정희 대통령은 연두 기자회견에서 '중화학공업화 선언'을 하게 된다.

수출 100억 달러, 1인당 소득 1,000달러 선언

1973년 1월 13일, 박 대통령은 6대 분야에 8년 간 88억 달러를 투입하여 1980년대 초까지 전체 공업에서 중화학공업의 비중을 51퍼센트로 높이고, "1인당 소득 1,000달러와 수출 100억 달러"를 달성하겠다고 선언했다. 아울러 '전 국민의 과학화 운동'을 제창했다. 이날 박정희는 확신에 찬 목소리로 1980년대 초에 우리가 보유하게 될 중공업 부문의 생산시설 능력을 다음과 같이 국민들에게 선언했다.

제철능력은 현재의 100만 톤에서 80년대 초에 가서는 약 1000만 톤까지 끌어올리고, 조선능력은 현재 약 25만 톤 되는데 이것을 약 500만 톤까지 끌어올리며, 정유시설은 일산 39만 배럴에서 약 94만 배럴까지 끌어올릴 계획입니다.

석유화학 원료가 되는 에틸렌 생산은 지금 10만 톤인데, 80년대 초에 가서는 80만 톤 수준까지 끌어올리며, 전력은 지금의 380만 킬로와트에서 1000만 킬로와트까지 끌어올리고, 시멘트는 지금의 800만 톤에서 1600만 톤까지 연산 수준을 올려야 되겠으며, 자동차는 현재 연산 약 3만 대가 되는데, 그때에 가서는 약 50만 대 정도의 생산능력으로 올라갈 것입니다.

이러한 계획을 위해 박정희는 새로운 산업단지 건설계획을 다음과 같이 제시했다.

포항제철과 같은 제2의 종합제철공장 건설을 앞으로 추진해야 하겠고(광양종합제철소 건설로 현실화되었다-저자 주), 또 대단위 기계종합 공업단지도 만들어야 되겠습니다(창원 기계공업단지 건설로 현실화되었다).

또 100만 톤급의 대규모 조선소를 앞으로 하나 내지 두 개를 더 만들어야겠고(대우 옥포조선소, 삼성조선소 건설로 현실화되었다), 대단위 전자부품 생산단지도 지금 추진하고 있고(구미 전자공업단지), 마산에 있는 수출자유지역과 같은 단지를 앞으로 제2, 제3을 더 만들어야 되겠습니다.

이틀 후인 1월 15일, 경제기획원 연두순시에서 박 대통령은 전 국민의 과학화 운동과 관련, "이제 대한민국 국민은 모두 기술을 습득해야 하며, 입만 살아 떠드는 사람은 대한민국에 필요 없다"고 발언했다. 수백 년 이어오던 사농공상士農工商의 패러다임을 깨부수고 공상농사工商農士 시대의 개막을 선언한 것이다.

1973년 1월 31일 중화학공업 건설에 대한 최종 보고를 들은 박 대통령은 이를 재가했고, 2월 12일에는 중화학공업기획단에 '전 산업의 수출화'라는 휘호를 써서 주었다. 즉, 중화학공업 건설의 목적은 '수출'에 있다는 지상명령이었다. 김광모 당시 중화학공업기획단 부단장은 "박 대통령의 연두 기자회견으로 착수한 중화학공업화 정책은 국가의 운명을 결정지은 최고의 정책"이었다고 평한다.[68]

두 달 후인 3월 23일 전 국민의 과학화를 위한 전국교육자대회에서 박정희는 농촌의 획기적인 발전, 중화학공업 육성, 수출의 대폭 신장이라는 3대 목표를 제시하고, 과학과 기술의 뒷받침 없이는 이 3대 목표를 완수할 수 없다면서 다음과 같이 역설했다.

우리는 앞으로 울산공업센터보다 규모가 훨씬 더 큰 공업지구를 여섯 개

---

68   김광모, 『한국 중화학공업 오디세이』, RHK, 2017, 24쪽.

더 건설할 예정인 바, 이 공업지구에서만 필요로 하는 유자격 기술자의 수는 무려 84만 명에 이르게 됩니다. 이 84만 명의 기술자들이 바로 우리나라 GNP의 50퍼센트 이상을 만들어 내고, 수출 100억 달러의 50퍼센트 이상을 맡게 될 중화학공업의 역군들입니다.

수출 목표 50억 달러에서 100억 달러로

당초 정부 계획에 의하면 1980년대 초 우리나라 수출 목표는 50억 달러였다. 그런데 50억 달러 수출로는 남북 대치, 즉 경제대결에서 완전 승리를 이룰 수 없다는 생각에서 박정희는 갑자기 목표액을 두 배 늘려 "수출 목표를 100억 달러로 늘리라"고 지시했다. 이의 달성은 결코 헛된 꿈이 아니라 현실이라는 점을 다음과 같이 강조했다.

지난 10년 동안 우리 수출은 매년 40퍼센트 이상 신장을 해 왔습니다. 이것은 세계에서 유례를 볼 수 없는 고도의 신장인 것입니다. 더욱이 금년에는 작년에 비해 약 78퍼센트의 성장을 보이고 있습니다. 금년 초 우리가 수출 목표를 23억 5000만 달러로 책정했는데, 지금 현재 전망으로서는 연말까지 약 33억 달러를 무난히 넘을 것으로 보는 것입니다. 이것은 작년 18억 달러에 비해 약 17퍼센트가 성장한 것으로써 세계에서도 전례가 없는 가장 높은 신장률이라고 할 수 있습니다. 이미 다 아는 바와 같이 제3차 5개년계획이 끝나는 1976년의 우리 수출 목표는 35억 달러로 되어 있습니다. 그렇다면 수출 분야에 있어서는 제3차 5개년계획을 약 3년 앞당겨 이룩할 수 있다는 결과가 되리라고 봅니다. 1981년에 우리는 100억 달러 수출을 목표로 세우고 있습니다. 이것은 매우 벅찬 일이 아닐 수 없습니다. 그러나 이것도 우리의 노력 여하에 따라서는 충분히 가능한 목표라고 나는 보는 것입니다.

박정희는 '100억 달러 수출'이 달성되면 우리의 국력이 북한을 완전 압도하게 되고, 국민들의 생활수준이 북한 주민보다 월등히 윤택해질 것으로 보았다. 또 방위산업을 비롯한 모든 중화학공업이 북한을 능가해서 북한이 6·25전쟁과 같은 남침 도발을 못하게 된다는 철학을 가지고 있었다.[69] 박정희는 남북한 간의 체제 경쟁에서 완승하기 위해 '100억 달러 수출'이 반드시 필요했던 것이다.

박정희가 중화학공업 건설의 청사진을 준비하고 있을 무렵, 야당 정치권에서는 박정희의 가치관이나 철학과는 정반대되는 내수 위주의 농업경제를 주장하는 흐름이 제기하면서 양 진영은 '서로 마주 보고 돌진하는 기관차' 같은 상황을 맞게 된다.

1965년 1월 박정희 대통령이 연두 연설에서 증산·수출·건설을

---

69 오원철, 『박정희는 어떻게 경제강국을 만들었나』, 동서문화사, 2006, 139쪽.

통한 개발정책을 선언하고, 수출 증대를 핵심 고리로 하는 한국적 국가혁신체제가 작동하기 시작했다. 이렇게 되자 야당이었던 민중당의 박순천 대표는 '100만 안정 농가의 창설'을 주장하고 나섰다. 민중당의 대통령 후보였던 유진오_{제헌헌법 기초자}는 1967년 1월 12일 '나의 대중경제론'이란 글을 조선일보에 게재했는데, 이 글에서 유진오는 자신의 대중경제론을 다음과 같이 설명했다.

> 외자의존 경제와 재벌과 정상배만 위하는 경제로부터 탈피하여 농민, 노동자, 봉급생활자, 중소기업가 등을 망라하는 대중이 본위가 되는 경제를 확립해야 하는데, 그러기 위해서는 중남미에서 대두된 대중경제정책(Populist Economic Policy)을 시행해야 한다.

1967년 대선에서 공화당의 박정희 후보와 신민당의 윤보선 후보가 1963년 선거에 이어 재격돌했다. 공화당의 슬로건은 "여러분의 명랑한 생활과 보다 편리한 살림을 위해 민주공화당은 황소처럼 힘차게 일하겠습니다"였고, 신민당은 "빈익빈_{貧益貧}이 근대화냐 썩은 정치 바로잡자"를 내세웠다.

이때 신민당이 들고 나온 슬로건 중의 하나가 '대중경제체제'였다. 주된 내용은 ① 재벌에 대한 특혜 투자의 지양과 대중 투자의 실현, ② 외자도입 지양과 합작투자로의 전환, ③ 공업제일주의 지양과 농공합작 실현, ④ 대일 예속체제에서 자주체제로의 전환 등을 통한 중산층 육성이었다. 박정희가 추구해 온 정책과는 180도 다른 발전방식을 들고 나온 이 선거에서 박정희 후보는 윤보선 후보를 116만 표 차로 이겨 재선에 성공했다.

야당의 발전방식은 박현채 교수 등의 지원으로 '대중경제론'으로 체제를 잡았고, 문제의 '대중경제론'이 정치판에 본격 등장한 것은 1971년 김대중을 통해서였다. 신민당 대통령 후보로 선출된 김대중은 1950년대를 "암흑의 전제 시대", 1960년대를 "개발을 빙자한 독재 시대"로 규정하고 1970년대를 "희망에 찬 대중의 시대"라고 선언했다.

그는 대중경제 실현과 농업혁명 추진, 부유세 신설, 예비군 완전폐지, 남북한 기자교환·서신교류·체육인 왕래, 미·일·중·소美日中蘇 4대국의 전쟁 억지 보장 등 박정희 패러다임과 정반대 정책을 들고 나와 박정희 후보를 매섭게 공격했다.

『김대중의 대중경제 100문 100답』

김대중 후보의 경제정책을 집대성한 것이 1971년 3월에 출간된 『김대중의 대중경제 100문 100답』이란 자료집이다. 박현채를 비롯한 급진좌파 지식인에 의해 집필된 것으로 알려진 '100문 100답'

의 요지를 보면 김대중의 현실인식, 경제정책의 지향점을 파악할 수 있다[70]

① **현실인식**: 민주주의 결여, 군사폭력의 전체주의, 식민지 자본주의에 기인하는 산업구조의 파행성, 원조와 차관으로 인한 대외의존 경제구조의 심화, 관료 주도의 매판적 독점자본주의의 강화, 중소기업의 성장 가능성 결여, 지역·산업·계층 간 격차, 도시로의 집중, 체념과 불만의 대중사회 비대화.

② **대외인식**: 개방체제 하에서 대외종속은 불가피. 한국 기업의 영세성, 국제경쟁을 도저히 이길 수 없다. 자본도 국내시장도 없다. 그럼에도 경쟁국의 자본, 기술, 원자재를 들여와 조립, 수출하니 외채 누적, 국제수지 악화 초래, 국제자본의 욕망을 충족시킬 뿐.

③ **대안은 한국형 혼합경제체제**: 국민경제의 계획화, 민간자본의 활동이 불가능한 영역에서는 국가자본주의 확립. 그 밖의 영역에서 민간자본의 자유로운 활동 보장. 개방정책을 지양하고 상대적인 자급자족체제를 추구, 이 체제 하에서 외자는 필요악. 외자의 도입은 대중경제가 추구하는 민족경제의 자립, 내포적 공업화에 의한 자율적 재생산 구조의 실현을 위한 방향과 합치되어야 한다.

---

70 『김대중의 대중경제 100문 100답』의 요지는 이영훈 서울대 교수가 2016년 10월 5일 박정희연구회에서 발표한 「한국적 국가혁신체제, 대중경제론, 10월 유신」에서 인용.

④ **공업정책:** 지금까지의 정유공업, 화학섬유공업, 자동차조립공업, 전자공업 등 외자에 기초한 대기업 중심의 공업 육성은 국민경제의 수준에 비추어 사치적 낭비적 공업(시멘트, 화학비료공업은 제외). 자립적 국민경제에 필요한 생산재 생산공업(기계, 금속공업 등)의 결여. 대중경제론은 자국의 원료와 농업에 기반을 둔 국지적 시장권, 그에 입지하는 중소기업과 상호간의 유기적 연관으로 상대적인 자급자족체제를 추구.

⑤ **농업정책:** 적정 농산물가격 보장, 이중곡가제, 가격예시제, 비료판매제도의 개선, 경영주체가 농민이 되는 주식회사나 조합 형태의 농촌공업 육성, 공업제일주의에서 농공합작주의로 전환, 국지적 시장권의 육성.

⑥ **노동정책:** 노동조합의 자유로운 활동, 자본과 노동 간의 세력균형 관계, 자본에 대한 제약(기업가 연합의 억제, 독점금지 등)과 근로자의 경영 참여. 이를 위해 종업원 지주제도를 도입한다. 기업의 이익 분배과정에서 종업원의 이익분을 주식배당 형식으로 분배, 기업 주식의 대중화를 꾀한다. 또한 노동조합의 직접적인 경영 참여를 추구한다. 이를 위해 가칭 노자(勞資)공동위원회를 두며, 모든 기업은 동 위원회에 영업보고서를 제출토록 의무 지우는 동시에 이 위원회의 권고가 기업에 상당한 규제력을 갖도록 한다.

⑦ **대중경제의 추구:** 체념과 불만의 대중을 새로운 중간층으로 육성, 파시즘과 사회주의로의 위험을 경계한다. 이를 위해 대중소외의 근거가 되는 비자립적 국민경제의 파행성을 타파하고 자립적 국민경제=민족경제 수립을 추구한다.

박정희와 김대중의 충돌

  김대중 후보의 경제정책으로 제시된 '대중경제론'은 박정희 후보의 수출주도형 개발정책과는 비전이나 철학, 지향점이 정반대였다. 김대중 후보는 해외 수출시장이 아니라 국내시장을 무대로, 대기업이 아니라 농업과 중소기업을 우선적으로 발전시켜 농민과 서민, 자영업자에게 혜택이 돌아가야 한다고 주장했다.

  또 외자는 필요악이며, 개방정책을 지양하고 상대적인 자급자족 체제를 주장했다. 정유·화학섬유·자동차조립·전자공업 등 외자에 기초한 대기업 중심의 공업 육성은 사치적 낭비적 공업이므로 더 이상 투자해서는 안 된다는 논지를 펼쳤다. 특히 노동조합의 직접적인 경영 참여를 위한 노자勞資공동위원회 구상은 노동자들을 설레게 했다.

  당시 김대중 후보가 주장한 내수 위주, 농업 우선, 중소기업 위주, 폐쇄적 자급자족 시스템, 대기업 중심의 공업 육성 반대, 노조의 경영 참여는 북한이나 유고슬라비아가 채택했던 발전방식이다.

  당시 대부분의 신생 독립국은 수입대체산업을 육성하고 착취적인 외국 자본의 유입을 막아 대외 의존도를 낮춰 독자적 경제를 구축한다는 후진국 발전 이념을 따르고 있었다. 후진국 경제발전론의 공통된 기조는 후진국이 전통적인 농업국이기 때문에 농업부터 먼저 발전시킨 다음 여기서 얻어지는 저축으로 공업화를 이룩하는 것이 합리적인 경제발전 과정이라는 것이었다.

박정희는 제1차 경제개발 5개년계획을 대폭 수정하는 과정에서 수입대체산업 건설 노선을 포기하고 수출주도형 공업화 전략으로 방향을 전환했는데 이것은 후진국 발전이론, 그리고 외국 전문가들의 조언과는 정반대되는 행보였다.

게다가 박정희는 '제2의 이완용'이란 비난을 받아가며 한일 수교를 통해 대외개방형·수출주도형·외자도입형 산업건설을 추진해왔고, 앞으로도 그 정책을 지속하려는 의욕에 불타고 있었다. 이러한 박정희의 '발전국가체제' 입장에서 볼 때 많은 나라에서 실패한 내포적 공업화론, 포퓰리즘, 신민주주의 혼합 형태[71]인 김대중의 대중경제론은 도저히 수용할 수 없는 주장이었다.

김대중 후보의 대중경제론 주장에 대해 백두진 당시 국무총리는 "국제경제와 경쟁하는 마당에 대중이 기업가가 된다는 전제라면, 국제단위 기업을 세분화하겠다는 것인지 불명확하다. 만약 세분한다면 그 결과 생산원가가 어떻게 되겠는가" 라고 비판했고, 김종필 당시 공화당 부총재는 "신민당의 대중경제이론은 수출도 필요 없고 대기업 육성도 필요 없다는 뜻으로 밖에 해석되지 않는다"고 질타했다.

---

71   김일영, 「조국근대화론 대 대중경제론 :1971년 대선에서 박정희와 김대중의 대결」, 정성화 편, 『박정희 시대와 한국현대사』, 선인, 212~217쪽.

1971년 4월 27일 대통령 선거에서 박정희는 김대중 후보를 100여만 표 차이로 승리했다. 7월 박정희는 대통령 취임사에서 "나는 앞으로 중화학공업 시대의 막을 올리고 한강변의 기적을 4대강에 재현시킬 것이며, 수출입국의 물결을 5대양에 일으키고, 농어촌을 근대화하여 우리나라를 곧 중진국 상위권에 올려놓고야 말 것입니다"라고 선언했다. 김대중의 대중경제론을 발길로 걷어찬 것이다.

후진국에서 중화학공업 건설은 한국이 최초

중화학공업 건설의 성공 여부로 남북의 체제경쟁이 결판나는 것이므로 박정희는 '제2의 6·25전쟁'을 치른다는 각오가 필요했다. 이를 위해 '100억 달러 수출' 목표가 설정됐고, 목표 달성을 위해 '산업구조 고도화', 즉 중화학공업화 전략을 추진하게 된다. 중화학공업 육성을 위해서는 무엇보다 선진국 수준의 철강공업, 비철금속공업, 기계공업, 전자공업 등을 일으켜 세워야 했다.

중화학공업을 건설하자면 국가 원수가 직접 나서서 상황파악과 분석을 해야 하고, 문제점이 발생할 때마다 즉각 수정·보완·지원하는 등 적극적으로 이끌고, 중단 없이 일사불란하게 추진되어야 한다. 이렇게 하고도 10년 이상의 세월과 100억 달러에 달하는 엄청난 설비와 고가의 장비가 투입되는 자본집약형 장치산업이 중화학공업이다.

박정희 대통령은 3선 개헌으로 임기를 4년 더 연장했음에도 불구하고 1975년 7월이면 퇴임해야 하는 상황이었다. 당시 박정희가 6대 대선에서는 승리했지만 유권자들의 마음은 김대중의 '대중경제론' 쪽으로 움직이고 있음을 상징하는 징후들이 포착됐다.

1971년 5월 치러진 총선에서 민주공화당은 의원 정수의 55.4퍼센트에 해당하는 113명_{지역구 86명, 전국구 27명}으로 과반을 넘겼지만 야당인 신민당이 89명_{지역구 65명,전국구 24명}을 당선시켜 강력한 저항 진영을 구축하는 데 성공했다. 특히 대도시를 중심으로 야당에 대한 지지가 간단치 않은 상황이었다.

이 와중에 중화학공업이란 국가 대사를 추진하게 된 박정희는 자신이 시작한 역사적 책무를 마무리하기 위해서는 비상한 정치적 수단이 필요하다고 판단했다. 1972년 10월 17일 발표된 10월 유신은 이런 구조를 통해 탄생한 것이다.

10월 유신으로 임기에 구애받지 않게 된 박정희는 청와대에 '중화학공업화 추진기획단'을 설치하고 중화학공업과 방위산업을 자신이 직접 진두지휘했다. 박정희가 중화학공업 선언을 하게 된 이유는 방위산업, 즉 국산 무기 개발 및 생산 시스템을 갖추기 위해서였다. 당시 세계의 군사 전문가들은 북한과 남한의 군사력 격차는 3대 1이라고 평했다. 북한은 총기류는 물론 각종 야포와 탱크, 군함과 잠수함에 이르기까지 북한 내에서 대량생산하고 있을 때 우리는 소총 한 자루 제대로 못 만드는 수준이었다.

주한미군의 철수로 안보 환경이 급변하면서 이제 우리 힘으로 국가를 지키기 위해서는 그동안 미국 원조에 의존했던 소총과 대포 등 무기 국산화가 절실했다. 이를 위한 중화학공업 육성은 국가안보를 위해 촌각을 다투는 중요한 화두로 등장한 셈이다.

강력한 중앙권력의 존재가 성공 이끌어

『아시아의 드라마』의 저자인 칼 군나르 미르달은 가난한 나라의 정부의 연약성 그 자체가 빈곤의 한 원인을 이루고 있다고 지적한다. 즉 가난한 나라의 '가난'과 '허약한 정부 리더십' 사이에는 밀접한 상관관계가 있다는 뜻이다. 결국 경제발전을 위해서는 강력한 리더십과 추진력을 갖춘 정부, 이를 실행에 옮길 능력 있는 기업이 요구되었다.

앨리스 암스덴 미 MIT대학 석좌교수는 한국의 경제발전 과정을 '국가와 재벌이 주도한 후발 공업화'라는 개념으로 정립하여 한국 경제의 성공모델을 세계에 널리 알린 석학이다. 암스덴 교수는 "한국이 채택했던 강력한 경제정책이 과연 민주적 정부 하에서도 가능했을지는 불분명하다. 분명한 것은 후진국의 경우 강력한 중앙권력은 경제발전의 필요조건이며, 이것 없이는 공업화를 거의 기대할

수 없다"고 지적했다.[72]

개발도상국 경제를 연구하여 불균형 성장론을 주창한 하버드대학의 앨버트 허쉬만 교수는 개발도상국들의 경제개발 계획은 헛된 꿈과 허세, 우둔함으로 가득 차 있으며, 미국의 TVA테네시 강 유역 개발공사를 꿈꾸며 강 계곡에 무모한 투자를 흉내 내고 있다, 빈약한 국내시장의 수용능력을 초과하는 방대한 철강공장과 자동차공장을 세웠으나 그것들은 실패로 끝났거나, 기대에 어긋난 결과를 초래했다고 비판했다.

당시 우리나라는 경제발전 단계로 볼 때 중화학공업을 추진할 만한 여건이나 투자 여력을 갖추지 못한 상황이었다. 당초 정부 계획에 의하면 1981년의 수출 목표치는 53억 달러로 잡혀 있었다. 박정희는 이 목표치에 불만을 표시하고 오원철 경제2수석에게 '수출 100억 달러를 돌파하기 위한 비법'을 주문했다.

일본은 '신新일본열도 개조론' 정책으로 중화학공업화를 실시하여 1957년부터 1966년까지 10년에 걸쳐 100억 달러 수출 목표를 달성한 바 있다. 일본은 이미 1930년대에 항공모함과 전투기, 초대형 전함을 만들어 미국, 영국과 전쟁을 치렀던 중화학공업 선진국이었기에 이런 일이 가능했을 것이다.

---

72   앨리스 암스덴 지음, 이근달 옮김, 『아시아의 다음 거인: 한국의 후발공업화』, 시사영어사, 1990, 20쪽.

반면 한국은 중화학공업 분야에 대한 경험이나 기반이 전혀 없었다. 당시엔 정밀가공 능력을 보유한 기능사를 거의 찾아보기 힘들 정도로 우리나라는 기계공업의 불모지, 기술의 사막지대였다. 어쨌든 1981년에 수출 100억 달러를 달성하기 위해서는 경공업 위주의 공업구조로는 도저히 불가능하므로 중화학공업으로 개편해야 한다는 것이 오원철의 전략이었고, 박정희는 그것을 받아들였다.

전문가들의 반대

공업구조 개편론은 1971년 말에 정책이 구상되기 시작하여 1972년에 마스터플랜이 작성되었다. 1972년 말 성안되어 대통령에게 건의됐고, 1973년 1월 중화학공업화 정책으로 표출되었다. 그것은 국가원수의 비전에 의해 발표된 국가 최고 정책이었다.[73]

그러나 중화학공업 육성은 자본집약적이고 기술집약 산업이란 특성으로 인해 제2차 세계대전 이후 독립한 후진국에서 거대하고 종합적인 중화학공업을 추진한 나라는 한국이 처음이었고, 성공한 사례도 없는 전무후무한 시도였다. 계획 자체가 워낙 대담했고, 요구되는 기술과 노하우, 투자자본도 충분치 않은 상황이었다.

때문에 해외의 전문가들은 "현실을 무시한, 장밋빛 환상에 젖은

---

73   김광모, 앞의 책, 141쪽.

탁상계획"이라고 비판했다. 대중경제론에 심취해 있던 국내 정치인·학자·언론들도 '무모한 발상'이니 '나라 망쳐먹을 짓'이라는 비난과 비판이 쏟아졌다. 특히 경제학자들은 1970년대 추진된 박정희의 중화학공업 육성정책은 비교우위에 따른 시장의 산업특화 기능에 역행하는 반反시장 정책이며, 특정산업을 육성하는 산업정책은 정부가 해서는 안 되는 정책이었다고 비판했다. 심지어 세계무역기구WTO는 정부 주도의 육성정책은 "불공정 교역을 조장하는 관행"이라며 금지하고 나섰다.

그러나 박정희는 "누가 뭐래도 중화학공업 건설을 통해 이 나라를 중진국의 선두 대열에 올려놓는다"는 목표를 가지고 있었다. 1971년 자신의 지시로 시작된 방위산업은 중화학공업이 존재하지 않는 한 불가능하다는 사실이 판명되었다. 게다가 한국의 생명선인 경공업 제품 수출도 중국산 제품의 등장으로 인해 경쟁력을 상실해 가는 상황이었다.

한국이 한 단계 더 도약하려면 공업구조 개편은 피할 수 없는 과제였다. 중화학공업을 건설하자면 특정 공업 분야에 한정할 수 없고, 산업구조 전체를 개편해야 가능했다. 때문에 명칭을 '공업구조 개편론'이라고 붙였다.

박정희는 중화학공업에 필요한 기본 인프라와 핵심공장이 건설되면 산업 발전에 탄력이 붙어 조만간 세계 10위권 강소국強小國으로

의 진입이 가능하다고 예측했다. 그 결과 다음과 같은 공업구조 개편 목표를 설정했다[74]

① 수출 100억 달러, 1인당 GNP 1,000달러 획득을 목표로 한 국가산업 기본 모델을 만든다. 즉, 중화학공업화율이 50퍼센트 이상(호프만 계수 1 이하로 유지)이 되도록 한다.

② 국가경제 발전의 최고 과제로 추진한다(국가가 추진해야 할 백년대계의 과제).

③ 1980년대의 목표이므로 10년의 장기계획으로 추진하고, 연차별 계획을 세워 목표를 달성한다.

④ 계획은 정부가 세우고 민간이 이를 추진한다.

⑤ 정부는 중화학 업종별로 입지를 정해 공표하고 중화학 업종은 이 입지에 건설해야 한다.

⑥ 사회간접시설은 정부가 사전에 마련한다(대지, 용수, 철도, 도로, 항만 등 시설). 정부의 수행의지를 보여준다.

⑦ 국민투자기금 등을 마련하여 민간을 지원한다.

통합적 개발방식 동원

공업구조 개편의 핵심은 국가산업구조 모델을 사전에 마련하고

---

74   김광모, 앞의 책, 144쪽.

시행방안을 정부계획으로 확정한 후 정부 주도하에 기업과 국민 3 자가 합심, 차질 없이 추진하여 산업구조를 완성하며, 모든 수출상 품을 수출 산업화한다는 것이다. 다시 말하면 전형적인 정부 주도 형 산업국가 건설 전략이었다.[75]

박정희 대통령의 업무추진 방식은 늘 종합적이고 통합적인 방법 론 등 범국가적 역량을 총동원하여 목표를 성취하는 것이었다. 이 를 일컬어 학자들은 패키지 프로그램Package Program 혹은 통합적 개발 Integrated Development 방식이라고 명명했는데, 중화학공업 육성에도 이 방 식이 동원됐다.

이러한 패키지 프로그램이 동원되어야 하는 이유는 선진국의 경 우 이미 존재하는 시스템에 대한 운영, 즉 '경제에 대한 운영Operation of Economic'을 하면 되는 반면, 후진국의 경우는 공업이 전무한 상태에 서 '공업구조의 건설Construction of Economy'을 해야 했기 때문이다.

박 대통령은 먼저 청와대에 제2경제수석 비서관실을 신설하고 중화학공업 개발계획, 방위산업 육성계획을 담당하도록 했다. 제2 경제수석 비서관실을 신설한 것은 중화학공업과 방위산업을 대통 령이 진두지휘하겠다는 강력한 의지를 보여주는 것이었다.

정부에는 중화학공업추진위원회를 설치하여 위원장은 국무총리 가 맡고, 관계부처 장관과 전문가들로 위원회를 구성했다. 중화학

---

75   오원철, 『박정희는 어떻게 경제강국 만들었나』, 동서문화사, 2006, 45쪽.

공업추진위원회는 국무총리가 위원장이었지만 실제로는 박정희 대통령이 계속 회의를 주재했다. 때문에 김종필 총리는 처음 몇 번은 회의에 참석했으나 박 대통령이 계속해서 회의를 주재하자 아예 회의에 참석하지 않았다.

그리고 중화학공업추진위원회 산하에 실무추진기구로 중화학공업기획단을 설치하여 제2경제수석비서관이 기획단장을 맡아 운영하도록 했다.

박정희는 중화학공업 추진 과정에서 정부의 모든 경제부처의 참여를 제도화했다. 즉, 기본계획 수립은 경제기획원, 부문별 투자사업 계획은 상공부, 공장용지 건설계획은 건설부, 인력개발계획은 과학기술처와 문교부_{교육부}·보건사회부, 기술 및 연구개발계획은 경제기획원과 과학기술처, 재정조달계획은 경제기획원과 재무부가 담당하도록 했다.

경제2수석비서관실은 박 대통령의 태스크포스Task Force로서 1971년 11월 자주국방정책의 일환인 방위산업 육성을 첫 임무로 맡았다. 그후 박 대통령의 중점 사업인 중화학공업 육성, 원자핵개발 연구, 기술인력 양성, 연구개발 계획, 임시 행정수도 건설계획 등을 담당했다.

한 나라의 발전과정으로 볼 때 경공업을 먼저 건설한 다음 그 후중화학공업을 발전시킨다는 것은 상식에 속한다. 그러나 이 손쉬운 상식을 실천에 옮긴 나라는 지구상에서 몇 나라 안 된다. 천문학적

인 자금 조달과 첨단기술, 고급 기술 인력 확보, 중화학공업을 소화
할 자동차·전자·조선·화학산업 등 연관 산업의 존재라는 복잡한
난제를 확보해야 가능하기 때문이다.

박정희는 투자재원 마련을 위해 국내 저축 동원을 극대화하고,
국세청을 설치하여 세금 징수 효율을 높였으며, 월남전 참전과 서
독에 광부·간호사를 파견하는 등 인력 수출, 중동 진출로 벌어들인
외화를 적극 활용했다. 필요한 기술 인력은 특성화고교의 직업훈련
과 KIST 등 정부출연 연구소를 통해 확보했다.[76]

핵심 개발전략

박정희 대통령이 시동을 건 한국의 중화학공업은 제1기 1968~1976년,
제2기 1977~1979년 등 두 시기로 나누어 추진되었다. 제1기는 시멘트·
제철·제강·석유화학 등 기본적인 중간 투입재 생산분야에 중점을
두어 진행됐다. 이 시기에 추진된 산업분야는 국내 수요, 즉 수입대
체를 위한 것이었고, 낮은 기술수준에 의존하고 있었다.

제2기에 들어서면서 철강·기계·화학·조선·자동차·전자 분야에
대한 투자가 정부 주도 아래 진행되었다. 투자는 선택과 집중의 원
칙에 따라 분야별로 하나 또는 두 개의 민간 기업을 엄선하여 공장

---

76   최중경, 『청개구리 성공신화』, 매일경제신문사, 2012, 103쪽.

건설에 필요한 자금을 전폭적으로 지원했다.

　1973년부터 1981년까지 중화학공업 건설에 투입될 자금은 외자 58억 달러, 내자 38억 달러 등 총 96억 달러로 추산되었다. 중화학공업 건설에 참여하는 기업은 총투자금액의 30퍼센트를 자기자금으로 충당해야 했다. 중화학공업 추진에 있어 박 대통령은 몇 가지 확고한 원칙을 세우고, 다음과 같은 전력에 의거하여 진행됐다.[77]

　첫째, 경제성과 경쟁력이 중요하다. 좁은 내수시장보다는 세계시장에서 경쟁할 수 있도록 국제단위 규모를 감안한 대형화를 원칙으로 한다.
　둘째, 중화학공업을 전략적 수출산업으로 육성하여 시장애로를 타개한다.
　셋째, 전 국민의 과학화 운동을 전개하여 기술 기능 인력의 확보와 개발을 위해 두뇌개발과 기능숙련체제를 혁신한다.
　넷째, 선박·기계·석유화학·전자·해양 등 5대 전략산업 기술연구소를 설립하여 중화학공업 개발을 기술적으로 뒷받침한다.
　다섯째, 중화학공업은 전후방 연관관계가 크고 용수·전력·교통망 등 대규모 사회간접자본이 요구되므로 그 특성에 따라 적절한 입지에 집단 유치 개발한다.

　1973년 6월 박정희는 전후방 연관 효과가 크고 산업 전반에 대

　77　　김정렴, 『아 박정희』, 중앙M&B, 1997, 326쪽.

한 성장 기여도가 높으며 국제적 수준에 이를 수 있는 능력을 가지고 있는 철강·비철금속·기계·조선·전자·석유화학을 중화학공업 6대 전략 업종으로 선정했다. 6대 분야에 8년간 88억 달러를 투입하여 1981년까지 전체 공업에서 중화학공업의 비중을 51퍼센트로 높이고, 1인당 소득 1,000달러와 수출 100억 달러를 달성한다는 계획을 세웠다. 6대 산업의 발전 청사진은 다음과 같았다.

제철산업: 1973년 7월 완공된 103만 톤 규모의 포항종합제철을 2·3·4기 확장을 통해 연산 850만 톤 규모로 늘리는 사업을 추진한다. 특수강의 경우 고급 특수강 등 25만 톤 규모의 생산능력을 갖춘 시설을 1977년 말까지 완공한다.

비철금속: 온산공업단지에 연산 5만 톤의 아연제련소와 연산 8만 톤의 동(銅)제련소를 1978년과 1979년에 각각 완공한다.

석유화학: 기존의 울산 석유화학단지의 시설능력을 에틸렌 기준 연산 10만 톤을 15만 톤으로 확장하고 여천에 제2석유화학단지 시설능력을 에틸렌 기준 연산 35만 톤으로 신설한다.

조선: 연산 200만 톤 규모의 현대울산조선소, 연산 120만 톤 규모의 대우옥포조선소, 연산 30만 톤 규모의 삼성죽도조선소 건설을 추진한다.

기계공업: 국제 수준의 품질과 국제적 가격경쟁력을 갖춘 기계공업을 육성하여 기계류와 플랜트의 국산화, 기계류공업의 수출주력산업화, 방위

산업의 모체 등을 위해 창원에 대규모 기계공업단지를 건설한다.

전자공업: 국제 수준급의 부품생산과 기술집약적 고급제품을 개발하여 수출산업화하기 위해 반도체와 컴퓨터산업을 중점 육성하고, 최첨단기술의 전자기기를 생산하기 위해 구미에 2전자공업 제1·2·3단지 건설을 본격 추진한다.

6개 공업기지 건설

박정희는 중화학공업의 본격 추진을 위해 동남해 임해지역에 대단위 6개 공업기지 건설에 돌입했다. 이를 위해 1973년 12월 24일 '산업기지 개발촉진법'을 제정하여 한국수자원개발공사를 산업기지개발공사로 개편했다. 산업기지개발공사는 중화학공업의 본격 추진을 위해 다음과 같은 공업기지를 설정했다.

① **제2철강기지:** 낙동강 하구(후에 광양만으로 변경)

② **제2종합화학기지:** 여천·광양

③ **비철금속기지:** 온산

④ **종합기계공업단지:** 창원

⑤ **조선기지:** 거제도 일대

⑥ **전자기지:** 구미

⑦ **수출경공업지역**: 군산·비인

6대 전략산업 중점 육성계획이 예정대로 진행될 경우 공산품 수출 총액에서 차지하는 중화학공업 제품의 비중을 1972년 27퍼센트에서 1981년에는 65퍼센트로 늘어나게 된다. 게다가 수출상품의 구조도 의류·합판·신발·가발 등 경공업 제품 위주에서 기계류·선박·전자·자동차·석유화학 등 고가의 중화학공업 제품으로 전환됨을 의미했다.

박정희의 중화학공업 육성은 세계시장을 겨냥한 수출산업으로 시작되었다는 특징을 가지고 있다. 해외에서 선진국과 경쟁하기 위해서는 품질과 가격, 성능, 디자인 등이 따라 주어야 한다.

당시 중화학공업추진기획단 부단장을 역임한 김광모^{대통령비서실 비서관}는 중화학공업이 처음엔 수출을 목적으로 한 것이 아니라 '규모의 경제'에 따른 스케일 메리트_{Scale Merit} 때문에 수출을 염두에 두지 않을 수 없었다고 지적한다. 예를 들어 우리나라 석유화학 제품 수요는 연간 10만 톤인데, 30만 톤은 되어야 국제 경쟁력을 가지게 된다. 그렇다면 30만 톤 공장을 지은 다음 10만 톤은 내수용으로 공급하고, 나머지 20만 톤은 수출로 해결했다는 것이다.[78]

당시 우리나라 기업들 중 중화학공업에 대한 사업 경험을 가진

---

78   김광모 외, 「특집좌담-박정희 대통령의 중화학공업 어떻게 볼 것인가?」, 『박정희정신』, 제4호 (2017년 7·8월호), 박정희대통령기념사업회, 75~76쪽.

사람이 거의 없었고, 경영능력이나 자본동원 면에서 이를 감당할 만한 기업이 거의 없어 중화학공업 참여를 기피했다. 박정희는 주요 프로젝트마다 적절한 기업을 직접 선정하고, 어느 지역에 어떤 규모의 공장을 지을 것인지를 직접 결정했다. 말하자면 거의 반강제적으로 기업을 참여시킨 셈이다. 사업자 선정기준도 희망하는 아무에게나 맡기는 방식이 아니었다. 수출을 통해 상당한 자금이 확보되고 국제 비즈니스 경험을 갖춘 기업들에 한해 중화학공업 분야 진출을 허용하고, 기업의 자발적인 투자 규모를 감안하여 정부의 자금 지원 규모를 정하는 등 차별화 정책을 고수했다. 선정된 기업에는 국제경쟁력을 갖출 수 있도록 공장부지, 도로, 설비자금 등을 전폭 지원했기 때문에 해당 기업은 공장을 건설하는 데는 큰 어려움이 없었다.[79]

이 과정에서 기업들의 몸집이 커지면서 우리나라에 대기업 집단이 형성되었다. 1970년대 말이 되어 26개 대기업 집단이 형성되었고, 그 산하의 계열사는 631개를 헤아렸다. 삼성, 현대, 럭키금성, 대우 등을 수위로 하는 10대 기업 집단의 매출액은 총 국민소득의 42퍼센트에 달했다.[80]

79   중화학공업추진위원회, 『중화학공업개발사』 제1권 및 제2권, 1979.

80   이영훈, 『대한민국 역사』, 기파랑, 2013, 351쪽.

악화되는 안보 여건 무릅쓰고 추진

박정희 대통령은 여천에 종합석유화학 공업단지를 건설하여 북한의 공업을 완전히 압도하겠다는 의지를 보였다. 그는 특히 전자산업의 중요성을 일찍부터 내다보고 있었다. 그는 제2차 세계대전에서 일본의 군함, 잠수함, 항공기 등 공격무기들이 미국의 레이더망에 걸려 파괴되는 바람에 패전에 이른 이유는 '전파전쟁' 때문이었다고 파악하고 있었다. 따라서 우리나라도 전자산업을 육성하기위해 심혈을 기울였고, 이 과정에서 재미 과학자 김기형 박사, 김완희 박사 등의 도움을 받았다.

미 컬럼비아대학의 전자·컴퓨터공학과 주임교수인 김완희 박사는 '전자공업 진흥을 위한 건의서'를 박 대통령에게 제안하여 한국 전자산업 발전에 결정적인 역할을 했다. 김완희 박사의 회고에 의하면 1960년대 말 세계 전자공업은 '막 출발하려는 기차'였고, 한국은 박정희 대통령 덕분에 막차의 맨 끝 칸에 올라타는 데 성공했다. 1970년대를 지나면서 기차의 속도는 빨라졌고, 이제 후진국들이 아무리 흉내 내며 따라가려 해도 불가능하게 됐다는 것이다.

중화학공업 건설이 한창 추진되고 있을 때에도 한반도를 둘러싼 안보상황은 해가 갈수록 위기감이 증폭됐다. 1973년 1월, 박정희 대통령이 중화학공업을 선언한 무렵 파리에서 월남전 종식을 위한 평화협정이 체결되어 미군과 한국군이 월남에서 철수했다. 1974년 8월 15일 광복절 기념식장에서 조총련계 문세광의 박정희 대통령 저격사건이 발생했고, 1974년 11월 15일에는 휴전선 남쪽 비무장지대에서 북한의 남침용 제1호 땅굴이 발견됐다. 1975년 3월 20일에는 중부전선에서 제2땅굴 발견, 이로부터 12일 후인 3월 30일에는 캄보디아의 론롤 수상 망명, 4월 30일에는 사이공 함락으로 월남이 적화통일 됐다.

이제 한반도에서 북한의 남침이 벌어져도 미국이나 유엔이 도와줄 것이라는 기대를 할 수 없는 살벌한 국제정세가 전개되고 있었다. 1975년 북한은 각종 무기와 병력을 휴전선 부근으로 남진 배치했고, 남침 개시일을 북한노동당 창당 30주년 기념일인 10월 10일로 정했다는 이야기가 흘러나왔다.

북한의 거듭된 남침 도발을 무릅쓰며 6대 전략업종 프로젝트가 추진되던 1973년 10월 이스라엘과 아랍국가 간에 제4차 중동전쟁이 발발했다. 아랍 산유국들은 '자원의 무기화'라는 새로운 전략을 들고 나와 이스라엘과 국교를 맺고 있는 나라에 원유 판매를 금지했다.

이렇게 되자 배럴 당 2달러 선이었던 국제 유가가 배럴 당 11달러까지 폭등했다. 1973년 한국이 지출한 원유 도입비는 3억 516만 달러였는데 1974년에는 11억 78만 달러로 무려 4배나 늘었다. 1973년의 경상수지 적자는 3억 880만 달러였는데 1974년에는 20

억 2270만 달러로 무려 7배나 폭증했다.[81]

6년 만에 수출 10억 달러에서 100억 달러로

이런 와중에 비산유국들은 국제수지 적자와 물가고, 경기침체로 인해 위기에 처하자 자국 산업 보호 명목으로 자국 시장을 닫아걸면서 보호무역주의가 강화됐다. 그 결과 수출을 지상과제로 설정한 우리나라는 큰 애로를 겪게 된다.

미국은 달러화 가치가 하락하고 스태그플레이션이 발생하자 1971년 8월 15일 닉슨 대통령이 '긴급 경제조치'를 발동하여 "달러화 방위를 위해 달러화의 금 태환을 잠정 중단한다"고 선언했다. 이로써 제2차 세계대전 이후 세계경제 질서를 이끌어 왔던 IMF-GATT 체제가 크게 흔들리기 시작했다.

제2차 세계대전 이후 등장한 IMF-GATT 체제는 세계 무역을 활성화하기 위해 주요 국가들의 관세율을 평균 50퍼센트 이상 크게 낮추는 데 기여한 일등공신이었다. 이 체제가 흔들리면서 수출 중심으로 전략 구도를 설정한 한국의 경제성장 전략에 큰 차질이 빚어질 우려가 있었다.

---

81   오원철, 『에너지 정책과 중동 진출』, 기아경제연구소, 1997, 432쪽.

악화되는 대외 여건에도 불구하고 정부의 대대적인 지원정책에 힘입어 대기업들은 조선소, 석유화학공장, 자동차공장, 전기·전자공장 등을 설립했고, 철강·비철금속·석유화학공장이 완공되면서 공업용 원자재를 국내에서 공급할 수 있는 시스템을 갖추게 되었다.

한국경제의 도약을 나타내는 경제지표(1953~1979)

연도	1인당 소득(US달러)	수출(million US달러)	외자도입(million US달러)
1953	67	na	-
1958	83	16	na
1959	83	20	na
1960	83	33	na
1961	85	41	na
1962	87	7.0	7.0
1964	102	119	33.3
1966	126	250	177.3
1968	168	455	378.9
1970	242	1,004	455.6
1972	302	1,807	744.1
1974	523	4,713	1,150.9
1976	765	8,115	1,658.7
1977	966	10,046	1,971.3
1978	1,330	12,711	2,848.2
1979	1,546	15,055	2,834.4

출처 : Economic Planning Board, Major Economic Indicators, 1982 [82]

수출은 1973년부터 1977년까지 5년간 연평균 46.57퍼센트씩 늘어났다. 1976년 수출 목표액이 35억 달러였는데, 목표의 2배가 넘는 77억 달러 이상을 달성했다. 수출 구조도 공산품의 총수출에 대한 점유 비중이 1971년 86.0퍼센트에서 1976년에는 90.1퍼센트로 늘었다. 기계류·조선·전자제품 등 중화학공업제품 수출은 증가한 반면 섬유류·합판 등 경공업제품이 감소했다. 그 결과 중화학공업제품이 전체 공산품에서 차지하는 비중이 1972년 24.2퍼센트에서 1976년에는 34.0퍼센트로 증가했다.[83]

중화학공업 육성정책 덕분에 1973~1978년 기간 중 경제는 연평균 11퍼센트, 제조업은 연평균 16.6퍼센트라는 경이로운 성장률을 기록했다. 박정희 대통령은 1973년 중화학공업을 선언하면서 1980년대 초에 수출 100억 달러, 1인당 소득 1,000달러를 제시한 바 있다. 그런데 수출은 목표를 4년 앞당긴 1977년 100억 달러 고지를 넘어섰으며, 1인당 소득도 1978년에 1,330달러를 달성했다.

서독이 10억 달러 수출에서 100억 달러에 도달하는 데 11년, 일본은 16년이 걸린 데 비해 한국은 6년 만에 이를 달성했다. 그것도 북한의 지속적인 안보 위협과 세계경제 침체라는 어려운 여건에서 이루어낸 값진 결실이었다.

---

82   박진환, 앞의 책, 68쪽에서 재인용.

83   김광모, 앞의 책, 107~108쪽.

10월 유신과 중화학공업

박정희 대통령은 1973년 1월 12일 연두 기자회견에서 '중화학공업화 선언'을 하면서 "10월 유신은 5·16과 그 기조를 같이하고 있다"고 말했다. 박정희 스스로 10월 유신을 '혁명'으로 정의한 것이다. 오원철은 박정희가 10월 유신을 선포한 배경에 대해 이렇게 말한다.

10월 유신은 자유민주주의 가치의 일부를 희생시키는 조건으로 초강력 정부를 구성하여 단기간 내에 중화학공업을 육성하고, 이를 바탕으로 자주국방을 달성하기 위해 선택한 가시밭길이었다.

김형아도 당시 한국의 상황에서 중화학공업 건설을 추진하기 위해서는 10월 유신은 반드시 필요했다고 주장한다. 10월 유신을 통해 임기에 구애받지 않는 강력한 리더십을 바탕으로 국가 총동원체제로 추진하지 않았다면 과연 중화학공업 건설이 가능했을지는 좀 더 심각하게 따져봐야 할 과제다. 중화학공업화의 산증인인 오원철은 중화학공업화와 10월 유신의 상관관계에 대해 이렇게 말한다.

요사이 많은 사람들이 박 대통령은 경제에는 성공했지만, 민주주의에서는 실패했다고들 말한다. 심지어는 박 대통령 아래서 장관을 지냈던 이

들조차 공개적으로 중화학공업과 유신개혁을 별개의 문제인 것처럼 이야기를 한다. 나는 이렇게 말한다. 중화학공업화가 유신이고, 유신이 중화학공업화라는 것이 쓰라린 진실이라고…. 하나 없이는 다른 하나는 존재할 수 없었다. 이런 사실을 무시하는 것은 비양심적이다.

박정희의 안보 철학은 "우리의 조국은 우리 국민의 힘으로 지켜야 한다"는 것이었다. 그러나 힘이 부족할 때에는 우방의 도움을 받는 것이 국제 외교의 상책이다. 우방의 도움을 받는 동안 하루빨리 안보 능력을 강화하여 자주국방 능력을 키워야 한다.

지미 카터가 미국 대통령에 당선되면서 카터 행정부는 박정희의 인권탄압을 문제 삼아 "주한미군 철수"를 선언했다. 박정희와 카터의 관계는 악화일로를 걸었다. 박정희는 1977년 4월 미 언론과의 인터뷰에서 "주한 미 지상군을 계속 주둔시킬 것을 요청할 의사는 없다. 한국은 이제 군사력에서 북한을 앞선다. 중공·소련의 지원이 없는 북한의 단독 남침이라면 한국이 자력으로 격퇴할 수 있다"고 발언했다.

1977년 7월 25~26일 서울에서 열린 제10차 한미 안보협의회는 주한미군 철군협상을 마무리 짓고 다음과 같은 공동성명을 발표했다.

① 미 지상 전투병력 6,000명은 1978년까지 철수.

② 나머지 병력 철수는 신중히 단계적으로 시행.

③ 미 2사단 본부와 2개 여단은 철수 최종단계까지 한국에 잔류.

④ 미국은 한국에 대한 무력침공이 있을 경우 즉각적으로 효과적인 지원.

⑤ 미 지상군 전투병력 1진이 철수 완료하기 전에 한국 방위의 작전 효율화를 위해 한미연합사령부 설치.

⑥ 철군에 따른 제반 보완조치는 철수에 선행 또는 병행 실시.

⑦ 미 해·공군, 정보, 군수 및 기타 지원부대는 계속 주둔.

이 계획에 의하면 주한미군 제1진 6,000명 철수 이후 1980년 말까지 제2진 9,000명을 철수하고 1982년 말까지 나머지 지상전투병력을 모두 철수한다는 것이었다. 철군 보완책으로 1978년부터 4년간 14억 달러의 대외 군사 차관과 군사 원조를 미 의회에 요청키로 했다.

창원기계공업단지가 완성되자…

1970년 8월 주한 미7사단 철군협상 때 내한하여 박 대통령과 장시간 협의를 한 바 있는 애그뉴 미 부통령은 부통령에서 물러난 후에도 여러 차례 한국을 방문하여 한국의 요인들에게 이런 말을 했다.

미국은 자유진영의 한 나라가 공산침략을 받았을 때 농업국가인 경우에는 최대한 지원하되 만부득이할 때는 포기하기도 한다. 월남이 이와 같은 나라의 예다. 그러나 중화학공업국가의 경우에는 여하한 경우에도 방위해 공산진영의 수중에 들어가지 못하게 한다. 자유진영의 농업국을 부득이 공산진영에 상실했을 경우 대(對)공산국 전력균형에는 영향이 없으나, 중화학공업국가의 경우에는 자유진영에서 1을 잃고 공산진영에서 1을 얻어 대(對) 공산국 전력균형상 도합 2만큼 자유진영이 불리해진다.[84]

박정희 대통령 신념으로 추진된 방위산업은 1977년 상반기에 155밀리미터 곡사포 이하 기본병기 개발에 성공했다. 또 한국형 소총과 기관총, 박격포, 무반동총을 자체개발하여 양산화에 성공했다.

1978년 방위산업이 밀집한 창원기계공업단지가 완성되면서 주한미군을 철수하겠다는 미국 측 입장에 미묘한 변화가 감지되기 시작했다. 1978년 2월 11일에는 페리 국방차관, 11월 8일에는 브라운 국방장관 일행 등 미국의 고급관리들이 시찰을 위해 창원을 찾았다. 11월 21일에는 미 하원 군사위원회의 멜빈 프라이스 위원장을 대표로 하는 13명의 현지 확인반이 창원기계공업단지를 돌아보았다. 프라이스 위원장은 창원을 시찰한 후 다음과 같은 의미심장한 발언을 했다.

---

84   김정렴, 『최빈국에서 선진국 문턱까지-한국 경제정책 30년사』, 랜덤하우스, 2006, 456쪽.

미국의 관심이나 한국방어 공약은 조금도 변함이 없다는 것을 명백히 해야 한다. 이번에 창원기지를 방문하고 난 후 한국이 현대 공업국가가 됐다는 것을 확인했고, 방위 소요 증가에 대한 책임을 점차로 한국 스스로가 떠맡을 수 있는 능력을 갖게 됐다는 것을 확신하게 되었다. 워싱턴에 돌아가면 우리 시찰단은 방한 결과를 분석하여 하원에 보고서를 제출하게 되는데, 다음 회기 때 태평양지역의 방어정책에 대한 중요한 논의가 있을 것으로 확신한다.

1978년 한국은 건국 이래 처음으로 군사비 총액을 자체의 국내 재원으로 조달한 국방예산으로 충당했다.[85] 이제 겨우 안보부문 예산을 스스로의 힘으로 해결할 수 있는 여건을 갖춘 것이다.

1979년 6월 29일 카터 미국 대통령이 도쿄에서 열린 서방 7개국 정상회담에 참석한 후 귀로에 한국을 방문했다. 다음날 열린 한미 정상회담에서 박정희 대통령은 "주한미군 철수는 부적절한 조치"라며 "자체방위를 위한 방위산업이 완료되어 전군을 국산 무기로 무장시켜 북한의 침략을 스스로의 힘으로 지켜낼 수 있을 때까지 최소 2~3년간 철군 기한을 유예해 달라"고 요구했다.

반면 카터는 한국의 인권 문제를 거론하며 "구속 중인 정치범들을 석방하라"고 요구하며 충돌해 아무 소득 없이 45분 만에 끝났다.

---

85   이춘근, 『미국에 당당했던 대한민국의 대통령들』, 글마당, 2012, 259쪽.

지켜야 할 가치가 있는 나라

20여 일 후인 7월 20일 카터 대통령은 "이미 철수한 제1진 3,400명을 제외한 나머지 주한미군 철수는 1981년에 가서 재평가하기로 한다"면서 주한미군 추가 철군 중지를 발표했다. 사실상 주한미군 철수계획을 철회한 셈인데, 창원기계공업기지를 포함한 중화학공업 건설은 우리나라 안보에 지대한 역할을 한 일등공신이었다.

박정희는 미국은 지켜야 할 가치가 없는 나라는 헌신짝처럼 버린다는 사실을 꿰뚫어보고 '지켜야 할 가치가 있는 나라'를 만들기 위해 자신을 역사의 제단에 바쳤다. 1970년대 박정희는 핵기술, 방위산업, 중화학공업을 육성하여 국가 전체를 거대한 병기창으로 변모시켰다.

이유는 단 하나, 우리 힘으로 나라를 지키기 위해서였다. 월남처럼 농업 국가는 버려도 철강, 석유화학, 조선, 전자, 화학공업으로 가득 찬 한국이 소련이나 중국의 수중에 들어갈 경우 미국이 전략적으로 치명적 손실을 입게 될 것임을 인정받기 위해서였다.

박정희는 '어떤 희생을 치러서라도 지켜야 할 가치가 있는 나라'로 대한민국을 변모시켰다. 이것이 카터 대통령이 1979년 '주한미군 철수'라는 패를 접은 진짜 이유다. 박정희는 실력으로 미군 철수를 막은 것이다.

08

국산 무기를 개발하라

"총알이 안 나가도 좋으니
일단 만들어 보자"

우리나라에서 방위산업의 첫 시동을 건 주인공은 초대 전쟁기념 관장을 역임한 이병형 장군예비역 육군중장이다. 이병형 장군은 1967년 7월 하순 육군본부 작전참모부장으로 부임했다. 당시는 해안을 통해 북한 간첩과 무장 게릴라들이 무시로 침투하던 때였다. 해안으로 침투하는 간첩을 색출하기 위해서는 서치라이트가 필요했다. 하지만 미군이 이 장비를 보급해 주지 않자 이 장군은 우리 기술로 서치라이트를 개발하기로 작심했다.

마침 일본 요코하마에 제2차 세계대전 당시 서치라이트를 만들던 회사가 있다는 정보를 입수한 이 장군은 이 회사와 접촉하여 일제 때 쓰던 설계도를 얻어다 국산 서치라이트를 개발했다. 이것이 우리나라 군사장비 국산화 1호였다.

자신을 얻은 이 장군은 다음 과제로 낙하산 국산화에 도전했다. 당시 육본 작전참모부는 전투력 강화를 위해 1개 사단을 적 후방에 공수 낙하하는 능력을 가진 부대로 전환할 계획을 세웠다. 여기에 필요한 낙하산 1만 5,000개를 미군 측에 요구하자 "낙하산은 공격용 장비라서 제공할 수 없다"는 답변이 왔다. 그래서 낙하산 국산화에 도전하게 된다.

이병형 장군은 정병주 당시 공수특전단장을 찾아가 "우리 기술로 낙하산을 개발하자"고 제안했다. 미제美製 낙하산 한 개를 완전 분해하여 설계도를 그려보라고 지시한 것이다. 간단해 보이는 낙하산은 180여 개의 부품으로 구성되어 있었다. 이것을 모두 분해하여 설계도를 완성한 다음 알루미늄 합금으로 된 부품은 영등포의 합금공장에서 제작토록 했고, 낙하산용 천은 방직협회 도움으로 미국에 수출하는 회사의 것을 얻어다 낙하산을 만들었다.

국산 낙하산이 완성되자 이병형 장군이 1번으로 국산 낙하산을 이용해 낙하하는 등 100여 회 이상 시험한 결과 국산이 미제보다 성능이 더 우수했다. 이 과정을 거쳐 오늘날 한국이 최고급 낙하산 수출국으로 부상하게 된다.

이 장군은 1968년 작전참모부 산하에 전쟁물자 개발과 전쟁교리 개발을 목적으로 한 전투발전사령부를 창설했다. 이때부터 미군 측에서 민감한 반응을 보이기 시작했다. 미 태평양사령부 책임자가 이 장군을 찾아와 "한국의 전투발전사령부에 미군 군사고문단을 배치하고 싶다"는 의견을 전했다. 한국의 방위산업을 감시하겠다는 뜻이었다. 이 장군은 미군들의 의심을 사면서까지 작업을 진행할 수 없다고 판단해 그들의 의견을 수용했다.

105밀리미터 야포 개발에 도전

전투발전사령부의 첫 작품은 105밀리미터 곡사포의 국산화였다. 이 장군은 당시 한국의 기계공업 수준으로 야포 생산이 가능한지를 파악하기 위해 40여 명의 장교를 동원하여 4개월 동안 우리나라 기계공업 분야를 샅샅이 조사했다. 한편에선 105밀리미터 야포 1문을 완전 분해하여 설계도를 만들었다. 이처럼 한국 방위산업의 설계는 미군 장비를 분해한 다음 그것을 토대로 설계도를 만드는 리버스 엔지니어링Reverse Engineering 방식으로 진행했다.

야포 국산화 작업이 추진되던 중 김신조 일당의 청와대 습격사건이 발생했다. 당시 우리 군과 정부는 북한 게릴라 부대에 신속히 대응하지 못하고 우왕좌왕하다가 기습을 당하는 등 허점을 노출했다. 문제의 심각성을 깨달은 박정희 대통령은 정부의 계획과 관료들의 사고를 국가의 전시소요계획과 일치시키자는 뜻에서 을지연습을 시작하게 되었다.

때마침 을지연습 기간 중에 박 대통령이 육본 작전참모부를 방문했다. 이 장군은 이 기회에 육군에서 추진 중인 방위산업 개요를 브리핑했다. '방위산업'이란 말이 나오자 박 대통령의 눈이 번쩍 뜨였다.

박 대통령에게 105밀리미터 야포 국산화 계획을 설명하고 우리의 경제성장 속도로 볼 때 자주국방을 목표로 방위산업을 착수할 시점이 되었다고 보고했다. 박정희는 반색을 하면서 "이 장군, 정말 우리 기술로 105밀리미터 야포를 만들 수 있는가?" 하고 물었다. 이병형 장군은 "포신과 포경砲鏡을 만드는 기술을 제외한 87퍼센트는 우리 기술로 제작이 가능합니다. 이 두 가지 문제만 해결되면 얼마든지 가능합니다"라고 보고했다.

박정희는 "회사를 하나 정해 보게. 야포 생산을 위해서는 돈이 많이 들 거야. 그 비용은 정부 예산으로 지원해서 운영하는 것이 좋지 않겠는가" 하면서 "다섯 가지로 나뉘어 있던 국방비 항목에 방위비 항목을 더 만들자"는 의견을 내놓았다.

이후 이병형 장군은 우리나라의 경제능력, 북한의 군사력과 우리 군사력의 강약점을 샅샅이 연구한 다음 '군사력 건설계획'이란 방위산업 육성계획을 만들어 박정희 대통령에게 여섯 시간에 걸쳐 보고했다. 이것이 우리나라 방위산업의 출발을 알리는 첫걸음이었다. 보고를 받은 박 대통령은 이렇게 말했다.

우리가 10억 원의 국가재산을 지키기 위해 9억 원을 투자하면 1억 원이 남는다. 그러나 9억 원을 투자하는 것이 아까워서 5억 원만 썼다가 국가

재산을 지키는 데 실패하면 아무것도 남지 않는다.

이병형 장군에게 방위산업에 대한 보고를 받은 박정희 대통령은 누구와 만나든 방위산업을 화제로 올렸다. 얼마 후인 1970년 8월 6일, 국방부 산하에 국방과학연구소ADD가 문을 열었다. 초대 연구소장은 독일 주재 대사를 역임하고 박정희 대통령의 포병 선배였던 신응균 예비역 중장이었다. 박정희는 1971년 1월, ADD에 다음과 같은 사업 지시를 내렸다.

5년 후인 1976년 말까지 이스라엘 수준의 자주국방 태세를 확립할 수 있도록 연구개발을 하고, 1980년대 초까지 정밀무기 국산화 능력을 보유하라.

번개사업 시작되다

1971년 11월 초 박 대통령은 청와대 비서실을 통해 ADD에 "오늘부터 당장 국산 병기 개발에 착수하되, 우선 금년 내에 1차 시제품을 만들어 오라"는 지시를 했다. 11월 10일, 박 대통령은 오원철 차관보를 청와대 경제 제2수석비서관에 임명하고 방위산업과 중화학공업 분야를 담당하도록 했다. 이날 박 대통령은 오원철 신임 수석에게 임명장을 수여하면서 다음과 같이 말했다.

지금 안보상황이 초비상 사태입니다. 우선 예비군 20개 사단을 경장비 사단으로 무장시키는 데 필요한 무기를 개발하고 생산하되, 60밀리미터 박격포까지를 포함하시오. 청와대 안에 설계실부터 만들고 직접 감독하시오. 나도 수시로 가 보겠소. 처음 나오는 병기는 총구가 갈라져도 좋으니 우선 시제품부터 무조건 만드시오.

1차 번개사업 시제품 목록

품목	모델	1차시제품 수량
M1 소총	Mx	2정
카빈 소총	M2	10정
기관총	M1919A4	5정
	M1919A6	5정
박격포	60밀리미터 M19	4문
	81밀리미터 M29	6문
	한국경량화 60밀리미터	2문
수류탄	MK2	300발
지뢰	M18A1 대인지뢰(크레모아)	20발
	M15 대전차지뢰	20발
3.5인치 로켓발사기	M20A1	2문
	M20B1	2문

출처 : 안동만·김병교·조태환 지음, 『백곰, 도전과 승리의 기록』, 플래닛미디어, 2016, 65쪽.

이른바 '번개사업'이 시작된 것이다. 당시 우리나라의 산업 수준은 무기 생산의 기초가 되는 금속·기계·전기·전자·화공 등의 분야에서 산업적 기반과 기술이 거의 없었다. 말하자면 양은 냄비 정도나 만들던 공장에서 최첨단 정밀 가공기술이 요구되는 소총과 기관총, 대포와 포탄을 만들어야 하는 상황이 된 것이다.

불과 두 달 만에 소총과 박격포, 기관총 같은 개인화기의 국산화는 황당한 지시나 다름없었다.

"총알이 안 나가도 좋으니…"

무기 국산화의 총 책임자인 오원철 청와대 수석비서관은 국군통수권자인 대통령으로부터 "총알이 안 나가도 좋으니 일단 국산 무기를 개발하라"는 엄명을 받고 국내 최고의 기술진으로 개발팀을 구성했다. 관련 연구원들이 밤을 새워가며 미군 병기를 분해하여 역설계하는 방식으로 부품 하나하나를 제작하여 개발에 돌입했다. 당시 무기 국산화 개발 정황은 다음과 같이 기록되어 있다.

소총이며 박격포, 로켓 발사기 등 미군이 제공한 낡은 무기들을 빌려다가 분해하여 버니어캘리퍼스 등의 아주 기본적인 측정기구로 치수를 재어 스케치하고, 이를 기반으로 도면을 그리는 역설계(Reverse Engineering)로 작업을 시작했다. 그렇게 설계도를 그렸다고 해서 우리 손으로 똑같은 무기를 만들 수 있는 것도 아니었다. 우선 무기의 소재를 구하기 어려웠다. 하는 수 없이 창틀을 만드는 알루미늄으로 로켓 발사기를 만들어보는 등 임시변통을 하는 수밖에 없었다. 모양은 흉내 낼 수 있었지만, 강도는 현저히 떨어지기 때문에 시험발사를 하기에는 몹시 불안한 형편이었다.

무기를 제작하는 데 필요한 각종 공구와 장비들도 구하기 어렵기는 마찬가지였다. 연구원들은 하는 수 없이 청계천으로 달려가 골목길을 누비며 필요한 공구와 장비들을 구해야 했다. 한마디로 청계천의 고물상이 ADD의 첫 거래처이자 재료 공급처였다.[86]

ADD 연구원들은 11월 17일부터 연구실에 군용 야전침대를 들여놓고 생활하면서 퇴근도 못하고 날밤을 새우며 시제품 개발에 착수했다. 그 결과 12월 16일 제1차 시제품 8종M1·카빈 소총, 기관총, 60·81밀리미터 박격포, 3.5인치 로켓 발사기, 대인·대전차 지뢰이 청와대 대접견실에서 최초로 공개되었다. 이날 박 대통령은 감격에 찬 목소리로 이렇게 치하했다.

우리가 만들어 낸 이 병기들은 이번 크리스마스 최고의 선물이다. 우리도 마음만 먹으면 이처럼 해낼 수 있다.

제1차 번개사업 후 박 대통령은 "야전에서 쓸 수 있는 제품을 개

86   안동만·김병교·조태환 지음, 『백곰, 도전과 승리의 기록』, 플래닛미디어, 2016, 69쪽.

발하라"는 제2차 번개사업 1972년 1~3월을 ADD에 지시했다. 1972년 2월 23일부터 3월 15일까지 세 차례에 걸쳐 완성된 시제품의 시험사격을 실시했고, 4월 3일에는 육군 제26사단에서 대통령이 지켜보는 가운데 종합 시험사격이 진행되었다.

제3차 번개사업 1972년 4~6월은 시제 대상 품목으로 통신장비와 개인장구류 11개 품목이 추가되었고, 국산 병기의 대량생산이 가능한 수준까지 기술을 끌어올리는 것을 목표로 삼았다. 이러한 군용기술은 후에 산업 분야로 이전되어 군용 무전기 기술이 한국형 전자교환기 TDX 개발로 이어졌다.

그러나 번개사업의 결과 중화학공업 육성이 뒷받침되지 않고는 제대로 된 방위산업 육성이 불가능하다는 교훈을 얻었다. 1973년 1월에 발표된 박정희 대통령의 중화학공업화 선언은 방위산업 육성을 위한 고육지책이었다.

포신 갈라진 105밀리미터 곡사포

박 대통령은 단순한 무기 국산화 차원이 아니라 국가 산업구조를 방위산업이 가능한 구조로 개편하는 혁명적인 조치들을 취했다. 청와대에 방위산업담당 비서관을 신설했고, 중공업과 기계공업 육성을 위해 창원에 기계공업단지를 통째로 건설했다. 예산 지원을 위해 방위세를 신설했고, 기술인력 양성을 위해 각 도(道)마다 기계공고를 설립하는 등 원대한 계획들이 속속 추진되었다.

이병형 장군은 이러한 일련의 조치들을 보면서 "이 나라가 운이 있어 박 대통령 같은 지도자를 만난 모양이다"라는 생각을 지울 수 없었다고 한다.[87]

이병형 장군이 합참본부장으로 부임했을 때 꿈에 그리던 105밀리미터 국산 야포가 생산되어 해병대에 배치되었다. 그런데 사격 과정에서 포신이 파열하는 사고가 발생했다. 이 사건이 청와대까지 보고되어 ADD 소장인 신현택 박사가 호된 꾸중을 들었다.

정밀조사 결과 주퇴복좌기(駐退復座機·Recoil Buffer)[88]에서 문제점이 발견되었으나 국내에서는 문제를 해결할 기술이나 경험이 없었다. 105밀리미터 곡사포를 생산하는 외국 회사에 부탁해서 미국인 기술자 두 명을 초빙했지만 6개월 동안 월급만 받아먹고는 아무 조언도 해주지 않았다.

일본 자위대에 문의한 결과 "군복 입은 사람은 와도 좋지만 기술자는 안 된다"는 답이 날아왔다. 그 말을 듣고 관계자들은 "우리가 뭔가 잘못 생각하고 있구나" 하는 것을 깨달았다. 방위산업이란 권총 설계도 한 장 보여주지 않는 것이 국제관례란 사실을 그제야 깨

---

87   저자와의 인터뷰.

88   주퇴기(駐退機)와 복좌기(復座機)를 함께 이르는 용어. 주퇴기란 포를 발사했을 때 포신만 후퇴시킴으로써 반동을 경감시키는 장치이고, 복좌기는 후퇴한 포신을 제자리로 돌려놓는 장치다.

달은 것이다.

결국 죽기 살기로 ADD 기술진이 문제를 해결해야 했다. 포 사격 과정에서 포신이 뒤로 후퇴하는 주퇴(駐退) 속도를 조정하는 것은 유압장치 기름을 조절하는 구멍의 크기와 관계가 있었다. 기술진은 기름조절 구멍 크기가 서로 다른 주퇴복좌기를 여러 개 만들어 각각의 포에 장착한 후 5군단 사격장에서 수천 발 시험사격을 했다. 여기서 가장 우수한 것을 설계에 채택하여 겨우 문제를 해결했다.

우여곡절 끝에 탄생한 국산 105밀리미터 야포는 미국제보다 명중률이 더 높았다. 개발 과정에서 포신을 더 늘이고, 주퇴 압력을 줄이기 위해 소염기를 다는 등 여러 부분을 우리의 지형에 맞도록 개량했기 때문이다.

한국의 방위산업은 다른 나라와 달리 무기만을 만들기 위해 건설된 것은 아니었다. 즉, 무기의 주요 부분별로 생산업체를 지정하고, 지정 공장의 평상시 작업량은 민수 80퍼센트, 방산 20퍼센트 비율을 유지하다가 유사시에는 전 능력을 방위산업에 전용하도록 했다.

예를 들어 105·155밀리미터 대구경 포의 경우 포신용 특수강 생산, 포신의 가공, 유압장치인 주퇴복좌기 생산, 포가(砲架)·포차(砲車) 생산 등 주요 부분별로 생산공장을 구분하여 지정 생산하고 이를 조립하여 완성하도록 했다. 각 공장의 평상시 주 업무는 일반 특수강·선반 등 공작기계, 유압장치, 대구조물, 차량 등을 생산 및 수출하도록 유도했다.

범국가적으로 기능공 양성

창원 기계공업단지에는 지상 기본 병기 생산에 필요하거나 밀접한 관련이 있는 소재, 요소부품, 산업기계, 정밀기계, 전기기계, 엔진기계, 수송기계 등 37개 업종을 선정해 입주시켰다. 또 기계공업 지원을 위해 기계금속연구소, 전기기기시험소를 단지 내에 설립했고, 기술인력 양성을 위해 기계공고, 직업훈련원, 기능대학을 설립했다.

1972년 2월 박정희는 제3차 경제개발 5개년계획과는 별도로 '방위산업 5개년계획'을 수립했다. 이 계획의 핵심 목표는 "예비군 경장비화에 필요한 기본화기 및 비축 탄약을 제조하는 산업과 자주 국방력을 고도화하는 데 필요한 연구개발사업"이었다.

이 사업의 1단계 목표는 미국제 최신형 무기를 모방 생산하는 것이었다. 무기를 제작하기 위해서는 고도로 숙련된 정밀가공 기능 인력이 필요했다. 정밀가공 기능 인력을 대대적으로 양성하기 위해 전국에 기계공고를 설립하여 인력 양성에 돌입했다.

1973년 1월 31일 오원철 당시 대통령 경제2수석 비서관은 박 대통령에게 "방위산업의 근간은 기계공업인데, 우리나라 기계공업은 아직 유치원 단계"라며 기능공의 집중 양성을 건의했다. 그로부터

20여 일 뒤 경북 구미시에서 금오공고 개교식이 열렸다. 금오공고는 등록금은 물론 학비 전액 장학금, 전원 기숙사 생활 등 파격적인 지원을 하는 바람에 1970년대에는 전국에서 가장 우수한 학생들이 몰려들었다. 그 결과 2급 기능사 자격시험을 100퍼센트 통과했고, 국제 기능올림픽에서 우수한 성적으로 입상했다.

1973년 4월 '중화학공업추진위원회'는 금오공고, 서울성동공고, 광주공고, 부산한독직업훈련원 등을 시범학교로 선정, 2학년 때부터 전공 분야별로 전문화 교육을 실시하도록 했다. 이후 이 제도를 일반 공고에 확대하기로 했다. 이에 따라 1973년 8개의 시범 공고가 지정되었다.

1974년 2월 21일 문교부는 전국 시·도교육감 회의에서 1978년까지 공고의 특성화계획을 추진하기로 하고, 1차 연도인 1974년에는 서울성동공고 등 6개교를 특성화 공고로 지정했다. 문교부는 실업계 학교시설 확충 및 개선을 위해 1974년 한 해에만 50억 원을 투입했다.

박정희 대통령 시절 공고는 중화학공업 육성을 위한 인력양성소였다. 기계공고는 고도의 정밀가공능력을 갖춘 기계를 가공할 수 있는 정밀가공사를 양성하는 학교로서 정밀기계, 배관, 금속, 전기, 용접, 공업계측 등의 전공 분야가 있었다.

시범공고는 중동 진출에 필요한 기능공 중 기계조립, 판금, 배관,

제관, 전기공사 관련 인력 배출을 목적으로 설립되었다. 중동 건설 진출을 담당했던 현대건설과 대림산업은 이들 학교들과 산학^{産學}협동을 맺어 양성 기능사들에게 1인당 20만 원씩의 운영비와 실습재료비를 제공했다.

특성화공고는 전자, 건설, 금속, 제철, 화학, 전기 등 특정 분야의 기능인력 양성을 위해 지정된 학교였다. 이들 학교 역시 기계공고와 거의 동일한 혜택이 주어졌다. 특성화공고 중 금오공고는 대일청구권 자금을 바탕으로 설립되었다.

전국의 97개 공고에서 배출된 연간 졸업생은 5만 명 정도였다. 이는 박정희 대통령이 원했던 '매년 기술자 5만 명 양성'과 일치한다. 1973~1979년까지 배출된 기능공 수는 최소 80만, 최대 100만 명 정도로 추산된다.

공고에 진학하는 학생들에게는 장학금이 지급되었고, 희망자에게는 저렴한 기숙사 제공 및 저금리의 생활비도 융자해 주었다. 가정형편 상 대학 진학이 어려웠던 농어촌·도시 서민층 젊은이들에게 교육의 기회가 열린 것이다. 김형아는 박정희의 기능인력 양성을 다음과 같이 평한다.

박정희 정권은 고교 평준화를 통해 우리 사회의 전통적 엘리트 개념을 깨고 엘리트 재생산의 틀을 바꿔버렸다. 당시 도시 중상층 가정의 엘리트 재생산의 가장 효율적인 방식은 바늘구멍 같은 명문고 진학이었다. 하지만 고교 평준화를 통해 우리 사회 상층부의 이러한 구조를 개혁으로 뒤섞어 버렸다.

반면 농어촌 중하층에게는 새로운 엘리트 생산 구조인 특수 공고라는 창구를 제공했다. 새로운 교육 기회를 통해 사회적 기회, 다시 말하면 중산층으로 올라갈 수 있는 사회적 길을 열어 준 것이다. 이른바 개천에서 용이 날 수 있는 구조가 만들어졌다.

기능공 양성은 이후 전두환 대통령 시절에도 이어져 1987년 '노동자 대투쟁'이 벌어지기까지 대규모 숙련 기능공이 지속적으로 배출되었다. 박정희·전두환 시기에 양성된 기능공은 대략 200만 명 정도였다.

박동선 사건의 진실

중화학공업이 급속도로 발전하면서 국산 무기 개발도 속속 성공했다. 1977년 상반기까지 지상군 기본 병기인 105·155밀리미터 곡사포, 20밀리미터 대공 발칸포, 60·81밀리미터·4.2인치 박격포, 3.5인치 로켓포, M79 유탄발사기, 90·106밀리미터 무반동총 등 각종 화기와 500MD 헬리콥터, 산악전용 경장갑차, 그리고 월남전에서 위력을 발휘한 스마트탄 등 각종 실탄과 포탄류 양산체제를 갖추었다. 1978년 4월에는 전차의 국산화에 성공하여 양산화에 들어갔고, 9월에는 한국형 지대지 유도탄 '백곰'을 개발하여 시험 발사에 성공했다.

무기의 성능도 해외시장에서 호평을 받게 되자 박정희 대통령은 방산물자 수출을 적극 추진하는 과정에서 미국의 이익과 충돌하기 시작한다. '불법로비 사건' 혹은 '코리아 게이트'로 명명된 박동선 사건은 사업가 박동선을 앞세워 미국 의회 의원들과 정부 관리들을 현금이나 선물 혹은 정치자금을 제공하여 매수한 행위로 지탄을 받았다.

그러나 박동선에 대한 미국 의회와 정부, 언론의 공격은 전형적인 '한국 패주기'였다. 박동선이 미국의 주목을 받기 시작한 것은 그가 의회 의원과 정부 관리들에게 로비를 한 때문이라기보다는, 국산 무기 수출을 위해 국제 무기상을 접촉하고 해외에 한국산 군수품 판매점 설치를 추진하려 했기 때문이다.

1977년 5월 12일, 박동선은 미국의 유명한 국제 무기상인 인터암스의 사장 새뮤얼 커밍스를 만났다. 박동선은 이날 커밍스 사장에게 한국산 무기의 해외 판매 문제를 협의했다. 인터암스는 그로부터 5개월 후 박동선의 다른 부하 직원인 로버트 콩클링으로부터 무기 생산 합작투자를 알선해 달라는 편지를 받았다.

콩클링은 박동선이 박 대통령 및 한국의 방산업체들과 일할 수 있는 관계를 설정했다고 설명했다. 이어 1978년 6월 16일, 콩클링은 커밍스 사장에게 좀 더 진전된 편지를 보냈다. 내용은 한국이나 제3국에 무기 공장을 합작 투자하여 그 생산품을 수출하자는 것이었다.[89]

문제는 한국에서 생산되는 무기들은 거의 모두가 미국의 특허기술을 도입한 것들이라는 점이었다. 원래 특허 계약에 의하면 특허권 사용료만 지불하면 생산품은 자유의사대로 판매할 수 있어야 한다. 그런데 미국은 방위산업 기술이 적성국가로 유출되는 것을 막기 위한 목적에서 제3국 수출의 경우 미국 측의 동의가 있어야만 가능하도록 하는 규정을 엄격하게 적용했다.

1977년 초 한국은 아프리카에 M16 소총 판매를 위해 미국의 동의를 요청했으나 미국 정부는 이를 거부했다. 얼마 후 한국이 리비아에 M16을 비밀리에 판매한 사실이 미국 정보망에 포착됐다.

미국의 월스트리스 저널은 1978년 1월 6일, 한국이 버마미얀마, 에티오피아, 방글라데시, 남예멘, 남아프리카, 요르단, 사우디아라비아 등에 군수품을 팔아왔다는 내용을 보도했다.[90]

3월 16일 미 국무부는 주한 미국대사관으로부터 한국 정부가 말레이시아에 M203 유탄발사기 대여를 요구한다는 전문을 받았다. 미 국무부는 4월 29일 이를 거절하는 전문을 보냈으나 한국은 답전을 받기 전인 4월 15일, 말레이시아에 이 무기를 이미 보냈다.

---

89   박동선의 국제 무기판매 관련 내용은 김재홍, 『軍-핵개발 극비작전(2)』, 동아일보사, 1994, 106~108쪽 참조.

90   김재홍, 『軍-핵개발 극비작전(2)』, 동아일보사, 1994, 73쪽.

미국 방산기업들의 이익과 충돌

이 사건으로 인해 미국의 군수회사들은 충격을 받았으며, 소식을 접한 미국의 의원들이 한국 정부에 압박을 가하기 시작했다. 한국에서 미국의 방산기술을 이용하여 제조된 값싸고 우수한 소총과 박격포, 야포 등 무기들이 대량생산되어 제3국에 판매될 경우 미국 무기회사들의 이익이 침해될 우려가 있기 때문이었다.

거듭된 무기 개발 성공으로 자신감을 얻은 박정희는 그동안 꿈꾸었던 모든 과제들을 한꺼번에 쏟아냈다. 1972년 2월, '방위산업 5개년계획'을 수립하여 예비군 경장비화에 필요한 기본화기 및 비축탄약을 제조하고, 자주국방력을 고도화하는 데 필요한 연구개발 사업에 돌입했다. 즉, 대구경 화포의 국산화, 지대지地對地 미사일 개발, 해군 함정과 항공기·국산 전차 개발, 원자력 에너지 개발 등이었다.

이때부터 박정희는 미국에 안보를 의존하며 선先경제개발, 후後자주국방을 추진하던 방식에서 우선순위를 바꾸어 자주국방을 우선과제로 채택하게 된다. 전략적 국가발전 계획의 순서를 뒤바꾸는 중대 결단을 내린 것이다. 당시 박정희의 무기 국산화 프로젝트 추진에 대해 조영길 전 국방부장관은 "그것은 스스로의 힘으로 이 나라를 지키겠다는 박 대통령의 거대하고 야심찬 국가 동원령"이라고 평했다.

1971년 2월 6일, 주한미군 철수와 관련하여 우리나라 외무부장관과 주한 미국대사는 공동성명을 발표했다. 이 중 "미군이 떠나면서 생기는 안보 공백은 한국군이 메우며, 이를 위해 필요한 한국군 장비의 현대화 계획을 미군이 지원한다"는 내용이 들어 있다. 한미 양국은 한국군 장비 현대화 계획과 관련하여 다음과 같은 네 가지 사안에 합의했다.[91]

① 전차를 500대에서 900대로 증강한다.
② 지대공(地對空) 미사일 나이키 허큘리스 및 지대지(地對地) 미사일 어네스트 존 200기를 한국군에 인도한다.
③ 보병용 M1 소총을 M16 라이플로 전면 교체하고, M16의 한국 내 생산을 허가한다.
④ F86 전투기 130대를 F5A 전투기로 교체한다.

이때의 공동성명을 바탕으로 우리나라는 무기와 탄약을 처음으로 국내에서 생산할 수 있게 되었다.

"이 돈 정말 날 주는 것이요?"

월남에 전투사단 파병을 계기로 미국 정부는 한국군 무기 현대화

---

91   안동만·김병교·조태환 지음, 앞의 책, 33쪽.

를 위해 국내에서 M16 소총을 생산할 수 있도록 공장 건설을 지원해 주었다. 1971년 3월 13일 정래혁 국방부장관과 미 콜트 사의 벤케 사장이 M16 소총 생산공장 한국 내 건설 계약을 체결했다. M16 제조사인 콜트 사는 중역인 데이빗 심슨을 청와대로 보내 M16 공급계약 체결에 감사하는 인사를 전했다. 당시 심슨 중역은 박정희를 예방한 후 다음과 같은 기록을 남겼다.

여름이었던 것으로 기억이 난다. 비서관이 열어 준 집무실 안의 광경은 나의 두 눈을 의심케 만들었다. 커다란 책상 위에 어지러이 놓인 서류더미 속에서 자신의 몸보다 몇 배나 커 보이는 의자에 앉아 한 손으로는 무엇인가를 열심히 적고, 다른 한 손으로는 부채질을 하면서 더운 날씨를 이겨내고 있는 사람을 보게 되었다. 한 나라의 대통령 모습이라고는 전혀 믿기지 않을 정도였다. 하지만 고개를 들어 나를 바라보는 그의 눈빛을 보았을 때 지금까지 내 마음에 자리 잡았던 모순이 사라짐을 느낄 수 있었다.

그는 손님이 온 것을 알고 의복을 갖춘 다음 "먼 곳에서 오시느라 수고가 많으셨소. 앉으세요. 아! 내가 결례를 한 것 같소이다. 나 혼자 있는 이 넓은 방에서 그것도 기름 한 방울 나지 않는 나라에서 에어컨을 켠다는 게 큰 낭비인 것 같아서요. 나는 이 부채바람 하나면 바랄 게 없지만 말이요. 이 뜨거운 볕 아래서 살 태우며 일하는 국민들에 비하면 나야 신선놀음 아니겠소. 여보시오, 비서관, 손님 오셨는데 잠깐 동안 에어컨을 켜는 게 어떻겠소?"

나는 그제야 소위 한 나라의 대통령 집무실에 그 흔한 에어컨 바람 하나 불지 않는다는 것을 알았다. 그리고 지금까지 내가 만난 여러 후진국 대통령과는 무언가 다른 사람임을 알 수 있었다. (중략)

"각하, 이번에 한국이 저희 M16 소총의 수입을 결정하신 것에 대해 감사드립니다. 이것이 한국의 국가방위에 크게 도움이 되었으면 하는 바람입니다. 그리고 이것은 저희들이 표시하는 작은 성의⋯."

나는 준비해 간 수표가 든 봉투를 그의 앞에 내밀었다.

"이게 무엇이오?"

박 대통령은 봉투를 들어 그 내용을 살피기 시작했다.

"100만 달러라. 내 봉급으로는 3대를 일해도 만져보기 힘든 큰 돈이구려⋯."

차갑게 느껴지던 그의 얼굴에 웃음기가 머물렀다. 나는 그도 역시 내가 만나본 다른 사람들과 별로 다를 바 없는 사람임을 알고 실망감을 감출 길이 없었다.

"각하, 이 돈은 저희 회사에서 표시하는 성의입니다. 그러니 부디⋯."

대통령은 웃음을 지으며 지긋이 눈을 감았다. 그리고 나에게 말했다.

"이보시오, 하나만 물어봅시다. 이 돈 정말 날 주는 것이오?"

"네. 물론입니다. 각하."

"대신 조건이 있소. 들어주시겠소?

"네. 말씀하십시오. 각하."

그는 수표가 든 봉투를 나에게 내밀었다. 그리고 나에게 이렇게 말했다.

"자, 이 돈 100만 달러는 이제 내 돈이요. 내 돈이니까 내 돈을 가지고 당신 회사와 거래를 하고 싶소. 지금 당장 이 돈의 값어치만큼 총을 가져오시오. 난 돈보다는 총으로 받았으면 하는데 당신이 그렇게 해 주리라 믿소."

나는 왠지 모를 의아함에 눈이 크게 떠졌다.

"당신이 나에게 준 돈 이 100만 달러는 내 돈도, 그렇다고 당신 돈도 아니요. 이 돈은 지금 내 형제, 내 자식들이 천리타향에서 그리고 저 멀리 월남에서 피를 흘리며 싸우고 있는 내 아들의 땀과 피와 바꾼 것이오. 그런 돈을 어찌 한 나라의 아버지로서 내 배를 채우는 데 사용할 수 있겠소. 이 돈은 다시 가져가시오. 대신 이 돈만큼의 총을 우리에게 주시오."

나는 낯선 나라의 대통령에게 왠지 모를 존경심을 느끼게 되었다. 그리고 그에게 자신 있게 말할 수 있는 용기를 얻을 수 있게 되었다. 나는 일어서서 그에게 말했다.

"네, 잘 알았습니다. 반드시 100만 달러어치의 소총을 더 보내드리도록 하겠습니다."

그때 나는 방금 전과는 사뭇 다른 그의 웃음 띤 얼굴을 보았다. 한 나라의 대통령이 아닌 한 아버지의 웃음을. 그렇게 그에게는 한국의 국민들이 자신의 형제들이요, 자식들이라고 느끼고 있었다. 집무실을 떠나면서 다

시 한 번 돌아본 나의 눈에는 손수 에어컨을 끄는 작지만 그러나 너무나
도 크게 보이는 참다운 한 나라의 대통령이 보였다.[92]

"국산 미사일을 개발하라"

1971년 12월 16일 청와대에서 시제무기 전시회가 있었고, 이 무
기를 이용하여 12월 24일 해운대와 태릉에서 시험사격이 성공을
거두었다. 이틀 후인 12월 26일 방위산업 책임자 오원철 경제2수
석비서관은 박 대통령으로부터 친필로 된 극비 메모를 한 장 전달
받았다. 메모에는 "1단계로 1975년까지 200킬로미터 사거리의 국
산 지대지 미사일을 개발한다"라는 내용이 적혀 있었다.

미국도 사거리 700킬로미터 급의 퍼싱 지대지 미사일 개발에 10
년이 걸리던 시절에 박정희는 맨주먹으로 4년 안에 최초의 국산 지
대지 미사일 개발을 지시한 것이다. 박정희 대통령은 메모에서 국
산 미사일 개발의 세 가지 기본방침을 제시했다.[93]

첫째, 독자적 개발체제를 확립할 것.

둘째, 지대지 미사일을 개발하되, 1단계는 1975년 이전 국산화를 목표로
할 것.

---

92   김성진, 『박정희를 말하다-그의 개혁 정치, 그리고 과잉충성』, 삶과 꿈, 2006, 303~305쪽.
93   안동만·김병교·조태환 지음, 앞의 책, 107쪽.

셋째, 기술 개발을 위해 국내외 기술진을 총동원하고, 외국 전문가도 초청하며, 외국과 기술제휴를 할 것.

이 비밀 프로젝트는 '항공공업 육성계획'이라는 위장 명칭으로 포장됐고, 후에는 '백곰'이라 불렸다. 1972년 4월 초 오원철 수석 등 무기개발위원회[94]멤버들은 프랑스, 스위스, 노르웨이, 이스라엘의 방위산업체 공장을 견학했다. 그리고 현지에서 무기개발계획의 입안 및 생산시설 등을 구성하고 토론했다.

1973년 3월 대통령에게 보고된 '항공공업 육성계획'의 요지는 "1974년 말까지 중거리 무유도 로켓을 개발하고, 1976년 말까지 중거리 지대지 미사일, 1978년 말까지 장거리 지대지 미사일을 개발한다"는 내용이었다. 박 대통령은 가능하면 개발 시기를 단축할 것을 당부하며 이 계획을 승인했다.

국산 미사일 개발의 1차 목표는 평양 타격, 2차 목표는 휴전선 부근의 북한군 비행장이었다. 미사일 개발을 위해 차출된 국내 최고의 연구진들은 장기출장 명령을 받았다. "4개월 이상 집에 돌아갈 수 없으므로 준비를 철저히 해서 ADD로 모이라"는 희한한 명령이었다. 어디로 가는지, 출장 기간이 정확히 언제부터 언제까지인

---

94 박정희 대통령은 국산 무기 개발을 위해 오원철 경제2수석비서관, 유재흥 국방부장관, 이낙선 상공부장관, 최형섭 과학기술처장관, 신응균 국방과학연구소장으로 구성된 무기개발 5인위원회를 비밀리에 구성했다.

지 등에 대해서는 어느 누구도 알지 못했다.

미사일은 다른 무기와는 비교가 되지 않을 정도로 고도의 첨단기술이 필요한 분야였다. 국내에는 관련 기술이 축적되어 있지도 않았을 뿐 아니라 관련 내용을 알고 있는 기술진도 존재하지 않았다. 결국 외국에서 기술 습득을 위해 국내 연구진은 이미 인도네시아로부터 소련제 스틱스 함대함艦對艦 미사일을 비밀리에 들여다 분해하여 성능시험을 하고 있었다. 이스라엘 방문 과정에서 국제 거상巨商 아이젠버그의 환대를 받았다.

당시 이스라엘은 아이젠버그를 통해 자국산 지대지 미사일인 가브리엘의 판매를 희망하고 있었다. 한국이 이 미사일 도입을 추진하려 하자 미국은 "한국이 이를 구입하면 대한對韓 군사원조가 줄어들 것"이라며 경고하고 그동안 통제해 왔던 나이키 허큘리스 미사일의 한국 판매를 허용했다.

미국이 외국 미사일의 도입을 반대하고, 미국제 미사일 제공도 거절했으며, 한국의 미사일 개발도 방해한 이유는 핵무기 운반 수단으로 사용할 우려가 있다고 판단했기 때문이다.

전 세계로부터 기술 획득

미국은 자국 미사일을 한국에 판매하면서 "미국이 제공한 기술로 미사일을 제조할 경우 사거리를 200킬로미터 이내로 해야 한다"는 사거리 제한 규정 조건을 내걸었다. 200킬로미터는 한국의 최전방 포병기지에서 평양까지의 거리다. 한국이 이 사거리를 초과하는 미사일을 개발할 경우 남북한 군비경쟁이 촉발되어 한반도 안보상황이 위태롭게 된다는 것이 미국의 주장이었다.

한국은 미국의 주장을 수용할 수밖에 없었고, 미국은 그것도 모자라 더 엄격한 국제미사일통제체제Missile Technology Control Regime·MTCR[95]에 가입하도록 압력을 행사했다. 한국이 이러한 제한과 통제를 받는 사이에 북한은 사정거리가 1,000킬로미터에 달하는 노동 1호 미사일 개발에 나선다.

박정희는 연구진을 미국과 영국, 프랑스로 보내 미사일 추진체와 본체 제조기술을 습득케 했다. 프랑스로부터 추진체 제조기술과 장비 구입을 진행했고, 영국의 한 회사로부터 관성유도장치 제작기술을 도입했다.

때마침 미국 항공사인 록히드 계열의 추진체 공장이 파산하자 이를 헐값에 사들여 공장 전체를 통째로 뜯어 대전기계창으로 옮겨왔다. 대전기계창은 미사일 개발을 위한 핵심부품과 기술이 집약된

---

95   1987년 4월 캐나다, 프랑스, 독일, 이탈리아, 일본, 영국, 미국에 의해 만들어진 조약이다. 당초에는 탄두중량 500킬로그램, 사거리 300킬로미터를 초과하는 핵무기를 위한 무인 운반 시스템의 확산을 막기 위해 만들어졌으나 1992년 7월 오슬로에서 열린 연차 회담에서, 탄두중량 500킬로그램, 사거리 300킬로미터를 초과하는 모든 대량살상무기를 위한 무인 항공기(UAV)의 기술 수출을 금지하는데 동의했다.

곳이었는데, 위장하기 위해 이름을 촌스럽게 갖다 붙인 것이다.

당시 미 국방부와 국무부는 록히드 사의 추진체 공장을 한국에 매각하는 문제와 관련하여 서로 다른 입장을 보였다. 국방부차관 윌리엄 클레멘츠는 이 계약을 승인한 반면, 국무부는 맹렬히 반대했다. 이런 점에서 볼 때 박정희는 미국의 정책 책임자들보다 한 걸음 더 앞서 나간 셈이다. 만약 미국이 자국의 무기통제정책을 조정하여 국무부와 국방부가 서로 협조해서 한국이 록히드 추진체 공장과 관련 기술 일체를 매입하는 것을 막았다면 박정희 시대에 한국의 핵무기와 유도탄 개발은 신속하게 진행되지 못했을 것이다.[96]

록히드는 추진체 공장은 매각했으나 관련 기술은 제공을 거부했다. 미국의 합동군사고문단 관계자들은 록히드가 추진체 장비를 한국에 매각할 때 기술이전을 하지 않았기 때문에 한국이 독자 개발하기는 불가능할 것으로 판단했다. 그런데 이들은 1976년 12월 2일 대전기계창 준공식 때 한국 기술진이 검은 연기가 나지 않는 최신형 추진체 실험에 성공한 것을 보고 큰 충격을 받았다. 관련 기술을 프랑스로부터 도입하여 국산화 개발에 성공한 것이다.

김형아는 대전기계창이 위장한 중수 연료봉 생산 공장이었다고 말한다. 이 공장이 건설되는 동안 보안 상태가 너무 엄중해서 충남 도경국장이 일상적인 치안조사차 들렀을 때 출입을 거절당했다. 무

---

96   김형아 지음·신명주 옮김, 앞의 책, 330쪽.

장 경호원들이 입구에서 도경국장에게 국방부장관이 발급한 출입증 없이는 아무도 들어갈 수 없다고 제지했기 때문이다.

미국의 거센 압력

미국은 한국의 독자적인 미사일 개발에 극력 반대했다. 핵탄두 운반체 역할을 할 수 있고, 북한에 대한 선제공격용 무기로 사용될 우려가 있다는 점 때문이었다. 하지만 미군 철수와 월남 패망 등 안보 위기에 처한 한국으로선 절대 포기할 수 없는 카드였다. 한국의 미사일 개발 동향을 파악한 미 CIA는 다음과 같은 보고서를 국무부에 올렸다.

1976년 5월 경, 한국의 미사일 설계도 초안이 거의 완성되었다. 이 새로운 미사일은 나이키 허큘리스의 추진기관과 기체, 통제 시스템, 유도조종장치를 대폭 개량하거나 완전히 재설계한 것이다. ADD는 또 프랑스의 도움으로 추진체 제조기술을 확보하였고, 이 과정에서 추진기관을 제작하는 데도 성공했다.
한국이 자력으로 고성능 추진기관을 제조할 설비와 기술을 갖추었고, 또 기존의 나이키 허큘리스를 능가하는 새로운 미사일 개발 능력을 확보했다는 첩보가 전해지자 미국 정부는 충격을 받았다.

이때부터 주한미군사령관, 주한 미국대사, 미 국방부 안보담당 차관보까지 ADD를 방문해 미사일 개발 중단을 요구했다.

미사일 개발의 본산이었던 대전기계창 상공은 비행금지 구역이었으나 미군 정찰기가 수시로 날아와 저공비행을 하며 항공촬영을 했고, 대전기계창에 미 합동군사고문단 요원 6명을 보내 미사일 개발을 돕는다는 명목으로 감시했다. 미국은 관련 기술 일부를 넘겨주면서 미사일 사거리가 180킬로미터를 넘지 않도록 요구했다. 우리 정부는 미사일 사거리는 얼마든지 늘릴 수 있다는 판단에서 '사거리 180킬로미터 제한 합의서'에 동의했다.

7년여 각고의 노력 끝에 1978년 2월 9일 드디어 국산 지대지 미사일 개발에 성공했고, 7차에 걸친 시험발사를 하여 문제점을 보완했다. 그해 8월 26일 청와대에서 열린 제3차 방위산업 확대회의에서 오원철 제2경제수석이 '항공공업 발전', 즉 미사일 개발에 관련된 보고를 했다. 보고를 들은 박 대통령은 이날 저녁 다음과 같은 일기를 썼다.

제3차 방위산업 확대회의를 청와대에서 개최하다. 일장월취 우리의 방산은 매우 **빠른** 속도로 발전하고 있다. 특히 오늘 항공공업 육성계획 보고는 매우 고무적이며 자신을 가일층 높게 할 수 있었다. 1980년대 중반에는 우리나라에서도 전투기를 충분히 만들 수 있다는 자신감이 생겼다.

한 달 후인 9월 26일. 충남 서산군 안흥면 서해안 바닷가에 위치한 국방과학연구소ADD의 안흥종합시험장에서 국산 미사일의 공개 발사 행사가 열렸다. 박정희 대통령을 비롯한 3부 요인과 합참의장, 3군 참모총장, 존 배시 주한 유엔군사령관, 국내 보도진 등 100여 명이 자리를 잡았다. 미사일 개발팀장 이경서 박사가 "최대 사거리는 180킬로미터, 최대속도는 마하 4.2, 무게 5,542킬로그램, 길이 11.89미터, 직경 0.8미터" 등 한국형 지대지 미사일 '백곰NHK-1' 제원에 대해 보고했다.

세계 7번째 미사일 개발국 대열에 올라

보고가 끝나자 박 대통령이 발사 버튼을 눌렀다. 지축을 뒤흔드는 큰 폭발음과 함께 화살 모양의 백곰 1호가 시뻘건 불기둥을 내뿜으며 힘차게 솟구쳤다. 1단계 로켓이 떨어져 나가고 2단계 로켓이 점화되면서 포물선으로 궤도를 잡아 순식간에 시계를 벗어났다.

얼마 지나지 않아 해상관측소에서 시험통제원이 백곰이 목표 지점 상공에 도달하여 수직 낙하하기 시작했다는 소리가 들려왔다. 이어 "탄착!"이라는 시험통제원의 멘트가 울려 퍼졌고, 대통령과 귀빈들이 있는 관람대는 물론이고 이경서 박사를 포함한 모든 연구원은 서로 부둥켜안고 환호성을 질렀다. 박정희 대통령이 지켜보는 앞에서 한국 최초의 국산 단거리 지대지 미사일이 목표물의 50미터 범위 안에 들어가 명중함으로써 발사시험에 성공한 것이다.

이로써 대한민국은 세계 7번째로 미사일 보유국이 되었다. 박정희는 자리에서 일어나 옆에 있던 개발팀장 이경서 박사의 손을 잡았다.

"이 박사, 수고했소."

지휘소 안은 감격과 흥분의 도가니가 되었다. 미국의 지대공 및 지대지 겸용 미사일인 나이키 허큘리스를 빼닮은 백곰은 사정거리가 180킬로미터였다. 유사시 군사분계선에서 150킬로미터 거리에 위치한 평양을 타격할 수 있는 무기였다. 이날 미사일 발사시험에 참관한 박 대통령은 자주국방에 한 걸음 더 나아간 것을 매우 기뻐했으며, 청와대로 돌아오던 길에 삽교천 방조제 공사현장을 시찰하고 현장 직원들을 격려했다. 이날 박정희는 다음과 같은 일기를 남겼다.

9월 26일(화) 청(맑음)

금일 오후 충남 서산군 안흥에서는 우리나라에서 처음으로 유도탄 시험발사가 있었다. 1974년 5월에 유도무기 개발에 관한 방침이 수립되어 불과 4년 동안에 로켓 유도무기 개발을 성공적으로 완성하여 금일 관계관들 참관 하에 역사적인 시험발사가 있었다.

① 대전차 로켓(3.5톤 로켓을 더 발전시킨 것)

② 다연장 로켓(28연발, 사거리 20킬로미터)

③ 중거리 로켓: 가칭 황룡(사거리 50킬로미터 : 어네스트 존과 유사)

④ 장거리 유도탄: 가칭 백곰(사거리 150킬로미터, 유효반경 350미터, 나이키와 유사함).

4종목 다 성공적이었다. 그동안 우리 과학자들과 기술진의 노고를 높이 치하하다. 귀로 삽교천 방조제 공사현장에 잠깐 내려서 공사현장을 시찰하고 현장에서 수고하는 농진공사 직원들을 격려하다. 진도 74퍼센트, 79년 말 완공 예정이라고 한다.[97]

당시 북한은 소련제 프로그·스틱스 미사일을 보유하고 있었다. 만약 개성에서 사거리 70킬로미터의 프로그 미사일로 서울을 공격할 경우 이에 맞설 수 있는 장거리 타격무기가 없어 애를 먹었다. 이 와중에 백곰이 개발되면서 우리 군의 숨통이 트이게 된 것이다.

백곰 개발로 국격(國格)이 달라지다

백곰 미사일은 1970년대 자주국방을 향한 국가적 열망과 의지의 결정체였다. 백곰 발사 성공을 계기로 세계무대에서 한국의 위상과 국격國格이 크게 달라졌다. 당시 대전기계창장 겸 백곰 개발책

---

97   박정희 지음·박정희대통령기념사업추진위원회 엮음, 앞의 책, 209~210쪽.

임자였던 이경서 박사는 백곰 개발 성공의 의미를 다음과 같이 설명한다.

> 당시의 기술 수준과 주어진 시간 및 미국의 미사일 개발에 대한 제재 등 기술적인 면만 아니라 외교적인 면 등을 복합적으로 고려하여 나이키 허큘리스의 외형을 활용하였다. 그러나 추진기관 기체유도조종 등 모든 기술 분야를 우리가 직접 설계하고 제작하며 실험하는 한편 연구 시험시설과 제작공장도 직접 건설해 가며, 그야말로 "연구하면서 건설하는" 과정의 연속이었다. 미사일의 구성품 개발과 최종 성능시험에서도 실패와 성공을 거듭하는 사투의 연속이었다. 참여 연구원 모두의 피와 땀으로 태어난 것이 바로 백곰이었다.[98]

흥미로운 것은 북한이 간첩을 파견하여 우리 군이 미사일 시험 발사를 하는 장면을 정탐하기 위해 노력했다는 점이다. 백곰 시험 발사가 이루어진 두 달 후 대간첩대책본부는 다음과 같은 사실을 발표했다.

> 북한이 보낸 3인조 무장간첩이 충남·경기도지역에 출몰하면서 우리 민간인 4명을 잔인하게 살해했으며, 양민학살 현장 부근에서 북한제 대검,

---

98   안동만·김병교·조태환 지음, 앞의 책, 15쪽.

압축식량, 카메라 등을 습득했고, 군 당국이 수거한 간첩들의 필름을 현상한 결과 백곰 지대지 미사일 발사실험장의 전경이 담겨 있는 사진이 여러 장 나왔다.

무장간첩의 상륙지점으로 추정되는 서해안은 백곰 미사일 발사실험을 한 지역이었다.

그러나 영광은 여기까지였다. 박정희 대통령이 서거한 후 전두환 장군이 국보위_{국가보위비상대책회의} 상임위원장에 취임한 이후 ADD의 유도탄 개발 분야에 근무하던 핵심 엔지니어들이 가장 먼저 숙청 대상이 되었다. 1980년 8월과 12월 두 차례에 걸쳐 백곰 개발의 사령탑이었던 심문택 ADD 소장을 비롯하여 책임자였던 이경서·강인구 박사 등 박정희 대통령으로부터 훈장까지 받은 30여 명의 간부가 해임되었다.

1982년 12월 김성진 신임 ADD 소장은 취임 즉시 총 인원 2,400여 명의 3분의 1에 해당하는 800명을 쫓아내 ADD의 기능을 완전 마비시켰다. 이로써 그동안 피땀 흘려가며 추진해 온 국산 유도탄 개발 사업은 막을 내렸고, 세계 7위의 유도탄 기술을 자랑하던 한국은 북한에 완전 압도당해 국가안보가 파탄 일보직전에 처했다.

두 번째 ADD 기술진을 숙청한 후 1년도 지나지 않아 아웅산 테러사건이 발생했다. 장거리 보복 수단이 없는 전두환 대통령은 그

제야 "미사일 개발을 재개하라"는 명령을 내렸다. 이 과정에서 급히 개발을 추진한 것이 백곰의 개량형인 현무 미사일이었다.

09

마키아벨리스트의 정치학

분할하여
통치하라

　닉슨 미국 대통령은 하야 후 『지도자』라는 저서를 발간했다. 그는 세계의 수많은 지도자를 만나본 결과 강력한 지도자는 모두 선견지명, 통찰력, 고도의 지성과 노력, 용기, 근면과 집념, 판단력, 대의에 몸 바칠 각오, 자기 자신에 대한 엄격함, 그리고 개인적 매력을 가지고 있었다고 설파하고 있다.

　닉슨은 위대한 지도자는 항상 위대한 꿈을 지니고, 자기 스스로 분기할 뿐 아니라 타인을 분기시킬 줄 아는 사람이라고 말한다. 또 자기를 분기시키고, 국민을 분기시키기 위해서는 탁월한 비전이 필요하다고 지적한다.

　1961년 5·16 군사쿠데타로 역사의 전면에 나선 박정희 대통령의 재임 기간은 국가재건최고회의 시절까지 합치면 1961년 5월부터 1979년 10월까지 18년 5개월이다. 집권 과정도 합헌적인 선거를 통해서가 아니라 무력을 동원한 쿠데타 방식이었고, 3선 개헌과

10월 유신 등 두 차례 개헌을 통해 한국 현대사에서 가장 오랜 기간 집권했다.

박정희의 통치술을 분석하려면 그가 가졌던 정치사상의 핵심 본질을 들여다보는 것이 순서다. 박정희의 정치사상을 분석한 전인권은 그 핵심을 다음 7가지로 분석해 냈다.[99]

첫째, 단순하고 통일성이 있으며 서로 협동하는 상하 관계를 기본으로 하는 정치 공동체에 대한 열망이 강했다.

둘째, 박정희의 정치사상 저변에는 강박적인 역사의식과 위기의식이 깔려 있었다.

셋째, 엘리트주의에 입각한 '목표 지향적 지도자 중심 사상'을 갖고 있었다. 일을 하는 데에는 지도자의 역할이 중요하며, 지도자가 자신의 역할을 못하면 일이 성사될 수 없다고 보았다.

넷째, 쿠데타 초기부터 민주주의에 대한 유보적 태도, 또는 도구적 민주주의관(觀)을 가지고 있었다.

다섯째, '힘의 정치가'로서 힘과 폭력을 중시하는 현실주의적 성향이었다.

여섯째, 궁극적으로 국가주의 사상으로 귀결된다.

일곱째, 경제발전과 자주국방을 하나의 사상 차원으로 격상시켰다.

---

99   전인권, 『박정희평전』, 이학사, 2014, 13~14, 328~332쪽.

목표 지향적 리더십

일본의 한국 전문가 하야시 다케히코林建彦는 이를 총합하여 박정희 집권 기간을 '위로부터의 혁명 18년'이라고 정의했다. 국가주의적 성향이 강했던 박정희는 목표 지향적 리더십의 표본이었다. 그의 행동은 거의 모두 새로운 목표를 설정하고, 그 목표를 달성하는 것에 집중되었다.

박정희의 통치 기간 전체를 꿰뚫는 최고의 정치적 목표는 한민족 중흥이었고, 이것보다 한 단계 낮은 목표가 조국 근대화자립경제와 자주국방이었다. 그리고 조국 근대화와 자주국방의 목표 아래 나머지 세부적인 국정 목표가 수립되었다.[100]

박정희는 5·16 직후인 1961년 6월에 『지도자도指導者道』라는 소책자를 발간했는데, 이 책의 제4절, '우리가 요구하는 지도자의 자격'에서 목표에 대한 확신을 위해 강권발동 문제를 언급하고 있다.[101] 즉, 목표 달성을 위해서는 수단·방법을 가리지 말아야 하며, 경우에 따라서는 강권이 발동되어야 한다는 점에서 그는 진정한 마키아벨리스트였다.

박정희는 일단 목표가 정해지면 이를 달성하기 위해 전통이나 규

---

100 전인권, 『박정희평전』, 이학사, 2014, 13~14, 328~332쪽.
101 박정희, 『지도자도-혁명과정에 처하여』, 국가재건최고회의, 1961, 25~30쪽.

범 등을 물리치고 전략적·개방적·창조적 방식을 총동원했다. 중장기 계획수립, 기획 및 계획제도, 현장지도, 지시와 확인, 그리고 "1인당 국민소득 1,000달러, 수출 100억 달러"와 같이 간명한 표어와 슬로건으로 군대와 관료조직, 농민과 학생, 청년조직, 기업인, 노동자, 관변단체 등 전 국민의 참여를 유도하는 데 천부적인 소질을 발휘했다. 게다가 일반 국민들의 참여와 동참을 이끌어내는 심리학에 그는 통달해 있었다.

인재 발탁은 능력 위주였으며, 경제적 전문지식이나 경험이 필요한 분야는 철저하게 민간 출신 전문가를 기용하여 파격적인 권한을 부여했다. 때문에 박정희 시대는 군부가 지배한 군사정권 시대였으나 그 내막을 들여다보면 군과 테크노크라트, 행정 관료와 기업인들이 연합한 공동정권이었다.

박정희는 행동하는 리더, 힘을 숭상하는 지도자였다. 그는 개인적·국가적 차원에서 힘의 작동원리를 꿰뚫어보았다. 즉 힘이 없는 개인이나 국가는 힘이 강한 개인이나 국가에 굴복할 수밖에 없다고 보았다. 그는 대통령에 오른 이후 일본을 비난하는 발언을 자제했는데, 이것은 그가 친일적이었기 때문이 아니라 일본의 힘, 그리고 그 힘이 형성된 과정에 대한 존중 때문이었다.

따라서 개인·국가가 생존을 위해서는 수단·방법을 가리지 말고 힘^{즉 국력}을 키워야 한다는 사실, 그리고 그 힘을 유효적절하게 사용해야 한다는 사실을 깨달은 정치가였다. 그는 또 권력의 유지와 목표 달성에 도움이 된다면 헌법과 타인뿐만 아니라 자신의 과거와도 단절할 준비가 되어 있는 인물이었다.

전인권의 분석에 의하면 박정희는 토론을 통해 문제를 타협하고 행동하는 대신, 지시를 하고 얼마간 반발이 예상되는 경우 "자, 해볼 테면 해봐라"라는 식으로 쟁점을 제기한 후 일거에 복잡한 문제를 해결해 나갔다.[102]

'지도자'와 '부하' 론(論)

박정희의 권력은 '지도자'와 '부하'라는 인간 장치에 의해 견인되었다. 막스 베버는 자신의 저서 『직업으로서의 정치』에서 지도자와 부하의 관계를 설파했는데, 베버의 주요 관점은 다음과 같다.

정치에는 폭력에 의해서만 해결될 수 있는 과제가 있다. 폭력에 의해 이 지상에 절대적 정의를 확립하려는 지도자는 '부하'라는 인간 장치를 필요로 한다. 지도자는 이러한 인간 장치가 원활하게 작동하는 데 필요한 내적·외적 프리미엄, 즉 포상을 약속해야 한다. 그렇지 않으면 인간 장치는 원활하게 작동하지 않는다.

지도자의 성공과 실패는 '부하'라는 인간 장치가 어떻게 기능하

---

102 전인권, 앞의 책, 234쪽.

는가에 달려 있다. 따라서 지도자 자신의 동기가 아니라 부하라는 인간 장치의 동기, 즉 지도자가 부하에게 포상을 영속적으로 줄 수 있느냐의 여부에 지도자의 성공이 달려 있다. 지도자가 실제로 무엇을 달성할 수 있는가는 지도자의 생각에 달려 있는 것이 아니라, 부하들의 윤리적으로는 비속한 행위 동기에 의해 결정된다는 것이 막스 베버의 통찰이다.

박정희는 혁명주체로 참여한 김종필을 위시한 '부하'들에게 적절한 지위와 권한을 지속적으로 제공함으로써 '인간 장치'의 원활한 작동을 유도했다. 그러나 포상_{즉 당근}만으로는 인간 장치의 원활한 유지가 어렵다는 권력의 비정한 생리를 꿰뚫어 보고 있었다. 박정희는 한 손에는 당근, 다른 손에는 채찍과 몽둥이를 들었다.

박정희의 통치술에서 주목할 점은 로마인들이 소수의 군사력으로 거대한 제국을 유지하는 과정에서 유효적절하게 사용했던 분할통치Devide and Rule 방식이다. 권력의 요직에 임명한 사람들을 갈라놓은 다음 서로 감시·경쟁시켜 대통령에게 권력과 정보를 집중시키고 충성을 바쳐야만 지위가 유지되도록 하는 고전적인 통치술이었다.

박정희는 부하들이 가진 특기와 장기, 재주를 살려 국가에 기여할 수 있는 자리에 앉힌 다음 서로 감시·경쟁케 하여 권력의 누수현상을 철저히 차단했다. 그 결과 대통령을 정점으로 하는 권력구조를 강화해 나갔다.

5·16의 모의와 실행, 혁명 후 권력 장악, 국가 통치에 이르는 전 과정에서 육사 8기생들을 규합하여 쿠데타 성공에 결정적인 역할을 한 인물이 김종필이다. 김종필 증언록을 보면 곳곳에서 자신이 박정희와 동등한 지분을 갖는 쿠데타의 기획자이자 리더라는 점을 자랑스럽게 기술해 놓았다. 심지어 그는 사석에서 "나는 혁명의 아버지였다"고 자부했다.

그런데 김종필이 중앙정보부를 창설하여 고급정보를 독점하고 공화당 창당 과정에서 4대 의혹사건이 벌어지는 등 지나친 권력 쏠림 현상이 나타나자 박정희는 가차 없이 김종필의 목을 친다. 박정희는 '자의 반 타의 반'의 외유外遊 형식을 빌려 김종필을 권력 바깥으로 추방했다가 필요하면 다시 불러 쓰는 등 냉온탕을 오락가락하도록 만드는 용인술을 보여 주었다.

김일영은 5·16 초기에 미국 정부가 박정희에 대해서는 "균형을 유지하기 위해 노력하는 신뢰할 만한 인물"로 평가했으나 김종필은 "갖가지 추문을 일으키고 무리한 경제정책을 추진하는 급진적인 민족주의자"로 바라보았다고 지적한다. 이런 이유 때문에 미국은 온건파인 박정희를 강경파인 김종필로부터 분리시켜 경제발전에 주력하도록 하기 위해 1963년 2월 박정희에게 김종필을 외유시키도록 강권했다고 지적했다.[103]

---

103   김일영, 『건국과 부국』, 기파랑, 2012, 349쪽.

정적(政敵)을 너무 많이 만든 김종필

혁명주체 세력의 한 사람이었던 해병대 장군 김윤근은 김종필의 존재가 박정희의 장기집권을 부추긴 한 원인이었다고 지적한다. 이유는 이렇다. 김종필은 기회가 있을 때마다 자신이 박정희의 후계자이자 차기 대통령 후보라고 자부했다. 김종필은 자아도취형 인물로서 남을 무시하는 성격 탓에 주위에 정적을 많이 만들었다.

1967년 제6대 대선 직후 친親김종필 세력은 박정희의 중임 임기가 끝나면 김종필을 대통령 후보로 추대하려는 움직임을 보였다. 이 사실을 알게 된 김종필의 정적들은 힘을 모아 그를 정치적으로 거세하는 데 성공했다. 그러나 박 대통령과 인척관계[104]의 유대마저 끊어내지는 못했다.

김종필의 정적들은 김종필이 대통령이 되는 것을 막기 위해 박 대통령에게 3선 개헌을 적극 권했고, 자신들이 앞장서서 3선 개헌을 성공시켜 김종필을 거세하는 데 성공했다. 이렇게 시도된 3선 개헌이 유신 개헌까지 이어져 장기집권으로 가게 됐다는 것이 김윤근의 견해다.[105]

---

104 김종필은 박정희가 가장 존경했던 셋째 형 박상희의 딸 박영옥과 결혼하여 박정희의 조카사위가 됐다.

105 김윤근, 『해병대와 5·16』, 범조사, 1987, 264쪽.

김형욱은 저돌적인 공격성을 가진 인물이었다. 박정희는 정치적으로 공격성이 필요한 상황이 되자 김형욱에게 중앙정보부장을 맡겨 그의 공격성을 유감없이 발휘하도록 유도했다.

울산농고를 졸업하고 일본 육군 항공기정비학교의 하사관 과정 출신인 이후락은 일을 꾸미는 재주가 능수능란하여 삼국지에 등장하는 조조曹操라는 별명을 얻었다. 기자들은 조조와 제갈공명을 합쳐 '제갈조諸葛曹'라는 애칭으로 그를 부르기도 했다. 박정희는 뭔가 일을 도모해야 하는 상황에서는 이후락을 전면에 내세웠다.

쌍용그룹의 창업자 김성곤은 돈과 조직을 끌어모으는 재주가 비상한 인물이었다. 박정희는 김성곤의 재능을 높이 사서 당의 재정을 맡겼다.

사례에서 보듯이 박정희는 '부하'들의 장점과 재주를 최대한 활용하여 요직을 안배한 후 분할통치를 통해 권력자, 혹은 권력기관 간에 균형과 상호 견제체제를 작동시켰다. 이러한 분할통치는 권력의 최고 정점인 대통령 입장에서는 효율적이고 편리한 통치방식이지만, 이를 감내해야 하는 부하들 입장에서 보면 엄청난 스트레스였다.

박정희의 '부하'들은 서로가 서로를 감시하고, 권력자에게 감시 내용을 비밀리에 보고하는 과정에서 때로는 부하들 간에 감정이 격해져 주먹다짐이 벌어지는 경우도 있었다. 성격이 괄괄했던 김형욱 중앙정보부장과 박종규 경호실장의 관계가 그 대표 격이었다.

박종규는 1949년 초 육군본부 정보국 작전상황실에서 박정희와 처음 만났다. 당시 박정희는 숙군 과정에서 예편돼 비공식 문관으로 근무하고 있었는데, 박종규는 부사관^{이등중사}으로 박정희와 조우한다. 이 무렵 육사 8기 엘리트인 김종필, 이영근 등이 육본 상황실로 부임해 오면서 박종규는 이들과 인연을 맺었고, 육사 8기생들의 주선으로 육군종합학교 간부후보생으로 입교하여 장교로 임관했다.

박종규와 김형욱의 격돌

1963년 가을 어느 날 중앙정보부장에 임명된 김형욱은 의기양양하여 권총을 찬 채 청와대를 드나들었다. 당시 김형욱의 나이는 38세, 육군 중령으로 쿠데타에 참여한 지 2년 후의 일이다. 박종규는 김형욱보다 나이가 다섯 살이나 아래였고, 5·16 당시 계급은 소령이었다.

경호실장 박종규는 대통령에 대한 경호를 위해서는 김형욱의 버릇을 고쳐 놓아야 한다고 작심하고 권총을 차고 청와대에 들어가려는 김형욱에게 "각하를 면담할 때는 어느 누구를 막론하고 무기를 내어놓아야 합니다" 하고 제지했다. 김형욱은 박종규를 노려보더니 무시하고 대통령 집무실로 향했다. 박종규가 그의 앞을 가로막고 권총 벨트를 움켜잡으며 외쳤다.

"여기가 어디 야전부대나 간첩 수사하는 곳인 줄 아십니까?"

두 사람 간에 우격다짐이 벌어졌다. 주먹이 오가기 직전 주위의 만류로 극한상황은 피했는데, 이때부터 두 사람 사이에 감정의 응어리가 생겼다. 3선 개헌 논쟁이 불붙었던 1969년 3월 1일의 일이다. 3·1절 기념행사를 마친 박정희 대통령은 박종규 경호실장, 김형욱 중앙정보부장과 저녁식사를 함께했다. 시국담을 나누던 중 박종규가 김형욱에게 따졌다.

"오늘 각하를 모신 자리에서 따져야 할 일이 있습니다. 당신 김형욱
은 걸핏하면 왜 나를 중상 모략하는 거요? 당신이야말로 온갖 비행과 부정을 저지르면서 자기만 깨끗한 체 나를 헐뜯는데, 그 이유를 밝히시오. 또 당신은 각하에게 충성하는 체 하지만, 모든 문제는 각하에게 보고하기 전에 일일이 정일권 총리에게 먼저 보고하고 있는 걸 다 알고 있소. 그 이유가 뭐요."

이날 박종규는 그동안 김형욱에게 당했던 일들을 분풀이 삼아 낱낱이 대통령 앞에서 폭로했다. 심지어 김형욱과 여배우 김 모 양의 관계까지 다 폭로했다. 두 사람이 으르렁거리는 모습을 지켜보던 박 대통령은 "고약한 것들!" 하면서 자리에서 벌떡 일어나 밖으로 나갔다.

대통령이 나가자 김형욱이 박종규의 멱살을 잡으면서 "네가 나하고 무슨 원수가 졌기에 대통령 앞에서 망신을 주느냐"며 거칠게 몰아붙였다. 멱살을 잡힌 박종규는 당수로 김형욱의 얼굴을 사정없

이 후려갈겼다. 역부족임을 느낀 김형욱은 일단 살기 위해 도망쳤다. 화가 머리끝까지 난 박종규는 권총을 뽑아 들고 "이놈 어디로 가. 죽여 버릴 테다"하고 쫓아가자 김형욱은 맨발로 달아나 어딘가에 숨어 화를 면했다.[106]

김형욱은 한편에선 김성곤·백남억·이만섭 등 친여_{親與} 의원 세력들의 공격을 받았다. 이들 경북 출신 의원들은 3선 개헌 관철 조건으로 부패한 김형욱 중앙정보부장의 경질을 요구하고 나섰다. 이렇게 되면서 김형욱은 모임의 보스 격인 김성곤 의원과 견원지간이 되었다.

하루는 김형욱이 의원총회 중인 김성곤 의원을 전화로 불러 "당신 왜 나를 못 살게 구는가. 네 배때기에는 총알이 안 들어가는 줄 아는가. 정 그렇게 나오면 나도 가만있지 않겠다"고 협박했다. 화가 치민 김성곤 의원도 "좋다. 해볼 테면 해보자. 내가 3년 징역을 받는다면 너는 10년은 받을 거야"라고 응수했다.

윤필용과 김재규의 갈등

윤필용과 김재규는 전임-후임으로 보안사령관을 지낸 사이다. 두 사람 간에도 라이벌 의식으로 인해 치열한 신경전이 전개됐다. 윤필용은 보안사령관을 김재규에게 물려주고 수도경비사령관으로

106　김종신, 앞의 책, 106~107쪽.

전임됐다. 김재규는 전임 윤필용 사령관의 동태 파악과 전화를 도청하여 보고하라고 지시했다. 수경사에 파견 나가 있는 보안사 팀은 윤필용의 전화에 도청장치를 달았다.

수경사는 갑자기 전화 감도가 떨어지자 외부 도청을 의심하여 은밀히 내사에 착수했다. 수경사의 헌병대 수사대는 전화선을 점검하던 중 전주에 비정상적으로 꽂혀 있는 도청시설을 발견, 추적해 보니 수경사에 파견 나와 있는 보안사령부 요원들의 소행이었다.

수사대는 보안사 사무실의 도청 현장을 덮쳐 도청 내용을 녹음한 테이프를 압수했는데, 살펴보니 윤필용의 통화 내용이 수록되어 있었다. 노발대발 한 윤필용은 보안사 팀의 철수를 명령하고 김재규에게 강력 항의했다.

박정희 정부에서 외무부장관, 국무총리, 국회의장 등 요직에 중용됐던 정일권은 권력의 살벌한 생리를 누구보다 잘 알고 있는 인물이었다. 그는 어떤 어려운 일을 맡더라도 무난하게 처리했고, 온화한 처신으로 다른 사람의 눈총을 받지 않았다. 또 '자리'에 대한 집념은 누구보다 강했지만 대통령 친위세력들의 경계 대상이 되지 않도록 무서운 자제력을 보였다.

어느 누구에게도 권력욕이 있다는 느낌을 주지 않는 여유로운 처신. 이것이 정일권의 장수 비결이었다. 정일권은 일과가 끝나 저녁 식사 모임이 있을 때면 '박정희의 사람'으로 알려진 이석제총무처장관. 감

^{사원장 역임}를 불러 늘 함께했다. '박정희의 사람'을 달고 다님으로써 자신의 일거수일투족이 박 대통령에게 투명하게 보이고 있다는 점을 만천하에 알리기 위한 고단수 처신이었다.

박정희 정부 시절 장수한 관료의 대표로 꼽히는 인물이 김정렴 대통령 비서실장이다. 김정렴은 1945년 8월 6일 일본 육군예비사관학교를 졸업하고 견습 소위로 히로시마에 근무하던 중 원자폭탄의 폭심^{爆心} 2킬로미터 지점 안에 있다가 구사일생으로 살아난 행운아였다. 그는 해방 후 머리가 빠지고 잇몸이 허물어지는 원자병 후유증을 극복하느라 애를 먹었다.

1962년 6월 10일 단행된 화폐개혁 때 한국은행에 근무하면서 실무를 담당했던 인물이 김정렴이다. 꼼꼼하고 성실한 근무 자세를 눈여겨본 박정희가 김정렴을 재무부와 상공부의 장·차관으로 임명했고, 1969년 10월 21일에는 대통령 비서실장에 임명하여 9년 이상 곁에 두었다.

그는 사심이 없고 온 힘을 다하는 업무 처리로 정평이 나 있었다. 적극적으로 일을 건의하고 박력 있게 끌고 나가는 스타일이 아니라 대통령의 뒤에서 그림자처럼 보좌하는 스타일이었다. 김정렴은 대통령의 정치나 권력, 통수^{統帥}에 관한 사안엔 일체 개입하지 않는 등 스스로 지켜야 할 선을 분명히 설정해 놓고 절대 그 선을 넘지 않았다. 박정희는 이런 스타일의 인물들을 중용했고, 대부분이 장수했다.

윤필용 사건의 파장

박정희는 혈기 방장한 '부하'들이 자신이 설정해 놓은 권력 운용의 원칙에서 벗어나거나 자신의 권위에 도전하려는 기미를 조금이라도 보일 경우 예외 없이 가혹하게 처리했다. 그 대표적인 사례가 1973년 3월 발생한 '윤필용 사건'이다. 당시 박정희체제를 떠받치고 있는 실세 기관과 인물은 김종필국무총리, 이후락중앙정보부장, 박종규대통령경호실장, 윤필용수도경비사령관, 강창성보안사령관 등 5인 체제였다.

육사 8기 출신인 윤필용은 박정희 장군이 5사단장 시절 군수참모로 처음 인연을 맺었다. 그 후 박정희는 7사단장, 부산 군수기지사령관, 5·16 이후엔 국가재건최고회의 의장 비서실장으로 자리를 옮길 때마다 그를 데리고 다닌 친위세력이다. 민정 이양 후 윤필용은 방첩부대장1965년을 역임한 후 맹호부대장으로 월남에 다녀왔고, 1970년 육군 소장으로서 수도경비사령관에 임명됐다.

수도경비사령관 윤필용은 박정희의 총애를 무기로 상당한 권력을 행사했다. 그런데 그는 권력에 너무 도취되었는지 넘지 말아야 할 선을 넘고 말았다.

1972년 10월 어느 날 윤필용은 이후락 중앙정보부장과의 저녁식사 자리에서 "각하는 연만年晚하시니 더 노쇠해지기 전에 물러나시게 하고 후계자를 세워야 한다"면서 이후락에게 "형님이 있지 않습니까"라는 발언을 했다.

당시 이후락은 7·4 남북 공동성명에 이어 10월 유신 추진의 주역으로 위세가 하늘을 찌를 듯한 상황이었다. 이 와중에 권력의 핵인 두 사람이 너무 가까이 다가간 게 화근이었다. 중앙정보부장과 수경사령관의 만찬 자리에는 청와대 대변인을 역임한 신범식 서울신문사 사장이 합석해 있었다. 신범식 입장에서 볼 때 두 사람의 대화는 일종의 하극상으로 그저 듣고 웃어넘길 내용이 아니라는 판단이 들었다.

두 사람의 대화 내용은 곧바로 청와대에 보고되었고, 박정희는 즉시 강창성 보안사령관에게 조사를 지시했다. 1973년 3월 윤필용은 수경사령관에서 해임된 직후 구속되었으며, 4월 28일 육군본부 보통군법회의에서 징역 15년형을 선고받았다. 죄명은 업무상 횡령 및 알선수뢰, 군무이탈 방조 및 비호 등이었다.

박정희는 윤필용 장군은 가혹하게 짓밟았지만 무릎을 꿇고 눈물로 호소한 이후락은 아직도 여러 면에서 쓸모가 있다고 판단했는지 유임시켰다. 이것이 박정희의 돌이킬 수 없는 패착이었다. 윤필용 사건으로 권력자의 신임이 급락하자 초조해진 이후락은 박 대통령의 신임을 회복하기 위해 작심하고 일을 벌였는데, 그것이 김대중 납치사건이었다.

윤필용 사건으로 대통령 친정체제 구축

윤필용 사건의 후폭풍은 예상외로 심각했다. 윤필용은 구속됐고, 이후락은 신임 추락 및 김대중 납치사건으로 결국 경질됐다. 윤필용 수사를 담당했던 강창성은 수사가 마무리된 뒤 한직으로 좌천되면서 그동안 유지되어 오던 5인 실력자 체제가 붕괴됐다. 그 결과 '대통령 친정체제'가 구축되기에 이른다.

윤필용 사건은 5·16쿠데타라는 사선을 함께 넘은 '부하'들의 무더기 퇴출로 인해 '지도자'와 '부하' 간의 인간 장치가 작동 불능상태에 빠지는 결과를 야기했다. 사실 박정희 정권 하에서 '부하'라는 인간 장치는 대통령과 국민 사이에 완충지대를 형성하여 정책상의 책임이 직접 대통령에게 미치지 않도록 중간에서 흡수하는 범퍼 역할을 해 왔다.

그런데 윤필용 사건으로 '부하'라는 인간 장치가 사라지고 대통령 친정체제가 작동하면서 국민의 비판과 책임추궁이 직접 대통령에게 향하는 상황을 맞게 된다.[107] 박정희체제 말기의 위기는 결국 5인 실력자 체제가 붕괴하고, 대통령 친정체제가 야기한 피할 수 없는 비극이었다.

---

107 하야시 다케히코(林建彦) 지음·선우연 옮김, 『박정희의 시대』, 월드콤, 1995, 144~145쪽.

1971년 오치성 내무부장관 해임건의안을 둘러싼 소위 '10·2 항 명파동'은 자신의 권력에 도전하는 사람은 아무리 가까운 심복이라 도 가차 없이 응징하는 박정희의 권력자로서의 무서운 면모를 보여 준 상징적 사건이었다.

1969년 3선 개헌을 주도한 민주공화당의 4인방_{김성곤·백남억·길재호·김진}_만은 박정희의 3선 연임을 성공시킴으로써 그 위세가 '하늘을 나는 새'의 형국이 되었다. 그런데 1971년 인천 앞바다에 위치한 실미도 에서 훈련을 받던 공군 특수부대 소속 북파대원들이 훈련장을 탈 출했다. 이들은 지나가던 버스를 탈취해 서울 영등포까지 진출하여 승객을 인질로 붙잡고 총격전을 벌이던 중 수류탄을 터뜨려 전원 자폭自爆 사망하는 충격적인 사건이 발생했다.

이 사건의 여파로 9월 30일 야당인 신민당이 오치성 내무부장관, 김학렬 경제기획원장관, 신직수 법무부장관에 대한 해임건의안을 국 회에 제출했다. 공화당은 해임안을 부결시키기로 당론을 정했다.

그런데 분위기가 심상치 않게 돌아갔다. 혁명주체의 한 사람인 오치성은 박 대통령이 직접 내무부장관으로 발탁한 인물이었는데, 김성곤 공화당 재정위원장과 대립하는 등 불편한 관계였다. 김성곤 을 비롯한 공화당 4인방은 자신들과 대립각을 세우는 오치성 장관 을 해임시켜 '국회 권력의 뜨거운 맛'을 보여 주기로 의견의 일치를 보았다.

사실 오치성 해임건의안이 야당에 의해 제출된 것은 쌍용그룹 창업주로서 풍부한 자금력을 바탕으로 여야 정계에 폭넓은 인간관계를 형성하고 있던 김성곤의 공작 때문이었다. 사태가 심상치 않게 돌아가자 박정희 대통령은 백남억 공화당 의장을 불러 "오치성 해임안을 철회하라"고 지시했지만 소용없었다.

자신들 스스로 '권력의 정점'이라고 자임하던 공화당 4인방은 오치성 해임건의안의 의미에 대해 크게 착각했다. 그런 행위는 자신들의 눈에 거슬리는 '박정희의 부하' 한 사람 손봐주기가 아니라 박정희에 대한 정면도전이란 사실을 그들은 이해하지 못했다.

결국 10월 2일, 3부 장관에 대한 국회의 해임건의안 찬반 투표에서 김학렬, 신직수 두 사람은 부결되었으나 오치성 내무장관 해임안은 찬성 101, 반대 90으로 가결됐다. 여당인 공화당 의원들 중 20여 명이 김성곤과 그 일당의 회유에 넘어가 해임건의안에 찬성표를 던진 결과 대통령의 뜻과는 다른 일이 벌어진 것이다.

공화당 4인방이 제거된 이유

김성곤은 의기양양하여 휘하 국회의원들과 함께 골프를 치러 나갔다. 해임건의안이 통과되었다는 보고를 받은 박정희는 "이제 좀

머리가 커졌다고 감히 나에게 도전을 하는가?" 하고는 이후락 중앙
정보부장에게 "김성곤 일당이 왜 이런 짓을 벌였는지 철저하게 조
사하라"고 엄명을 내렸다.

그날 밤 주동자인 김성곤과 길재호 의원을 비롯하여 항명에 가담
한 민주공화당 의원 20여 명이 중앙정보부로 끌려가 가혹한 조사
를 받았다. 김성곤과 길재호 두 사람은 탈당계를 내고 국회에서 쫓
겨났다_{당시는 탈당을 하면 의원직을 상실하도록 제도화되어 있었다}. 함께 항명을 모의했던 4인
방 중 눈치 빠른 백남억과 김진만은 표결에 참여하지 않아 간신히
화를 면했다.

공화당 4인방의 제거로 인해 여당 내에 영향력을 행사할 수 있는
파벌이 전멸했다. 그 결과 당조직도 박정희 친정체제로 정비되면서
모든 정치적 결정이 청와대로부터 직접 내려왔다. 그동안 4인 협의
회_{청와대 비서실장, 중앙정보부장, 공화당 재정위원장, 경제기획원장관}에 맡겨두었던 정치자금 수
납 권한도 모두 회수하여 청와대 비서실장에게 일원화했다.[108]

박정희는 자신의 권력 운용 방식인 '분할통치' 원칙을 거스르고
권력을 가진 '부하'들끼리 사사로이 손을 잡는 행위를 결코 용인하
지 않았다. 아끼는 심복이라도 권력에 도전하는 기미가 보일 경우
지위 여하를 불문하고 무자비하게 보복을 함으로써 권력의 힘이 얼
마나 무서운가를 생생하게 보여준 것이다.

---

108 김정렴, 『아, 박정희』, 중앙M&B, 1997, 224~232쪽.

육영수 여사의 사후死後 박정희의 분할통치 방식은 곳곳에서 금이 가기 시작했다. 균형을 유지해야 할 권력의 중심추가 특정인과 특정 조직에 몰리는 현상이 나타나기 시작한 때문이다. 1974년 8월 15일 문세광의 저격으로 인한 육영수 여사의 사망은 누가 뭐래도 경호 실패였다. 이날 밤 박종규는 경호실장실에서 침통한 표정으로 밤을 지새웠는데, 5·16 혁명동지들이 박종규의 자살을 우려해 함께 철야를 했다.

육영수 여사 저격사건의 후폭풍으로 인해 대통령 경호실장 박종규는 경호 실패의 책임을 져야만 했다. 육 여사의 국민장이 거행된 후인 8월 21일 박종규는 경호실장에서 물러나면서 후임에 5·16 주체세력이자 국세청장을 역임한 오정근을 추천했고, 김정렴 비서실장은 차지철을 추천했다. 박정희는 두 사람의 추천자 중 차지철을 선택했다. 어느 누구도 예상하지 못했던 깜짝 인사였다.

차지철은 경기도 이천 출신으로 육군사관학교에 지원했으나 낙방을 한 경력자다. 그 후 갑종장교 포병 간부후보생으로 육군 소위로 임관하여 1959년 공수특전단에 배속됐다. 1961년 제1공수특전단 중대장으로 5·16에 참여했는데, 이때 쿠데타 지도자 박정희 장군의 경호를 담당하며 박정희와 인연을 맺었다.

쿠데타 성공 후 차지철은 국가재건최고회의 의장 경호차장으로 임명되었고, 1962년 육군 중령 진급과 동시에 전역하여 1964년 국민대 정치학과를 졸업했다. 그 후 6대 국회의원 총선에서 공화당 전국구로 의원 생활을 시작했다. 7~9대는 지역구에서 당선되어 국회 외무국방위원장·내무위원장을 역임했다. 의원 생활을 하면서 한양대 정치학 박사 학위를 취득했다.

'차지철 경호실장'은 육영수의 유작(遺作)

차지철은 성격이 단순 우직하고 독실한 기독교인이며 효자로 소문이 자자했다. 게다가 술과 담배를 입에 대지 않는 등 청렴하고 반듯한 생활을 하는 인물이었다. 차지철의 고등학교 시절 친구의 증언에 의하면 차지철은 내성적이고 온순한 성격이었고, 태권도 5단, 검도 4단의 유단자였다. 그러나 정치적 경륜이나 식견, 지식수준으로 볼 때 날고 기는 박정희의 '부하'들 중에서는 2류 내지 3류에 속하는 인물로 평가된다.

육영수 여사는 평소 청교도적 생활을 하는 차지철을 눈여겨보았던 것 같다. 육 여사는 박정희 대통령에게 "차지철 같은 사람을 가까이 두고 일 해보시라"고 권했다. 말하자면 육영수 여사의 유작遺作이 '경호실장 차지철'인 셈인데, 결과적으로 문세광의 저격은 생각지도 못했던 인물을 권력의 중심으로 급부상시키는 계기가 되었다.

박정희는 1976년 신직수의 후임으로 김재규를 중앙정보부장에 임명했다. 박정희가 동향 출신인 김재규를 중앙정보부장에 임명한 이유는 "가까이 두면 마음이 놓이는 인물"이었기 때문이다.

1972년 군단장을 끝으로 예편한 김재규는 유정회 의원을 거쳐 중앙정보부 차장으로 보임됐다. 이때 박정희에게 김재규를 중용할 것을 권유한 사람은 이종찬 전 육군참모총장이었다. 그는 1974년 봄, 박 대통령에게 다음과 같은 추천서를 보냈다.

각하도 잘 아시겠지만, 김재규는 우직한 데가 있습니다. 또 기민하지 않은데다 너무 단순할 때도 많고요. 그러나 그런 점들이 오히려 장점으로 작용해서 마치 보약처럼 두고두고 각하께 도움을 줄 수 있는 사람으로 생각됩니다.[109]

이종찬 장군의 추천이 주효했는지 김재규는 그해 9월 건설부장관, 1976년 12월엔 중앙정보부장에 임명되었다. 문제는 김재규가 성격상 '분노조절장애' 증세가 있는 인물이란 점이었다. 그는 욱 하는 성질이 지나쳐 한번 흥분했다 하면 전후좌우 분간을 못하고, 자기가 무슨 일을 하는지 자각을 하지 못했다. 김재규는 건설부장관 시절 국회에 출석하여 의원들로부터 공격을 받으면 느닷없이 자리에서 벌떡 일어나 "에이, 나 이런 놈의 장관 안 한다"면서 문을 박차

---

109   강성재, 『참군인 이종찬 장군』, 동아일보사, 1988, 20쪽.

고 나가곤 했다.

1978년 2월 어느 날 김재규는 김종필을 찾아가 다음과 같은 말을 했다.

이승만 박사가 여든 세 살이 넘으셨어도 정정하게 대통령직을 수행하셨습니다. 중앙정보부는 박정희 대통령을 종신 대통령으로 모시는 임무에 모든 기능과 자원을 집중하기로 했습니다.

박 대통령을 종신으로 모시겠다고 약속했던 김재규는 그로부터 8개월 후 대통령을 시해한 후 "이 나라의 민주주의를 위해 거사를 단행했다"고 말을 바꿨다.

차지철은 영부인 육영수 여사가 세상을 떠나면서 생긴 대통령 옆의 빈자리를 차지했다. 그는 경호실장이 된 후에도 청교도적인 생활태도를 유지했다. 그런데 "나만은 깨끗하다"는 그의 생각이 치유할 수 없는 독선을 낳는 역할을 했다는 사실을 그는 알고 있었을까?

차지철보다 나이가 8살이나 위인 김재규는 대통령의 신임을 얻기 위해 조급증이 생겼다. 차지철과 김재규의 첨예한 갈등 관계는 언제 터질지 모르는 시한폭탄이었다.

김계원의 등장

호랑이와 사자처럼 서로 으르렁거리던 차지철과 김재규가 정면으로 부딪치지 못하도록 완충 역할을 한 사람은 김정렴 비서실장이었다. 김정렴은 9년 3개월 간 비서실장을 역임하며 매끄러운 처신으로 박 대통령 곁에서 국정을 보좌했고, 어디로 튈지 모르는 차지철과 김재규의 관계를 원만하게 조정함으로써 맹수들 간의 격돌로 인한 파탄을 막았다.

그런데 1978년 12월, 김정렴 비서실장이 사퇴하는 상황이 벌어졌다. 그해 12월 총선에서 공화당은 정당 득표율에서 신민당보다 1.1퍼센트 뒤져 실질적으로 패배했다. 김재규 부장과 차지철 경호실장은 "때는 이때다" 싶었는지 돌아가면서 박 대통령에게 "각하를 잘못 보좌한 김정렴이 선거 패배의 책임을 져야 한다"고 문제 제기를 하는 통에 박정희의 마음이 흔들렸다.

나가야 할 때와 물러날 때를 분별할 줄 알았던 김정렴은 두 말 없이 사퇴했다. 12월 22일 박정희는 김재규의 추천을 받아 후임으로 주 자유중국 대사를 8년 동안 지내는 바람에 국내 실정에 어두웠던 김계원을 비서실장에 앉혔다.

김계원은 연희전문 상과 출신으로 1946년 군사영어학교 1기로 군문에 들어선 이래 1969년 육군 대장으로 예편했다. 육군참모총장과 김형욱에 이어 중앙정보부장1969년 10월~1970년 12월을 역임한 데서 보듯이 전형적인 무인武人이자 차지철의 군 대선배였다.

문제는 김계원의 성격이 무던 온순했다는 점이다. 대통령 비서실장은 고도의 정치성을 발휘해야 하는 자리였다. 김계원은 오랜 기간 외교관으로 해외 근무를 하다가 갑자기 비서실장에 임명되면서 국내 정치상황에 어두웠다. 이 점에서 김계원은 비서실장 적임자라고 보기는 어려웠다.

그 빈틈을 4선 의원 출신으로 국회 외무·내무위원장을 역임한 차지철이 메우는 것은 자연스러운 일이었을 것이다. 이처럼 뭔가 부족한 듯한 인물들을 대통령 주변에 포진시키는 인선은 '용인술의 달인'이란 평을 듣던 박정희의 솜씨가 크게 무뎌졌음을 증명하는 것이다.

차지철은 군의 대선배인 김계원을 깍듯이 모셨고, 김계원은 그 호의에 보답하듯 차지철이 비서실장의 고유 권한을 침해해도 문제 삼지 않았다. 덕분에 차지철은 대통령의 면담 일정을 조정하는 의전비서실 업무에 제멋대로 개입하여 외부 인사들의 대통령 면담 기회를 차단했고, 대통령에게 보고되는 정보를 독점했다. 심지어 김재규 중앙정보부장의 청와대 출입과 대통령 면담까지도 통제했다.

김계원은 차지철과 김재규라는 두 맹수 사이에서 균형과 질서를 유지할 만한 의지나 능력이 부족한 사람이었다. 김정렴이란 완충장치가 사라지자 김재규와 차지철의 권력투쟁은 노골화되었다. 박 대통령의 최측근인 차지철과 김재규의 갈등관계는 결정적인 허점을 노출하기 시작했다.

차지철의 월권행위

차지철의 군 경력은 육사 시험 낙방, 육군 중령 예편 등 보잘것 없었다. 이처럼 일천한 군 경력이 콤플렉스의 원인으로 작용했는지 차지철은 경호실장에 임명되자 '대통령 경호 강화'를 명목으로 청와대 경비를 담당하는 수도경비사령부 30·33대대를 여단 급으로 격상시켰다. 그리고 유사시 수도경비사령부의 작전지휘권을 경호실장이 갖도록 법을 개정했다.

또 경호실 차장에 현역 소장을 임명하고, 행정차장보와 작전차장보 자리를 신설해 현역 육군 준장으로 임명했다. 이때 경호실 차장으로 정병주·문홍구·전성각·이재전 소장이 기용됐고, 행정·작전차장보에는 육사 11기인 전두환·노태우·김복동이 차례로 임명된다.

차지철은 영부인 사망에 대한 책임으로 자괴와 비탄에 빠져 있던 경호실 분위기를 쇄신하기 위해 경호원들에 대한 사격과 무술·정신 교육을 강화했다. 또 일주일에 한 번씩 경호실 직원들에게 대학교수의 특강을 듣도록 했다.

차지철은 대통령 경호도 대폭 강화했다. 1979년 가을 어느 날 박정희 대통령이 경기도 고양시의 뉴코리아 골프장에서 라운딩을 했는데, 골프장 가는 길 양편에 50미터 간격으로 경호원들을 배치했다. 골프장 안에도 경호원들이 곳곳에 엎드려서 고개만 내놓고 경호를 함으로써 라운딩을 하던 사람들이 혀를 끌끌 찼다.

심지어 차지철은 대통령의 오랜 친구인 모펫 신부가 대통령을 만나는 일마저 단절시켰다. 차지철이 경호실장이 된 후 박 대통령을 만나고 나오는 모펫 신부를 붙들고 "앞으로 대통령과 나눈 대화 내용을 소상하게 나에게 보고하라"고 요구했다. 모펫 신부가 이를 거절하자 그 후로는 박 대통령과 만날 수 없도록 차단을 한 것이다.[110]

박 대통령은 차지철의 월권행위를 알면서도 묵인했다. 차지철은 시간이 흐를수록 권력의 맛에 도취돼 안하무인이 되었고, 권력의 중심추는 경호실 한 곳으로 기울었다. 덕분에 박정희의 통치술인 '분할통치'의 원칙이 무너졌다. 김재규는 대통령의 총애가 차지철에게 급격히 기울자 "차지철 이놈 가만두지 않겠다"는 말을 입에 달고 살았다. 역사의 수레바퀴는 그렇게 충돌 코스를 향해 돌진해 갔다.

---

110 김윤근, 앞의 책, 86쪽.

10

암호명 '890 계획'

극비 지령,
"핵무기를 개발하라"

1971년 3월 27일 한국에 주둔 중이던 미 7사단이 미국 본토로 철수하면서 한국에는 미 2사단과 공군 병력만이 남았다. 이후에도 계속 주한미군의 완전 철수가 거론되자 박정희 대통령은 자주국방의 길을 비밀리에 닦아나갔다. 1972년 7월 20일 국방대학원 졸업식에 참석한 박 대통령은 자주국방의 의미에 대해 다음과 같이 말했다.

우리나라는 우리 국민이 지킬 수밖에 없습니다. 우리가 하고자 하는 일을 의연한 자세로 강력히 추진할 때, 그리고 미국이 도와주지 않더라도 우리는 끝내 해낼 수 있다는 능력을 보여 줄 때 비로소 미국은 협조한다는 사실을 알아야 합니다. 이것이 바로 자주국방입니다.

박정희가 구상했던 자주국방의 원대한 꿈은 핵무기와 그 운반수단인 미사일 개발이었다. 청와대 출입기자 출신의 국회의원 하순봉은 자서전 『나는 지금 동트는 새벽에 서 있다』에서 박정희의 핵무기 개발계획을 다음과 같이 밝혔다.

박정희는 1972년 초 김정렴 비서실장과 국산 무기 개발의 일등공신 오원철 경제수석을 집무실로 불러 "평화를 지키기 위해서는 핵무기가 필요하다. 기술을 확보하도록 하라"고 극비리에 지시해 1970년대 말경에는 핵무기 프로젝트가 거의 완성단계에까지 가 있었다.

김종필의 증언에 의하면 박정희가 핵무기 개발 구상을 처음 하게 된 시기는 닉슨 독트린이 발표된 1969년 7월부터였다. 1970년 들어 '주한미군 감축 계획'과 '5년 후 주한미군 완전 철수'라는 미국 입장이 통보되자 박정희는 김종필에게 이렇게 말했다.

우리 원자폭탄을 연구해야겠어. 미군이 언제 떠날지 모르는데 우리를 지켜줄 무기가 필요해.[111]

미군이 언제 떠날지 모르는데 원자폭탄을 연구해 보자. 핵무기를 개발하다 미국이 방해해 못 만들게 되면 언제든지 만들 수 있는 수준의 기술이라도 갖춰놔야 하지 않겠느냐.[112]

---

111   김종필 지음·중앙일보 김종필증언록 팀 엮음, 앞의 책, 420쪽.

112   김종필 지음·중앙일보 김종필증언록 팀 엮음, 앞의 책, 426쪽.

이때부터 김종필은 박정희 대통령의 핵무기 개발을 지원했다. 특히 프랑스를 여러 차례 방문하여 조르주 퐁피두 대통령, 발레리 지스카르 데스탱 재무장관 등과 만나 핵 재처리 기술과 미사일 도입, 항공기 구매 등을 추진했다.

이승만 정부 시절 원자력산업 시작

우리나라의 원자력산업은 이승만 시절 개화됐다는 사실을 아는 사람이 드물다. 이승만 정부 시절인 1956년 2월 우리나라는 '원자력의 비군사적 이용에 관한 한미 간 협력 협정'을 맺었고, 1957년 8월에는 국제원자력기구 IAEA에 정식 회원국으로 가입하여 원자력의 평화적 이용을 위한 국제 협력의 발판을 다졌다.

1958년 3월에 원자력법을 제정 공포하고, 같은 해 1959년 1월 대통령 직속으로 원자력원을 설립했다. 한국의 원자력산업은 원자력원이 설립되면서 본격적으로 시작됐다. 최형섭의 회고다.

돌이켜 보면 원자력연구소는 우리나라에서 최초로 집단적인 기초과학 연구가 시작된 곳이라고 할 수 있다. 당시 사회적으로는 원자력이 최첨단의 과학기술로 받아들여져 서울대 공대에 원자력공학과가 신설되었고, 공과대학의 부지 일부를 양여 받아 그 옆에 원자력연구소가 설립되기도 했다.

한 가지 우스운 것은 학부에 원자력공학과가 개설된 나라는 한국밖에 없다는 것이다. 미국에도 이 학과는 대학원 과정에만 있지 학부에는 없었다. 어쨌든 최첨단 학과라고 하니 제1회 입학생을 뽑는데 전국에서 내로라하는 인재가 다 모여들었다. 그렇지만 원자력공학을 전공한 전문가도 없는 국내 사정에서 이들에게 가르칠 수 있는 것이라곤 수학과 물리, 그것도 이론물리가 고작이었다. 더욱 큰 문제는 배출된 졸업생들을 받아줄 곳이 아무 데도 없다는 것이었다.

자원이 없는 우리나라에서 사람을 키우는 것이 무엇보다 우선이라고 생각했던 나는 이들 제1회 졸업생들을 모두 연구소에 수용하기로 했다. 당시 원자력연구소는 관(官) 체제 하에 있었으므로 정원에 묶여 해마다 몇 명만 뽑는 것이 고작이었다. 나는 이것이 안타까워 연구소의 수위, 청소부, 잡부 등의 고용원 예산을 전용해서 이들을 임시직으로 채용하여 로(爐)공학, 재료, 전자, 화학연구실 등에 배치시켜 뚜렷한 전문지식을 가지도록 하였다.[113]

이승만은 문교부<small>현재의 교육부</small> 내에 원자력과를 신설하고 원자력법 제정에 나섰다. 원자력법 제정은 해방 이후 우리 헌정사에서 괄목할 만한 사건이다. 세계적으로 원자력 개발만을 전담하는 각료급 기관을 둔 예가 흔치 않으며, 전후戰後 한국의 사정으로 볼 때 원자력원 설

---

113   최형섭, 『불이 꺼지지 않는 연구소』, 조선일보사, 1995, 116쪽.

립은 획기적인 사건이었다.[114]

원자력원은 이승만 대통령을 비롯한 전 국가적 관심과 후원 하에 출범했다. 우리 정부가 미국의 GA General Automac 사와 연구용 원자로 트리가 마크 2 100킬로와트의 구매계약을 체결한 것은 1958년 12월 3일이다.

1959년 3월 1일에는 원자력원에 원자력연구소를 설치했고, 4개월 후인 7월 14일에는 이승만 대통령이 참석한 가운데 연구용 원자로 설치공사 기공식을 가졌다. 당시로서는 거금인 35만 달러를 들여 연구용 원자로를 건설한 것은 정부 정책에서 원자력이 차지하는 비중이 어느 정도였는가를 보여 주는 상징물이었다.

원자력 연구 위해 국비 유학생 20명 영국 보내

한영성은 "한국의 초기 원자력 정책이 얼마나 성급하고 과감하게 이루어졌는가에 대한 하나의 예는 연구용 원자로 구매단의 미국 파견에 즈음하여 당시 IAEA 측에서 한국의 과학기술 수준을 볼 때 원자력 연구를 잘해 낼 수 있을까에 대해 의구심을 갖고 연구준비에 만전을 기해 줄 것을 권고한 데서 엿볼 수 있다"고 말했다.[115]

덕수궁 광장에서는 제1회 원자력 전람회가 열렸다. 이어 11월 5

---

114   한영성, 「오늘의 원자력 대국 있게 한 이승만 대통령의 혜안」, 『한국인의 성적표』, 월간조선 1995년 1월호 신년호 부록.
115   한영성, 앞의 책.

일에는 연구용 원자로 건물 준공식이 거행됐고, 연구용 원자로 '트리가 마크 2'가 실제 가동된 것은 5·16으로 정권이 또다시 바뀐 1962년의 일이다.

국민소득 60달러에 불과한 나라에서 '미래의 에너지'였던 원자력산업을 계획하고 실천에 옮긴 것은 국가 지도자의 통찰력 덕분이었다. 이승만은 그 어려웠던 시절에 노망이 들었다는 주위의 반대를 무릅쓰고 원자력산업의 기초를 닦았다.

또 원자력을 이용해 전력 문제를 해결한다는 차원에서 1958년 20명의 국비 유학생을 선발하여 영국으로 유학을 보냈다. 이들이 유학지로 영국을 택한 이유는 미국이 한국 기술자들에게 원자력 기술을 가르치면 이승만이 원자폭탄을 개발할 우려가 있다 하여 이들을 받아들이지 않았기 때문이다.

당시 영국 유학을 다녀온 이동녕 박사, 이관 박사_{후에 과기처 장관 역임}, 김호철 박사_{후에 카이스트 교수 역임}, 현경호 박사, 김호길 박사_{전 포항공대 총장} 등이 우리나라 원자력산업의 기초를 닦는 역할을 하게 된다. 원자력 연구생의 해외 파견을 격려하는 자리에서 이승만 대통령은 유학비를 유학생들의 손에 직접 쥐어 주었다.

박정희 시절 한국의 핵개발 프로젝트는 북한과는 전혀 다른 차원으로 전개됐다. 북한이 이념적 차원에서 핵개발에 돌입한 것이라면, 한국에서는 핵기술이 중화학공업의 한 분야로 다뤄졌다. 때문에 한국에서는 핵무기든 핵기술이든 실질적인 부분은 중화학공업과 뗄 수 없는 관계로 얽히게 된다.

박정희 정부 시절인 1972년 11월 24일 우리나라는 미국과 원자력의 민간 이용에 관한 협력 협정을 체결했고, 1973년 6월에는 한미원자력 공동상설위원회 설치에 합의했다. 또 한국원자력연구소와 핵연료개발공단은 미국의 세계적인 연구기관인 아르곤국립연구소와 자매결연을 맺고 우라늄 정련과 가공기술에 대해 협력하여 우리나라 원자력 기술 향상에 큰 도움을 주었다.

핵연료 주기기술을 확보하라

미 제7사단이 철수하기 열흘 전인 1971년 3월 19일, 박정희는 고리 원자력발전소 기공식에 참석했다. 아시아에서는 우리가 일본에 이어 두 번째로 원전 건설에 나선 것이다. 고리 원전은 1978년 7월 20일 준공되어 상업발전을 개시했다.

최형섭 과학기술처 장관은 취임 직후 대통령에게 '원자력 발전 15년 계획'을 보고했다. 이 보고서의 주된 내용은 국내 원전기술의 완전 자립을 위해서는 우라늄 농축을 통한 핵연료의 제조에서부터 '사용 후 핵연료'의 재처리에 이르기까지 핵연료 주기기술Nuclear Fuel Cycle Technology을 확보해야 한다는 것이었다.

특히 원자력 발전에 필요한 연료_{핵연료}를 자주적으로 확보하기 위해서는 천연우라늄 농축시설과 '사용 후 핵연료'의 재처리 시설이 필수불가결하다고 지적했다.

원전 건설과 함께 박정희가 고민에 빠진 문제는 원전에서 나오게 될 '사용 후 핵연료'의 재처리 문제였다. 알기 쉽게 설명하자면 원자로를 연탄 때는 아궁이라고 치자. 원자로에 들어가는 연탄은 농축우라늄으로 만드는데, 이를 핵연료라고 한다. 아궁이_{원자로}에 연탄_(핵연료)을 넣고 일정 기간 때면 연탄재가 발생하는데 이것이 바로 '사용 후 핵연료'다.

'사용 후 핵연료'를 계속 쌓아두면 엄청난 양이 될 뿐만 아니라 독성이 강한 공해물질이라서 아무 곳에나 쌓아둘 수도 없다. 때문에 이것을 특수 기술을 통해 가공하여 다시 핵연료로 만드는 기술을 '재처리'라고 한다.

최형섭 장관이 제기한 핵연료 주기기술의 확보란 1단계로 우라늄광석을 채굴하여 핵연료를 만드는 기술, 2단계로 원자로 제작 및 운영 관련 기술, 3단계로 사용 후 핵연료를 재처리하여 다시 핵연료로 만드는 데 필요한 기술을 총체적으로 확보한다는 뜻이었다.

문제는 '사용 후 핵연료' 재처리 과정에서 핵연료이자 원자폭탄의 원료인 플루토늄_{Pu 239}이 만들어진다는 점이다. 원자폭탄의 원료인 플루토늄을 가장 손쉽게 획득할 수 있는 방법이 바로 '사용 후 핵연료'

의 재처리다. 때문에 이미 핵무기를 보유한 국가들은 자신들의 기득권 유지를 위해 다른 나라들이 핵무기를 만들지 못하도록, 특히 핵무기 원료인 플루토늄을 함부로 추출하지 못하도록 '사용 후 핵연료'의 재처리에 강력한 통제를 가하고 있었다.

고도의 기술과 보안이 요구되는 재처리 기술은 미국·소련·영국·프랑스 등 핵무기를 보유한 극소수 나라만이 보유하고 있었다. 핵무기를 보유한 기득권 국가들은 핵무기 확산을 막기 위해 다른 나라들이 재처리시설을 보유하거나 이용하는 것을 엄격히 통제하는 강제조항을 만들었다. 이것이 1968년 조인되고 1970년부터 발효된 핵확산 금지조약Nuclear Non-Proliferation Treaty·NPT이다. NPT의 주요 내용은 핵보유국은 핵무기 혹은 핵폭발 장치 등을 다른 나라에 이양하거나 그 제조를 지원하지 않으며, 비핵보유국은 핵무기를 다른 나라로부터 반입 또는 제조를 위한 원조를 받을 수 없도록 규정하고 있다. 또 비핵보유국은 원자력의 평화적 이용을 통한 부산물사용 후 핵연료을 핵무기 제조 목적으로 전환재처리하지 않는다는 것을 확인하고, 국내의 핵물질과 시설은 사찰을 받아야 한다고 규정되어 있다.

프랑스, 한국에 재처리 기술 제공 약속

NPT는 비핵보유국들이 재처리시설을 보유하거나 이용하는 것을 엄격히 통제하고 있었다. 그런데 재처리시설의 판매 문제와 관련해서는 미국과 프랑스 입장이 크게 달랐다. 미국은 비핵국가들이 재처리공장을 건설하려는 시도는 무조건 핵무기 제조 목적으로 보고 이를 강력 저지했다. 반면에 프랑스는 비핵국가들이 NPT에 가입하고 국제원자력기구IAEA와 안전조치 협정을 체결하면 재처리시설을 판매할 수 있다는 유연한 입장이었다. 실제로 프랑스는 파키스탄에 재처리시설 수출을 추진했다.[116]

우리나라도 원자력 발전 시대로 돌입하면서 재처리시설 확보가 현안 문제로 대두됐다. 재처리시설에 대해 유연한 정책을 가진 나라는 프랑스였기에 박정희 정부는 핵연료 주기기술 확보를 위해 프랑스와 접촉했다.

1972년 5월 최형섭 장관은 프랑스를 방문하여 프랑수아 오르톨리 사업기술개방성 장관과 협의한 결과 우리 정부가 원하는 핵연료 및 재처리 관련 시설 기술제공이 가능하다는 답을 받았다. 정부는 이 교섭을 토대로 1972년 10월부터 한국원자력연구소와 프랑스의 원자력위원회CEA 간에 협의를 시작했다.

박정희의 핵개발 의지에 불을 댕긴 것은 북한과 미국이었다. 1972년 9월 초 대통령 주재 하에 국방장관, 합참의장, 대통령 비서

---

116   재처리시설 관련 부분은 심융택, 『굴기-실록·박정희 경제강국 굴기 18년 (10)핵개발 프로젝트』, 동서문화사, 2015, 27~28쪽 참조.

실장이 참석한 국가안보회의에서 이후락 중앙정보부장은 이스라엘과 이집트, 리비아 등이 핵개발에 착수했고, 인도와 파키스탄, 남아프리카공화국, 그리고 브라질과 칠레, 일본이 핵개발에 합류했다는 정보 보고를 했다. 한국이 처한 국제정세 하에서는 장기적 안목에서 국가안보를 위해 핵개발이 필요하다고 판단한 박 대통령은 "핵개발 검토" 지시를 내렸다.[117]

닉슨 행정부는 한국에서 미 7사단을 철수시킨 후 그에 대한 보완을 위해 한국군 현대화 5개년계획을 지원하기로 약속했다. 그러나 미 의회와 협의 과정에서 마찰이 일어나 지원이 늦어지자 박 대통령은 국군 현대화 계획과는 별도로 '국군 전력증강 5개년계획'을 수립하고, 이 계획의 명칭을 '율곡사업'이라고 명명했다.

그리고 오원철 경제2수석비서관, 유재흥 국방부장관, 이낙선 상공부장관, 최형섭 과학기술처장관, 신응균 국방과학연구소장으로 구성된 무기 개발 5인위원회를 비밀리에 구성했다. 박 대통령의 핵무기 개발계획은 이 '율곡사업'에 포함되어 있었다.

박정희의 핵무기 개발 계획

박정희 대통령으로부터 핵무기 개발 지시를 받은 오원철 수석은

---

117   김광모, 「박정희의 핵개발정책(2)-국가안위 절박상황 결단」, 『경제풍월』, 2017년 2월호.

1972년 9월 8일 박 대통령에게 「원자 핵核연료 개발 계획」보고번호 제48호
118이라는 A4용지 9장 분량의 비밀 보고서를 제출했다.

보고서는 ▲핵무기의 종류 및 우리의 개발 방향 ▲핵무기의 비교도표
▲고순도 플루토늄 생산 과정 ▲우리나라의 핵물질 보유를 위한 개발
방향 ▲고순도 플루토늄 생산 방안 비교 ▲결론 ▲고순도 플루토늄 생
산을 위하여 개발해야 할 핵연료 사이클 순으로 돼 있었다.

이 보고서는 우리가 선택해야 할 핵무기의 종류로 '핵분열 에너
지를 이용한 폭탄'우라늄 235폭탄, 플루토늄 239폭탄과 '핵융합 에너지를 이용한
폭탄' 수소폭탄 중 어떤 것을 선택할지에 대한 문제를 도표를 이용해 설
명하고 있다.

보고서에 의하면 우라늄 235탄은 고농축 시설 건설에 막대한 자
금과 고도의 기술이 필요하다. 예를 들어 우라늄 235탄 1발을 위해
연간 우라늄 134킬로그램을 생산해야 하고, 관련 투자액은 9억 달
러, 시설 건설 기간에 8년이 소요된다. 또 우라늄탄 제조에는 소요
전력이 200만 킬로와트가 들어가는데다 기술의 도입이나 개발이
거의 불가능하다고 지적했다.

반면 플루토늄탄은 고순도 플루토늄 생산에 비교적 투자비가 적
게 든다는 장점이 있다. 예를 들어 연간 8킬로그램의 플루토늄을 생

---

118   김광모, 「박정희의 핵개발정책(2)-국가안위 절박상황 결단」, 『경제풍월』, 2017년 2월호.

산하는 데 따르는 투자비는 4200만 달러, 시설 건설기간은 6년 정도 걸린다. 대규모 전력을 필요로 하지 않으며, 약간의 기술도입으로 국내 개발이 가능하다.

검토 결과 우리가 가야 할 방향은 "과대한 투자를 요하지 않고 약간의 기술도입과 국내 기술개발로 생산이 가능한 플루토늄탄彈"이라고 결론짓고 있다.

이 비밀 보고서는 또 핵개발용 플루토늄도 얻고 발전도 할 수 있는 캐나다의 '중수로형 원자로'로 가야 한다고 주장하고 있다. 당시로는 유일한 원전原電인 고리 원자력발전소가 고순도 플루토늄을 생산하려면 비정상 가동이 불가피하여 경제적 손실이 막대하다.

원전을 정상 가동할 경우 생산되는 플루토늄은 연간 100킬로그램 정도인데 플루토늄 순도가 70퍼센트 이하이므로, 군사용90퍼센트 이상의 순도으로는 적합하지 않다. 따라서 보고서는 고순도 플루토늄을 획득하기 위해 다음 두 가지 방안을 제시하고 있다.

첫째, 고순도 플루토늄의 생산 및 발전이 가능한 '겸용로(爐)'에 의하는 방법.

우리나라 원자력 발전 제2호기를 50만 킬로와트급 '천연 우라늄, 중수형 원자로'로 채택하여 연간 고순도 플루토늄을 200킬로그램 정도 추출하는 방법으로, 일본·인도가 이 방식을 채택하고 있다.

둘째, 상용(商用)발전과는 별도로 플루토늄 생산용 연구로를 도입하는 방법.

연간 8킬로그램의 플루토늄 생산이 가능한 4만 킬로와트의 '천연 우라늄 중수형 연구로'를 건설하는 방법으로 자유중국_{타이완}이 그예다.

플루토늄 원자탄 개발 결정

오원철은 고순도 플루토늄을 생산하는 '겸용로' 건설에 2억 달러의 예산이 필요할 것으로 예상했다. '겸용로'를 채택할 경우 상업용 발전을 겸할 수 있고 플루토늄 양산이 가능하며, 핵폭탄 수요가 없을 때는 발전로 및 재처리 공장을 상용으로 전환할 수 있으나 투자비가 많이 든다는 점이 문제점으로 지적됐다.

이 보고서에서는 1안인 '겸용로'를 택해야 하는 것으로 결론을 냈다. 이에 따라 고리발전소 2호기를 플루토늄을 생산할 수 있는 중수로로 건설할 것을 제안했고, 중수로 원전이 도입될 경우 핵연료인 플루토늄이 생산되는 시기를 1980년대 초로 잡았다. 비밀 보고서는 핵무기 개발계획을 다음과 같이 결론지었다.

① 우리나라의 기술 수준, 재정 능력으로 보아 플루토늄탄을 개발한다.

② 1973년부터 과학기술처(원자력연구소)로 하여금 상공부(한국전력)와 합동으로 핵연료 기본기술 개발에 착수하여 철저한 기초작업을 수행한다. 1974년부터 건설계획을 추진하여 1980년대 초에 고순도 플루토늄을 생산한다.

③ 원자력연구소는 상기 목적에 맞도록 개편·보강한다.

가. 해외 한국인 원자력 기술자를 채용하여 인원을 보강함.

나. 기술자를 해외에서 훈련시키되 반드시 특정 임무를 부여하여 전문훈련을 받도록 함.

다. 현재의 실험 원자로 및 기타 시설은 원자력 전공 대학생의 교육훈련용으로 50퍼센트 이상을 할애함.

라. 원자력을 전공하고자 하는 대학생 전원에 대하여 장학금을 지급하여 원자력연구소에서 실기교육을 받고 졸업 후 원자 핵연료 사업에 종사토록 함.

이 계획에 의거해 박정희는 MIT에서 화공학 박사학위를 받은 핵연료 분야의 국제적인 권위자 주재양 박사를 원자력연구소 부소장으로 임명했다. 그를 통해 해외에서 활약 중이던 원자력 전문 과학자 20여 명을 국내로 유치했다. 1966년부터 1975년 6월 말까지 과학기술연구소, 과학원, 원자력연구소 등의 연구기관에는 해외 유학을 마친 고급 두뇌 205명이 근무했다. 이들은 세계 어디에다 내놓아도 손색없는 최상위 수준의 인재들이었다.

1973년 말 국방과학연구소와 원자력연구소의 특수사업 연구진은 상세한 핵폭탄 개발계획서를 작성했다. 이 계획에 의하면 소요 예산은 15억~20억 달러, 소요 기간은 6~10년이었다. 박정희 대통령은 암호명 '890 계획'으로 명명된 핵무기 개발을 승인했다.

박정희 대통령은 1971년 4월 27일 신민당의 김대중 후보와 맞섰던 대선 후 "이대로는 안 되겠다" 싶었는지 정치제도 개혁방안을 구상했다. 이것이 다음해 10월 17일 선포된 '10월 유신'으로 표출되었다. 이때 박정희는 프랑스의 제5공화국 정치제도를 깊이 연구하면서 드골 대통령의 핵개발 정책을 검토하고 그 핵심 내용을 다음과 같이 정리해 두었다.

> 드골 대통령은 1960년 초 핵실험에 성공하여 핵무기를 보유하게 된 후 미·소(美蘇) 핵 대결의 위험과 공포에서 벗어나 정치 경제 외교 국방에 있어서 자주적이며 독자적인 정책을 추구함으로써 프랑스의 영광과 국위를 회복하였다.[119]

이런 자료들로 미루어볼 때 박정희 대통령의 핵개발 과정에서 드

---

119   심융택, 앞의 책(10), 32~33쪽.

골 대통령과 프랑스의 방법론, 즉 "독자적인 핵무기 및 투사수단_{항공}
_{기·미사일} 개발을 통한 자주적이며 독자적인 정책의 추구"가 큰 영향을
미친 것으로 보인다. 게다가 프랑스는 재처리시설과 관련하여 미국
보다는 유연한 정책을 가진 나라였다.

프랑스와 원자력협력 협정 체결

박정희 정부는 프랑스와 적극적인 교섭 끝에 1974년 10월 19일
원자력협력 협정을 체결한다. 이 협정 체결로 인해 우리나라는 원
자력의 평화적 이용을 위해 프랑스로부터 기술과 정보를 제공받을
수 있게 되었으며, 훈련생과 전문가 교환, 핵물질과 장비를 제공받
을 수 있는 길이 열렸다.

또 우리 연구진이 프랑스를 방문해 핵개발 연구기지인 '마쿨'을
비롯하여 라하구의 재처리공장, 르망의 핵연료 가공공장, 파리 근
교의 원자력연구소 등을 시찰했다. 우리 연구진들은 프랑스의 발둑
에 위치한 핵폭탄 제조연구소에서 핵폭탄 제조기술과 기폭기술을
연구할 수 있었다.

이 과정을 통해 한국 연구진은 고폭탄 실험, 텅스텐 시험구 등을
이용한 내폭형 원자폭탄 개발을 진행한 결과 1970년대 중반에 '20
킬로톤_{KT}[120] 이상 급, 중량 1톤 미만'의 원자폭탄 설계를 마쳤다. 한

국은 이미 북한보다 30년 앞서 북한제 핵폭탄보다 기술적 위력적으로 월등한 핵폭탄의 개발을 끝마친 것이다.

박정희 대통령은 프랑스로부터는 핵 재처리시설, 벨기에로부터는 중수重水·Heavy Water [121] 처리기술 도입을 추진했다. 1975년 1월 15일 한국원자력연구소와 프랑스 핵연료시험 제조회사CERCA는 핵연료 제조장비 및 기술도입 계약을 체결했다.

이어 최형섭 장관은 프랑스를 방문하여 프랑수아 오르톨리 산업기술개발부장관으로부터 재처리 관련 기술 등을 제공받기로 했다. 그 결과 1975년 4월 12일 한국원자력연구소와 프랑스의 재처리 국영회사인 생고방 사Saint Gobin Nouvelles·SGN가 '핵연료 재처리공장 설계 및 기술용역 도입계약'을 체결했다. 우리 정부는 이 계약을 5월 15일에 승인했으며, 프랑스 정부의 승인을 기다리고 있었다.

5월 26일 프랑스 정부는 한국과 프랑스, 국제원자력기구IAEA 3자 간에 안전조치에 관한 협정 체결과 프랑스에서 도입하는 재처리시설과 동일한 형태의 시설을 추후에 건설하지 않는다는 약속을 별도의 외교 공한으로 교환할 것을 요구했다. 그 결과 1975년 9월 22일 한국·프랑스·IAEA 3자 간 안전조치협정이 체결되었다. 프랑스 정부의 주선으로 체결된 이 협정은 자국으로부터 도입하는 기술 및

---

120   킬로톤(KT)은 1,000톤을 표현하는 단위로, 핵폭탄의 위력을 나타낼 때 사용된다. 1킬로톤은 에너지 총량 기준으로 TNT 1,000톤의 폭발력과 같다.

121   중수(重水)는 보통 물보다 분자량이 큰 물로서 원자로의 중성자 감속재나 냉각재로 쓰인다.

물질이 핵무기 등 군사적 목적으로 전용되는 것을 막기 위한 일종의 보험 성격이었다.

한편에선 오원철 제2경제수석 비서관이 캐나다를 방문하여 중수로 원자로인 캔두CANDU형 원자로 도입 협상을 벌였다. 캐나다의 중수로 원자로를 한국 정부에 소개한 것은 이스라엘의 국제상인 아이젠버그였다. 이 거래에서 아이젠버그는 캐나다 측의 대리인 역할을 맡았다. 아이젠버그는 단순히 거래의 중개만 한 것이 아니라 캐나다와 유럽 소재 30여 개의 은행들을 끌어 모아 한국에 대한 '원자로 차관단'을 구성하여 돈줄까지 제공했다.[122]

캐나다와 중수로 원전 도입 계약

캐나다 측은 월성 2호기 원전을 캐나다의 중수로로 채택할 경우 '연구용 원자로NRX'를 제공하겠다고 제안했다. 우리 정부는 이를 수락하여 900메가와트급 캔두형 중수로 4기 건설계약을 체결했다.

여기서 우리는 미국제 경수로 원자로와 캐나다 중수로 원자로의 특성을 이해할 필요가 있다. 미국이 개발한 경수로는 세계 원자력 발전의 주류를 이루고 있으며 출력밀도가 높은 것이 특징이다. 중성자의 감속재와 노심을 냉각시키는 냉각제로 일반적인 물輕水이 사

---

122   박종민, 『김재규 對 차지철』, 청목서적, 1988, 57~58쪽.

용되며, 연료는 3퍼센트로 농축된 이산화 우라늄이 사용된다. 이 원자로는 1년에 한 번 정도 발전소 가동을 중단시킨 상황에서 연료를 교체한다.

반면 중수로 원자로는 캐나다에서 개발하여 캔두CANDU형이라고 불리는데 중수重水를 냉각재와 감속재로 사용한다. 경수로 원자로와는 달리 사용 후 핵연료를 쉽게 얻을 수 있는 장점이 있다. 한국이 캐나다와 캔두형 원자로 4기 도입계약을 맺자 미국은 한국이 핵폭탄 제조를 위해 일부러 캔두형 원자로를 도입하려는 것 아닌가 하고 의심하기 시작했다.

박정희는 중수로 원전 도입을 결정하면서 캐나다가 별도로 제공하기로 약속한 3만 킬로와트급 연구용 원자로NRX를 주목했다. 상업 발전용 원자로는 우라늄으로 된 핵연료를 한 번 장착하면 3년 정도 서서히 태운다. 반면 연구용 원자로는 속도를 조절하여 급속히 연소시킬 수 있어 사용 후 핵연료를 손쉽게 얻을 수 있을 것으로 기대를 모았다.

그러나 핵무기 개발은 국제적인 감시망으로 인해 쉽지 않은 일이었다. 그런데 NPT 체제에 결정적인 구멍이 나는 사건이 발생했다. 인도가 엄중한 감시망을 뚫고 핵무기 개발에 성공한 것이다. 인도는 캐나다에서 구입한 연구용 원자로NRX를 통해 사용 후 핵연료를 얻었고, 이를 재처리하여 추출한 플루토늄으로 핵폭탄을 제조했다.

인도의 핵개발은 미 CIA를 비롯하여 인도 정세에 가장 정통하다고 알려진 영국 정보기관도 전혀 예상치 못한 일대 충격이었다.

초대 인도 총리였던 네루는 국제적인 반핵反核운동의 지도자였다. 그런데 1962년 중공과 벌어진 국경분쟁 당시 브라마푸트라 계곡 전투에서 인도군은 중공군에게 참패했다. 2년 뒤인 1964년 중공이 핵실험에 성공하자 인도는 안보 위기 상황에 몰렸다. 그 후 인도는 절치부심切齒腐心하여 핵개발에 돌입한 끝에 1974년 라자스탄 사막에서 지하 핵실험에 성공함으로써 전 세계에 충격파를 던졌다. 이렇게 되자 인도의 숙적宿敵인 파키스탄의 부토 대통령은 "우리가 풀을 뜯어먹고 살더라도 핵폭탄을 만들겠다"면서 핵무기 개발에 나섰다.

미국의 감시

NPT체제의 엄중한 감시망을 뚫고 인도가 핵실험에 성공하자 미국은 더 이상의 핵확산을 막기 위해 핵개발 잠재력을 갖고 있거나, 개발 의지가 있는 나라들에 대한 감시와 압력을 대대적으로 강화했다. 그 직접적인 불똥이 가장 먼저 한국으로 튀었다. 한미원자력회의 석상에서 미국 대표 아브라모위치 국무부 차관보는 "한국은 재처리의 '재' 자도 들먹이지 말라. 그렇지 않으면 원자력발전소의 원료우라늄 공급을 중단하겠다"고 협박성 발언을 서슴지 않았다.

미 국무부와 국방부, CIA는 한국의 주요 관료들과 핵 관련 전문가들의 일거수일투족을 상세하게 파악하고 있었다. 우리 정부 내부에서 정보 제공자들이 많았기 때문이다. 김종필의 증언에 의하면 핵개발을 위해 박정희 대통령의 특명으로 외국에서 근무하는 한국인 우수 과학자들을 극비리에 초빙하면 순식간에 미국 사람들에게 다 알려졌다고 한다.

스나이더 주한 미국대사는 1974년 11월 24일, 미 국무장관에게 "한국에 대한 프랑스의 핵개발장비의 판매가 임박했다"는 사실을 알렸다. 다음해인 1975년 3월 4일, 키신저 미 국무장관은 스나이더 주한 미국대사에게 한국의 핵무기 및 미사일 개발계획에 관한 미국 정부의 판단과 정책을 다음과 같이 밝혔다.

첫째, 한국이 핵무기 개발을 위한 계획의 초기단계를 진행시키고 있다는 대사관의 평가에 워싱턴의 정보기관들은 전적으로 동의한다. 한 정보기관은 한국이 앞으로 10년 안에 제한적인 핵무기와 미사일을 개발할 능력이 있다는 결론을 내렸다.

둘째, 한국의 핵무기 보유는 일본·소련·중국·미국에 직접 영향을 미치는 불안요인이며 소련이나 중국이 유사시 북한에 핵무기 지원을 약속하도록 만들 수 있다.

셋째, 한국의 핵무기 보유는 박 대통령이 미국의 군사력과 안보 공약에 대한 의존도를 줄이고 싶어 하는 욕구로 발전할 것이다.

넷째, 미국의 정책은 핵무기 확산에는 반대하되 원자력발전소 건설이나 연료 거래는 국제원자력기구(IAEA) 안전규정에 따라 계속한다는 것이다.

다섯째, 최근 미국은 영국·캐나다·프랑스·독일·일본·소련에 핵물질과 핵시설의 판매 제한 기준을 마련하기 위한 비밀회의를 제안했다. 프랑스만이 아직 동의하지 않고 있다.

여섯째, 미국의 목표는 한국이 핵무기와 그 운반수단의 개발 노력을 하지 않도록 설득하고 막는 것이며, 이를 위해 현재 다음과 같은 수단을 고려 중이다.

① 핵기술 보유국들과의 협정 또는 미국의 일방적 조치에 의해 한국이 민감한 기술과 장비를 살 수 없도록 금지하는 것이며,

② 한국이 핵확산 금지조약을 비준하도록 압력을 행사하는 것이며,

③ 한국의 핵시설에 대한 미국의 감시능력과 한국의 기술개발에 대한 정보력을 향상시키는 것이다.[123]

"강도 높고 직접적인 압력 강하게 행사해야"(스나이더 대사)

키신저 장관의 메시지를 요약하면 미국은 다른 나라에 압력을 넣

---

123 심융택, 앞의 책(10), 41~42쪽.

어 한국이 획득하기를 원하는 기술과 장비를 구매할 수 없도록 함으로써 한국의 핵무기 및 운반수단 개발을 봉쇄하겠다는 뜻을 분명히 한 것이다. 이 의견에 대해 스나이더 대사는 키신저 국무장관 앞으로 보낸 전문에서 "그보다 훨씬 강도 높고 직접적인 압력을 빨리, 직접적으로, 강하게 행사해야 한다"고 한술 더 뜨는 의견을 내놓았다. 관련 내용은 다음과 같다.

국무부의 생각에 기본적으로 동의하나 더 노골적인 수단이 필요하다. 한국의 핵무기 개발기간은 10년보다 짧을 수 있다. 박 대통령은 핵무기 개발에 우선순위를 두고 있으며, 1980년대 초반에 성과를 거둘 수 있는 길을 모색하고 있다. 또 한국이 제3국으로부터 장비와 기술을 습득할 수 있는 능력을 과소평가하면 안 된다. 압력을 가능한 한 빨리, 직접적으로, 강하게 행사해야 핵개발 저지의 성공 확률을 높일 수 있다.[124]

미국은 한국의 핵 보유가 동북아지역의 안정을 해치는 중대 요소가 될 것으로 보고 집요하게 압력을 가하기 시작했다. 원자력연구소, 국방과학연구소, 대전기계창 같은 현장은 물론 청와대와 국무총리실, 과학기술처, 재무부 등 각 기관의 부서장들에겐 주한 미국 대사관 요원과 CIA 요원들이 밀착감시를 하고 명시적으로 핵개발

---

124   심융택, 앞의 책(10), 42~43쪽.

을 중지하라고 압박을 가했다.[125]

미국이 한국의 핵개발을 막기 위해 끈질긴 압박을 가한 이유는 1975년 9월 고리원자로 제1호기용 핵연료 48톤이 미국으로부터 도착했기 때문이다. 1978년부터 가동하게 될 고리 원자력발전소에서 발생하는 사용 후 핵연료를 재처리하도록 놔둘 경우 한국은 매년 139킬로그램에서 167킬로그램 정도의 양질의 플루토늄을 확보할 수 있게 된다.

20킬로톤KT급 핵폭탄 한 발을 제조하는 데는 평균 6~8킬로그램의 플루토늄이 요구된다. 따라서 고리 제1호기에서 나오는 사용 후 핵연료의 재처리를 미국이 막지 못할 경우 한국은 매년 23~28개의 핵폭탄용 플루토늄을 확보하게 된다.

당시 한국은 프랑스로부터 연간 처리용량 4톤의 시험용 재처리시설 도입을 추진 중이었다. 이것을 도입 운영할 경우 조만간 상업적 규모의 재처리시설 건설이 가능해진다. 이렇게 되면 한국은 엄청난 외화를 들여 미국으로부터 도입하는 핵연료농축우라늄 양을 크게 줄일 수 있게 된다.

한국은 또 캐나다로부터 중수형 원자로를 도입했기 때문에 핵연료와 원자로에 대한 미국 의존도가 크게 줄어들 가능성이 있다. 한국의 핵연료 및 원자로의 다변화, 재처리시설 도입은 미국이 누려

---

125   김종필 지음·중앙일보 김종필증언록 팀 엮음, 앞의 책, 429쪽.

야 할 원자력 분야의 독점적 이익에 방해가 되는 선택이다. 따라서 핵연료와 원자로를 동맹국인 미국에서 독점적으로 구매하도록 하기 위해서는 "한국이 핵폭탄을 제조하려는 목적"임을 요란하게 앞세워 프랑스로부터 재처리시설 도입을 저지시켜야 했다.

한국에 대한 미국의 핵무기 관련 압력을 미국의 경제적 이익 차원에서 바라본 사람은 오원철이다. 그의 주장이다.

캐나다에서 캔두(CANDU) 중수로를 구입하기로 한 한국의 결정에 대해 미국은 핵무기 개발에 대한 남한의 의도를 의심했을 뿐 아니라, 자신들의 상업적 이해에 대해서도 불안해 했다. 미국 입장에서 보면 원자력발전소 건설과, 이 발전소에 쓰일 농축 우라늄 수출은 상당한 상업적 이익을 제공했다. 당시 미국은 1985년까지 200억 달러, 2000년까지는 1000억 달러를 원자력 발전시설 수출을 통해 벌어들이려는 장기계획을 가지고 있었다. 거기에 더하여 1985년까지는 50억 달러, 2000년까지는 450억 달러를 농축 우라늄 수출로 거둬들일 것을 기대하고 있었다.[126]

'미국의 이익'과 '한국의 안보' 충돌

지금까지는 박정희의 핵개발을 안보 관점에서만 바라보고 집중

---

126   김형아 지음·신명주 옮김, 앞의 책, 328쪽.

조명해 왔는데, 관점을 약간 다르게 바라볼 경우 해석도 다양하게 나올 수 있다. 결국 미국이 추구하는 '상업적 차원의 국가이익'과 박정희와 한국이 절실하게 원했던 '안보적 차원의 국가이익'이 충돌하는 지점에서 박정희의 핵개발은 파경을 맞게 된 것이다.

이런 시각으로 미국 측 입장을 자세히 들여다보면 미국은 박정희의 핵무기 개발도 기분 나쁘지만, 원전기술의 완전 자립을 위한 '핵연료 주기기술'을 확보하여 미국의 이익 범위에서 벗어나려는 시도에 대해 우려하고 있음이 곳곳에서 발견된다.

미 국무성은 1975년 7월 2일 한국의 재처리시설 도입에 대한 종합보고서를 작성하여 백악관 안보담당 특별보좌관실에 제출했다. 이 보고서에는 한국의 재처리시설 도입과 관련한 중요한 정보가 들어 있다. 관련 내용은 다음과 같다.

① 한국은 프랑스와 실험용 핵연료 재처리시설 도입을 협상 중이다. 한국의 핵무기 보유는 대단히 위험하며, 미국의 국가이익에 직접적인 피해를 줄 것이다. 한국이 플루토늄을 분리 생산한다면 단기간 내에 핵무기를 보유하게 될 것이다.

② 한국의 고리 2호기 원자력발전소 건설 지원을 위한 미국 수출입은행의 1억 3200만 달러의 융자와 1억 1700만 달러의 지급보증이 현재 의회에 제출되어 있다. 한국이 재처리시설 도입을 포기하지 않는다면 원전

건설 융자에 대한 의회 승인에 대해 행정부가 보증을 설 수 없다.

③ 프랑스도 우리의 우려를 이해하고 해당 회사가 적절히 보상받는다면 한국과의 계약취소 요구에 반대하지 않겠다는 입장을 밝혔다.

④ 미국은 미국산 핵연료의 재처리를 금지하는 결정을 내릴 수 있다는 사실을 한국 정부에 상기시켰으며, 한국은 유연한 자세를 보였다.

⑤ 미국은 향후 조치로 한국 정부의 핵연료 재처리시설 도입 의사에 우려를 표명하고, 감행하면 고리 2호 핵발전소에 대한 융자 등 미국의 협력이 위태롭게 될 것임을 인지시켜야 한다.[127]

이 보고서가 백악관에 제출된 지 한 달 정도 지난 8월 19일, 스나이더 주한 미국대사는 최형섭 장관에게 "재처리시설 도입을 취소하지 않을 경우 한미 간 원자력 협정도 어렵게 될 뿐만 아니라 군사원조도 어렵게 될 것"이라고 직설적으로 발언했다. 이날 이후 미국은 외교 채널을 통해 한국의 핵연료 재처리시설 도입을 막기 위해 다각적이고, 광범위하며, 집요한 활동을 개시했다.

1975년 6월 12일, 박정희 대통령은 워싱턴 포스트지와의 인터뷰에서 "한국이 핵무기를 생산할 능력을 가지고 있지만 핵무기를 당장 개발하지는 않는다"고 발언했다. 또 미국의 칼럼니스트 로버트 노박과의 인터뷰에서 박정희는 "미국의 핵우산이 치워진다면

---

127   김형아 지음·신명주 옮김, 앞의 책, 328쪽.

한국은 핵무기를 개발해야 할 것"이라고 말했다.

미국, 재처리기술 도입 결사 반대

충격을 받은 미국 정부는 8월 27일 제임스 슐레징거 미 국방장관을 서울로 보내 박정희의 핵무기 개발계획을 강력 저지하고 나섰다. 슐레징거는 박 대통령에게 "미국은 핵확산금지조약NPT을 대단히 중요하게 취급한다"는 점을 강조했고, 박정희로부터 "한국은 핵무기 개발을 하지 않겠다"는 각서를 얻어냈다.[128]

1975년 9월 8일 노신영 외무차관과 과학기술처 원자력국장은 스나이더 주한 미국대사와 면담했다. 스나이더 대사는 "프랑스와의 재처리시설 도입 교섭 내용을 미국에 미리 알려주지 않은 것은 큰 실수"라면서 "프랑스 측은 한국이 재처리시설 도입계약 취소를 요구할 경우 동의할 용의가 있는 것으로 알고 있다"고 유감을 표시했다.

스나이더 대사의 발언에 대해 노신영 차관은 "프랑스 측과의 계약은 이미 기정사실화 되었으므로 취소가 불가능하다"고 반박했고, 과기처 원자력국장도 다음과 같이 설명했다.

한국은 프랑스와 교섭하기 이전에 먼저 미국의 여러 민간기관과 원자력

---

128   노재현, 『청와대 비서실(2)』, 중앙일보사, 1993, 80쪽.

위원회에 재처리시설에 관한 관심과 제안을 표명했으나 아무런 긍정적 대답을 받지 못했다. 따라서 할 수 없이 프랑스와 교섭을 시작하게 된 것이다. 이것이 처음 거론된 것은 1972년 5월 최형섭 과기처장관이 프랑스를 방문했을 때였다.

스나이더 대사는 미국의 반대 입장을 거듭 강조하면서 재처리시설 건설과 관련한 사항을 집요하게 질문했다. 이에 대해 한국 정부의 원자력국장은 다음과 같이 답했다.

한국의 재처리시설은 사실상 그 기초 작업이 시작되었으며 대전에 세운다는 계획, 그리고 연료는 처음에는 프랑스에서 실험용으로 도입할 것이며, 프랑스인 기술자는 재처리시설을 준공하고 재처리 과정을 실험한 후 떠날 것이다.

끝으로 노신영 차관은 다음과 같이 미국 측의 협조를 부탁했다.

미국의 관심은 사람이 가진 작은 칼의 용도에 관한 관심과 같으며, 이 칼이 선용된다는 것을 보장하기 위해 미국에서 요구하는 모든 보장 조치에 동의할 것이고 시찰단의 내방도 환영할 것이다. 프랑스와의 계약은 이미 실행단계에 있다. 본국 정부에 보고할 때 재처리시설은 오직 평화적 연구 이외에 다른 목적이 없다는 대사의 판단을 첨가해 주기 바란다.

그런데 한국 정부가 재처리시설을 건설하지 못하도록 강력한 압박을 행사해야 한다는 사실을 지속적으로 제기해 온 인물이 바로 스나이더 대사였다. 1975년 9월 25일 스나이더 대사는 미국 정부가 한국의 재처리시설 건설에 반대한다는 '미국의 입장과 제안'을 한국 측에 전했다. 10월 23일 노신영 차관은 스나이더 대사와 또다시 만나 '미국의 입장과 제안'에 대한 한국 측 입장을 다음과 같이 밝혔다.[129]

> **노신영**: 우리는 미국의 입장을 주의 깊게 검토하였으며 핵연료 재처리 연구시설 도입계획을 재검토하였다. 하지만 그 시설은 기본적으로 연구 및 훈련용 설비이며 장기적인 에너지 개발계획 및 장기적인 외화 절약을 위하여 필요하므로 계획대로 추진하여야 한다는 결론에 도달하였다. 시설 계획 및 시설 전부를 미 측에 공개할 용의가 있음을 거듭 밝히는 바이다.

"왜 한국만 문제 삼는가?"

> **스나이더**: 한국 정부의 결론에 크게 실망했다. 취소하지 않으면 원자력협정을 중단할지 모르며, 더 나아가 경제·군사·외교 분야에서의 협력 등

---

129   노신영 차관과 스나이더 대사의 대화 관련 부분은 심융택, 앞의 책(10), 56쪽 참조.

'한미 협력관계 전반'에 걸쳐 큰 타격을 입게 될 것이다.

노신영: 재처리시설을 가진 나라가 많이 있는데 유독 한국만 문제된다는 것은 납득할 수 없다.

스나이더: 한국은 일본 등 다른 나라와는 달리 분단되어 있으며 미묘한 세력균형상의 문제가 있다. 일본 등 다른 나라는 핵무기 반대 입장이 확고하다.

노신영: 기술은 일찍 습득할수록 좋으며 우리의 장기 에너지 대책에 비추어 재처리시설 도입이 지금 필요하다.

스나이더: 귀하의 입장을 국무성에 보고하겠다. 그러나 미국이 견지하고 있는 강력한 입장에 비추어 계속 같은 입장이 분명히 올 것으로 본다. 한국 정부가 앞으로 당면할 제반 손실 위험을 고려하여 재검토하여 주기 바란다.

이날 스나이더 주한 미국대사가 밝힌 미국 정부의 '재처리시설 반대' 이유를 분석해 보면 "한국은 분단되어 있고, 미묘한 세력균형상의 문제"가 주된 요인이라고 명시하고 있다. 자신들의 동맹국인 한국이 김일성의 침략을 받아 죽든 말든 미국은 "미묘한 세력균형상의 문제"가 더 중요했다는 뜻일까?

일주일 후인 10월 31일 스나이더 대사가 미 국무성에 보낸 보고서를 보면 박정희와 한국 정부가 재처리시설을 강행하려는 이유를 비교적 분명하게 밝히고 있다. 즉 "한국 정부는 미국의 대한(對韓) 안보 공약을 불신하기 때문"이라는 것이다. 관련 내용은 다음과 같다.

> 박 대통령은 국가적 자존심 차원에서 한국이 일본에 비해 차별대우를 받고 있다는 사실을 유감스럽게 생각한다. 한국의 과학자들은 핵 재처리의 경제적·기술적 가치를 과장 보고했으며, 이를 번복할 경우에는 체면과 직위에 흠이 갈 것을 우려하는 것 같다. 핵에너지를 확보할 수 있는 시장이 넓어져 미국이 아니라도 핵연료를 충당할 수 있다는 자신감을 가지고 있다. 미국은 결국 한국의 의사를 지지할 것이며 재정융자와 원자력발전소 건설 등에 협력할 것이라고 기대하고 있다.
>
> 한국 정부는 미국의 대한 안보 공약을 불신한다. 박 대통령은 미국의 핵 우산이 제거될 경우 핵 억지력 차원의 대비책을 마련하는 것이 필요하다고 판단하고 있다. 한국이 미국의 핵우산 철수에 대한 우려를 가질 경우 급변사태에 관해 한국과 긴밀한 협의를 할 것이라는 점을 천명할 필요가 있다. 박 대통령이 협력하지 않는다면 핵에너지뿐만 아니라 여타 양국 관계도 타격을 받게 될 것임을 분명히 해야 한다.[130]

박정희 대통령은 1975년 4월 30일 벌어진 월남 패망의 교훈을 잊지 않았다. 미국의 안보 공약이 얼마나 허황된 것인지를 월남의 공산통일이 증명해 준 셈이다. 따라서 대한민국 대통령인 박정희

---

130   심융택, 앞의 책(10), 57쪽.

입장에서 미국의 핵우산 철수에 대한 대비를 하는 것은 지극히 당연한 일이었다. 다만, 미국 입장에서는 박정희의 선택이 미국의 글로벌 전략 및 자국 이익과 상충된다는 점이 불편했던 것이다.

미국 언론의 '프랑스 때리기'

한국에 대한 압력이 소득을 거두지 못하자 이번에는 미국 언론이 나서서 한국에 재처리시설을 판매하려는 프랑스를 공격했다. 그 선봉은 뉴욕타임스였다. 1975년 10월 29일, 뉴욕타임스는 다음과 같은 사설을 게재했다.

프랑스는 원자폭탄의 폭발물질인 플루토늄을 생산할 수 있는 기술과 시설을 한국에 판매하기로 결정함으로써 인류를 핵무기의 세계적인 확산과 궁극적인 재난으로 향하는 길을 이끌어 갔다. 과거 30년 동안 미국과 다른 선진 핵보유 국가들은 그러한 시설판매를 거절해 왔으나 서독이 지난 6월 브라질에 시험용 핵재처리 공장을 판매할 것을 결정함으로써 대오에서 이탈했다. 무력으로 한반도를 통일하려는 북한의 야망은 미국의 월남 철수를 계기로 다시 살아나고 있으며, 한국의 핵 관계 움직임은 북한으로 하여금 보다 더 위험스러운 핵무장을 하도록 할 것이며, 일본에서도 핵무장 압력을 자극할 것이다.

이 사설이 보도되자 프랑스 정부는 같은 날 "뉴욕타임스의 사설은 악의로 가득 찬 내용"이라면서 "미국이 자국의 원자력 기술과 시설을 팔아먹기 위해 프랑스의 핵시설 수출정책을 비난해 온 것은 어제오늘의 일이 아니다"라는 요지의 성명을 발표했다.

미국 정부의 집요한 반대에도 불구하고 한·불(佛) 양국은 재처리 시설 도입 교섭을 진척시켜 1975년 11월 13일 11시 30분에 프랑스 외무성에서 '한·프랑스 간의 원자력 협력 사업에 대한 양해각서'를 교환하기로 합의했다.

그런데 서명 예정시간 30분 전에 프랑스의 태도가 돌변했다. 프랑스 측 서명자인 데스트레모 정무차관이 양해각서 교환 연기를 통보해 온 것이다. 데스트레모는 "군사적으로 전용될 가능성, 즉 핵무기 제조 목적에 전용될 우려가 있기 때문에 추가적인 제한 조치가 필요하게 되었다"는 것이 연기의 이유라고 설명했다.

1975년 12월 30일 노신영 외무차관은 주한 프랑스 대사에게 "핵연료 재처리 문제에 관하여 당분간 재처리에 관한 계약을 보류한다"고 알렸다. 해를 넘겨 1976년 1월 26일 우리 정부는 프랑스 정부에 핵연료 재처리시설 도입계약 파기를 통보했다. 온갖 난관을 뚫고 핵무기 개발을 추진해 온 핵개발을 왜 하필 이 시기에 포기한 것일까?

11

핵개발 실패, 박정희의 죽음

미완으로 끝난
박정희 혁명

1974~1975년 무렵 미국 정부는 박정희 대통령과 한국 정부의 핵연료 재처리시설 도입계획을 봉쇄하기 위해 사용할 수 있는 모든 수단을 다 동원해 압력을 가했다. 그 이유는 두 가지였다.

첫째, 한국은 굳이 핵무기를 개발할 필요가 없다.
둘째, 한국은 핵무기를 개발해서는 안 된다는 것이었다.

미국 입장에서 볼 때 박정희의 핵개발은 동북아지역에서 핵확산 저지라는 미국의 전략 목표에 대한 정면 도전이었다. 미국은 한국의 핵보유가 동북아의 평화와 안정을 교란하는 요인이 되어 미국의 국익을 손상시키는 일이라고 판단했다.

따라서 "한국이 김일성으로부터 공격을 당할 경우 주한미군이나 미국이 보유한 핵무기를 사용하여 북한의 공격을 격퇴할 것이므로 미국을 믿고 독자적인 핵무기를 개발할 필요가 없다"는 입장이었다.

반면, 박정희는 미국의 대한 안보 공약을 신뢰하지 않았다. 박정희는 1975년 4월 30일 사이공이 함락되면서 월남이 공산통일 된 후 큰 영애 박근혜에게 이렇게 말했다.

> 월남이 공산당에게 먹혔는데, 북한은 베트콩보다 더 무서운 존재다. 나라가 위기에 직면해 있는 상황에서 국가 지도자는 다른 문제로 비판을 받더라도 나라부터 구해놓고 봐야 한다. 경제발전과 자주국방만 이룩해 놓으면 다른 사람들이 말려도 내가 알아서 물러날 텐데 왜 사람들이 기다려 주지 않는지 모르겠다.[131]

미국은 주한미군 7사단을 철수하면서 한국군 현대화 5개년계획을 위해 5년간 15억 달러를 지원해 주겠다고 약속했다. 그러나 이 계획은 워터게이트 사건의 후폭풍으로 미 의회가 협조해 주지 않아 지지부진했다. 당초에는 전액 무상지원을 약속했으나 후에 30퍼센트는 유상으로 바뀌는 등 우여곡절 끝에 1977년에 가서야 완성됐다. 그 사이에 물가가 올라 당초 기준으로 하면 10억 달러 정도를 지원하는 효과를 가져왔을 뿐이고, 게다가 전체 액수 중 3분의 1은 한국이 부담해야 했다.

---

131   심융택, 앞의 책(10), 245쪽.

미국이라는 자유민주주의 국가의 작동원리를 꿰뚫어 본 박정희는 독자적인 힘으로 안보를 지켜내기 위해 '핵무기 개발'이라는 초강수 카드를 꺼내 든 것이다. 그런데 박정희는 미국 측의 강력한 압력을 버텨가며 진행해 온 재처리시설 확보의 꿈을 1975년 말에 허무하게 접었다. 왜 그런 판단을 해야만 했을까?

미국의 압력 못 견딘 프랑스

당시 프랑스는 한국에 판매하기로 한 재처리시설의 개념설계를 이미 끝내고 기본 상세설계에 착수한 시점이었다. 1975년 11월 4일 런던에서 열린 대한對韓경제협의체IECOK 총회에서 미국 대표단은 프랑스가 한국에 재처리 공장 시설을 수출하는 것을 강하게 반대했다. 미국의 파상적인 압력을 견디지 못한 프랑스 정부는 한국에 "계약 파기에 대한 위약금은 받지 않을 터이니 한국 정부가 먼저 계약을 파기하는 방식을 취해 달라"고 요청했다. 이와 함께 캐나다로부터 도입하려던 '연구용 원자로NRX'도 미국의 압력으로 포기했다.

후에 밝혀진 바에 의하면 한국에 프랑스와의 계약을 취소하도록 압력을 넣는 핵심 역할을 한 인물은 주한 미국대사를 역임한재임기간 1971년 8월~1974년 8월 필립 하비브 미 국무부 동아태 차관보였다. 재처리시설 도입 포기문제와 관련하여 카터 행정부의 국가안보 보좌관 브라진스키는 다음과 같이 술회한 바 있다.

> 카터 대통령은 프랑스의 지스카르 데스탱 대통령과의 사적인 회담을 통
> 해 핵 확산에 따른 문제, 핵 확산 금지협정의 준수 문제를 강력히 이야기
> 하여 프랑스가 핵연료 재처리에 관한 공장을 한국과 파키스탄에 판매하
> 려던 계획을 취소시켰다.[132]

미국의 파상적인 압력에 직면한 박정희 대통령 입장에서 볼 때 프
랑스로부터 재처리시설을 도입하더라도 실제 핵무기를 보유할 때까
지는 적어도 5년여 기간이 필요하다는 약점이 있었다. 만약 한국이
재처리시설 도입을 강행할 경우 미국은 그에 대한 보복으로 주한미
군을 철수시킬 것인데, 이렇게 되면 안보 공백은 불가피했다.

또 한 가지, 미국의 경제제재로 인해 박정희가 야심차게 추진 중
이던 중화학공업 건설에 중대한 차질이 빚어질 우려가 있었다. 박정
희는 이러한 현실적 고려에서 재처리시설 도입을 포기한 것으로 보
인다.

미 CIA의 서울 주재 책임자로 3년간 근무하고 귀국한 도널드 그
레그는 1976년 10월 사스 대학에서 행한 강연회에서 "한국의 정권
이 현재와 같은 정치를 해 나간다면 임기 중반쯤에 가서 쿠데타가

---

132   박실, 『박정희 대통령과 미국대사관』, 백양출판사, 1993, 193쪽.

일어날 것"이라고 발언했다. 그레그의 이 발언은 미국 정보기관이 한국에서 박정희 정권의 종식을 위해 모종의 공작을 진행하고 있는 것 아닌가 하는 의혹을 불러일으켰다.

그레그가 한국에서 쿠데타 발생을 예단한 시기는 미국이 한국 정부가 핵개발 계획을 취소하지 않을 경우 "모든 부문에서 한미관계를 끊어 버리겠다"고 최후통첩을 하는 등 위협하던 시기와 거의 일치한다.[133]

핵개발 프로젝트 종사자들은 재처리시설과 연구용 원자로 도입이 성사 직전에 펑크가 나자 큰 충격에 빠졌다. 그러나 이런 일로 핵개발을 완전히 포기했다면 박정희는 진정한 혁명가가 아니다.

1976년 3월 17일, 미국 민주당 대통령 후보 지미 카터는 워싱턴포스트와의 인터뷰에서 "한국에서 핵무기를 완전 철수시키고 4~5년 내에 주한 미 지상군을 단계적으로 모두 철수시키겠다"고 선언했다. 그렇다면 나라는 무엇으로 지킬 것인가. 고민하던 박정희는 한동안 숨고르기를 한 후 다시 훌훌 털고 일어섰다.

이번에는 전보다 더 조용하고 은밀하게 핵 역량을 강화하는 쪽으로 선회했다. 박정희는 그동안의 핵무기 개발 프로세스를 심도 깊게 검토한 결과 중대한 문제점을 발견했다. 1975년까지는 핵심 분야인 재처리기술과 연구용 원자로를 외국에 의존하려다 간섭 및 압

---

133   심용택, 앞의 책(10), 310쪽 참조.

력을 초래했다. 그렇다면 관련 분야를 자체기술로 개발할 경우 간섭 및 압력을 원천적으로 피해갈 수 있을 것 아닌가?

이것이 박정희의 지론이었다. 그리고 1976년부터의 개발 방향은 박정희의 의도대로 "사용 후 핵연료 재처리시설과 연구용 원자로의 자체 개발"로 선회하게 된다. 박정희가 다시 핵개발 프로젝트의 시동을 건 것은 1976년 말이다.

박정희, "떠들썩하게 하지 말라"

미국의 압력으로 재처리시설 도입과 연구용 원자로 도입이 좌절된 지 1년 정도 지난 1976년 11월 박정희는 김정렴 비서실장과 오원철 수석을 청와대 내의 서재로 조용히 불렀다. 이날 박 대통령은 "원자력산업을 종합적으로, 본격적으로 추진하라"고 강력히 지시했다. 김정렴 실장의 말에 따르면, 박 대통령은 "일본식으로 원자력산업을 발전시키라"면서 다음과 같이 지시했다.

일본은 원자력발전소도 자체 제작할 수 있는 기술과 능력을 갖고 있다. 일본은 필요하다고 마음만 먹으면 핵무기도 만들 수 있다는 것은 공지의 사실이다. 그렇다고 일본이 핵무장을 하고 있는 것은 아니지 않느냐. 그리고 원자력산업 정책에 대해 일본은 미국을 위시한 어떤 나라로부터 간섭을 받고 있지 않다. 문제는 실력을 갖추는 일이다. 원자력산업을 본격적으로 추진하되 떠들썩하게 하지 말라.

김정렴과 오원철은 "떠들썩하게 하지 말라"는 대통령 지시를 극비로 추진하라는 말로 해석했다. 박정희가 '한국의 핵무기 개발 결사반대'라는 미국의 입장을 잘 알면서도 다시 핵개발을 재개한 이유는 북한의 핵개발 정보 때문이었다.[134]

1945년 12월 소련 외무성의 세르게이 스즈타로프는 「북한에서 일본의 군사 중공업에 대하여」라는 조사문서를 발표했다. 이 문서는 일본이 농업국이던 조선에서 지하자원에 착안하여 1930년대 말부터 제2차 세계대전 때까지 군사용을 중심으로 공업화를 추진한 점에 주목했다. 그 결과 산업종사자는 1942년 200만 명에서 1944년 400만 명으로 늘었다. 북한에서는 석탄, 철, 납, 알루미늄 등이 채굴되었고, 몰리브덴, 크롬 등과 같은 희소금속도 풍부하게 생산된 점을 발견했다.[135]

소련은 이 자료를 토대로 북한에서 핵폭탄 제조에 필수적인 우라늄이나 그 원료인 모나자이트를 획득하고자 했다. 소련은 1950년 자신들이 필요로 했던 우라늄 자원의 3분의 2는 체코슬로바키아, 동독,

---

134   북한의 핵개발 관련 내용은 심융택, 앞의 책(10), 98~100쪽 참조.

135   시모토마이 노부오(下斗米伸夫) 지음·이종국 옮김, 『모스크바와 김일성-냉전기의 북한 1945~1961』, 논형, 2012, 36쪽.

불가리아, 그리고 북한으로부터 공급받았다. 1947년부터 1950년 6월까지 엄청난 양의 북한산 우라늄을 소련으로 실어갔다.[136] 이를 위해 1948년부터 북한에서 연해주 지방까지 철도 건설을 서둘렀다. 북한은 한국전쟁에 필요한 소련제 무기 대금의 일부를 북한산 우라늄으로 현물 지급했다.

북한은 1956년 2월 28일, 모스크바에서 소련과 연합핵연구소 조직에 관한 협정을 체결했다. 1958년에는 북한의 물리학자와 기술자들을 소련에 파견하여 핵개발 관련 기술을 습득하기 시작했고, 1959년에는 소련·중국과 원자력의 평화적 이용에 관한 협정과 의정서를 교환했다. 핵개발을 위한 적극적인 관심을 표명한 것이다.

1962년에는 김일성대학의 물리학 교수인 한인석이 핵개발 연구 논문을 발표했고, 1965년에는 소련으로부터 2메가와트급의 소형 시험용 원자로를 도입했다. 북한은 자체기술로 이 원자로를 8메가와트급으로 확장했다.

북한 핵개발에 대한 대응

1968년 북한은 소련으로부터 10만 킬로와트의 원자력 터빈 발전기를 도입하여 북창화력발전소에 설치했다. 이 발전기의 원자로

---

136   장준익, 『북한 핵 미사일 전쟁』, 서문당, 1999, 114쪽.

에서 나오는 사용 후 핵연료를 재처리할 경우 연간 10킬로그램 정도의 플루토늄 추출이 가능할 것으로 파악됐다.

1970년대에는 북한 핵물리학자들이 소련의 두보나 핵연구소에 파견되었고, 중국에도 미사일 전문가를 보내 연구를 진행했다. 북한은 자체기술로 30만 메가와트급의 제2시험용 원자로 개발계획을 세웠다. 이 원자로가 정상 가동될 경우 연간 핵폭탄 한두 개를 만들 정도의 플루토늄 확보가 가능해지게 된다. 게다가 북한은 영변에 원자력발전소 건설계획을 추진했다. 우리 정보기관은 이것이 상업용 발전소가 아니라 사용 후 핵연료의 재처리 공장일 가능성이 큰 것으로 의심했다.

당시 북한은 과학원 산하의 원자력연구소, 핵물리연구소, 핵전자연구소, 방사화학연구소에서 극비리에 원자폭탄 제조기술 개발에 총력을 기울였다. 그 결과 1990년대 초반에는 핵무기 보유가 가능할 것으로 관측됐다. 북한은 개량형 스커드 미사일 외에 사정거리 900킬로미터의 전술탄도미사일을 개발하고 있었다. 이것이 1990년대 초에 완성되면 핵탄두 운반수단까지 보유하는 것은 시간 문제였다.

박정희는 자신이 준비한 계획을 예정대로 추진하여 1982년에 핵개발을 완성하면 북한과의 핵개발 경쟁에서 10년 정도 앞서갈 수 있을 것으로 전망했다. 이것이 박정희가 핵개발을 다시금 추진한 근본 이유다. 먼저 박정희는 원전 운영에 필수적인 핵연료봉 제조공장 건설에 착수했다.

핵연료봉_{원자로용 연탄}은 경수로용과 중수로용 두 가지가 있다. 경수로용 연료봉을 제조하려면 미국에서 농축 우라늄을 구입하여 제조해야 한다. 반면 중수로용 연료봉은 천연 우라늄을 그대로 사용할 수 있어 제조가 용이하다. 정부는 우선 중수로용 연료봉의 국내 자급을 위해 1976년 12월 1일 핵연료개발공단을 출범시켰다.

핵연료개발공단은 극비리에 '화학처리 대체사업_{일명 핵연료 국산화사업}'을 시작했다. 이 사업은 재처리 관련 프로젝트의 위장 명칭이었다. 즉, 우라늄 정련_{精鍊}, 전환시설, 핵연료 가공시설, 조사_{照射} 후 시험시설, 방사성 폐기물 처리시설 등 재처리와 관련된 핵심시설을 도입하여 국내 연구진의 독자적인 기술로 재처리공장을 직접 건설한다는 야심찬 프로젝트였다.

재처리 프로젝트는 1981년 완성을 목표로 하여 1978년 10월에 핵연료 가공시설을 준공했고, 1979년 5월에는 우라늄 정련·전환공장 기공식이 예정되어 있었다. 관계자들은 미국 정보기관 관계자들에게 "화학처리 대체사업은 국내에서 우라늄을 채취하여 중수로용 연료봉을 만드는 사업"이라고 설명했다. 미 정보요원들은 이 사실을 믿지 않고 대덕연구단지와 국방과학연구소를 드나들며 증거를 잡기 위해 노력했다.

한국 정부가 핵연료봉 공장 건설을 서두른 이유가 있다. 한국이 프랑스에서 재처리시설을 도입하려 했을 때 미국 측은 "한국에서 재처리시설을 건설하여 타고 남은 우라늄을 분리해 냈다 하더라도 한국에는 이 우라늄을 사용하여 핵연료봉을 만드는 시설이 없지 않은가. 그렇다면 재처리시설이 필요한 이유가 무엇인가? 한국의 재처리시설 건설은 명백히 핵무기 개발용"이라고 몰아붙였기 때문이다.

재처리·시험용 원자로 독자개발 추진

이후 한국은 꾸준히 핵연료 주기기술의 자립을 추진했다. ▲원자로 설계 기술 ▲핵연료 설계와 제작 기술 ▲농축·재처리 등 민감 기술 확보와 원광_{原鑛}에서 방사능 폐기물 처리까지의 핵연료 공급 주기의 완성 ▲운전 기술 등 원자력 기술의 자립항목 중에서 한국은 '농축·재처리' 분야만 제외하고는 완전한 기술자립을 이루었다.

캐나다로부터 연구용 원자로 도입이 좌절된 후 박정희는 연구용 원자로의 국산화 개발을 지시했다. 이 사업은 '기기장치 개발사업'이라는 위장 명칭으로 원자력연구소의 장치개발부가 담당했다. 계획에 의하면 1978년까지 설계 완료, 1979~1981년에 건설 완료가 예정되어 있었다.

연구용 원자로가 완성되어 사용 후 핵연료를 얻고 '화학처리 대체사업'을 통해 재처리시설을 확보하면 핵폭탄 제조용 플루토늄을 얻을 수 있다. 이렇게 되면 핵폭탄 제조는 시간 문제였다. 당시 원자력연구소와 핵연료개발공단은 1981~1982년 무렵 핵무기 보유가 가능할 것으로 판단했다.

한국의 중수용 핵연료봉 시설이 공개될 때까지 미국의 전문가들은 한국이 핵무기 프로세스에 어느 정도나 근접했는지에 대해 정확히 파악하지 못하고 있었다. 그런데 미국의 집요한 감시에도 불구하고 박정희가 집요하게 핵 관련 기술 개발을 진행하자 도널드 럼스펠드 미 국방장관은 1976년 5월 한국의 국방장관에게 "한국이 핵 개발을 고집하면 미국은 안보와 경제 문제를 포함해 한국과의 모든 관계를 재검토할 것"이라고 말했다.

1977년 6월 말에는 한국원자력연구소가 벨기에 BN 사社와 추진하던 플루토늄을 재사용한 제2 핵연료 가공사업도 중단하라고 벨기에와 한국 정부에 압력을 넣었다. 이 프로젝트는 재처리 연구에 필수적인 기술이었는데, 이 사업도 1977년 11월 11일 포기해야 했다.

미국은 박정희의 핵 개발을 감시하기 위해 주한 미국대사관에 과학무관을 파견했다. 이때 주한 미국대사관에 과학무관으로 온 로버트 스텔라는 미 CIA 요원으로서 원자력 분야의 전문 훈련을 받고 파견되었다. 그는 불시에 원자력 관련 시설 곳곳에 나타나 "내가 보기를 원하는 시설을 전부 열어 놔라" 하는 식으로 감시했다.

미 대사관 요원들은 심지어 복합비료 공장에 쌓여 있는 인광석 원료에 미량의 우라늄이 들어 있다는 이유로 비료공장까지 샅샅이 뒤지고 다녔다. 그들의 입장은 다음과 같이 단호했다.

"한국이 망하지 않으려면 핵 개발을 포기하라."

"빵이냐, 핵개발이냐 양자택일 하라"

카터 미국 대통령은 취임 직후부터 주한미군 철수 드라이브를 걸었다. 이유는 한국이 아시아에서 가장 잔혹한 인권침해 국가이기 때문에 주한미군을 철수하겠다는 것이었다. 취임 초기에는 "주한미군 제2사단을 1982년까지 철수하겠다"고 했으나 미국 내 여론의 압력에 밀려 계속 수정되었다.

카터의 등장과 함께 또다시 제기된 "주한미군 철수" 주장은 박정희의 핵개발 가능성을 더욱 부추기는 요소로 작용했다. 1978년 8월, 미 국방장관 슐레징거가 방한하여 "빵이냐, 핵 개발이냐 양자택일을 하라"면서 박정희 대통령에게 핵개발 포기각서에 서명할 것을 요구했다. 정 끝까지 가겠다면 결정적인 제재를 가할 수밖에 없다는 미국의 최후통첩이었다.

그해 9월 26일 한국이 국산 미사일 백곰 발사에 성공하자 워싱턴 당국은 공황상태에 빠져 직접 한국의 핵 관련 시설을 시찰하기 위한 방문단을 결성했다. 11월 8일, 해럴드 브라운 미 국방부장관이 이끄는 17명의 고위 관료들^{미 국무부·국방부·국가안전보장회의 소속}이 한국을 방문했다. 열흘 후에는 멜빈 프라이스 의장을 선두로 한 미 상원 군사위원회 의원 13명이 한국으로 날아왔다.

급기야 진보주의 성향의 카터 행정부는 인권과 도덕을 가치기준으로 내세워 이에 반하는 것으로 판단한 이란과 한국에서 반체제 세력을 지원하여 권위주의적 통치자들의 몰락 혹은 실각을 위한 계획을 실행에 옮기기 시작했다. 이란의 팔레비 국왕이 그 첫 희생자였다.

1978년 9월부터 이란에서 팔레비 국왕의 강권통치에 저항하는 시위가 격화되어 10월 말에는 석유노동자들까지 파업에 가담했다. 팔레비가 사태를 적절히 컨트롤하지 못하자 1979년 1월 미국은 자신들의 오랜 친구였으며, 미국의 국익을 위해 도움을 주었던 팔레비 국왕을 폐위시키고 선거를 통해 연립정부를 구성하는 방안을 검토했다. 만약 팔레비가 이 계획을 수용하지 않을 경우 군부쿠데타를 통해 정권을 교체하기 위해 이란 사정에 정통한 나토군 부사령관 로버트 후이저 장군을 테헤란에 파견했다.

팔레비 국왕 쫓아낸 미국

이 계획에 대해 테헤란 주재 미국대사 설리번은 "이란 군부와 호메이니는 반反공산주의자이고 반反소련 세력이며, 젊은 장교들은 친서방적이므로 선거를 치를 경우 강력한 친서방 영향력이 작용하는 회교공화국이 탄생할 가능성이 있다"고 보고했다. 그러나 미국의 판단은 상상을 초월할 정도로 빗나갔다.

미국은 팔레비에게 "자유화 정책을 실시하라"고 강요했고, 팔레비는 "자유화 정책은 파국을 초래할 것"이라며 거부했다. 미국은 팔레비가 자신들의 말을 듣지 않자 군부쿠데타를 추진하는 과정에서 팔레비 국왕을 해외로 추방시켰다. 1월 16일 팔레비가 등을 떠밀려 해외로 탈출하자 정부와 야당 등 반체제 세력이 급속하게 세력을 확장했다.

미국이 기대했던 이란군은 급속히 야당과 반체제 세력으로 기울었고, 혼란이 가열되면서 광적일 정도로 반미적인 회교 지도자 호메이니가 2월 1일 귀국하여 회교혁명이 일어났다. 호메이니 정권은 망명한 팔레비 국왕의 지지자들을 잔인하게 처형하면서 이란은 피로 물들었다. 팔레비가 임명했던 공군 총사령관 라비 장군은 회교 혁명군에게 체포되어 총살당하기 직전, 판사들에게 이렇게 외쳤다.

"후이저 장군은 마치 죽은 쥐 한 마리를 시궁창에 내버리듯이 국왕을 국외로 추방했소."

미국이 팔레비의 망명신청을 거부하는 바람에 팔레비는 남미 여러 나라를 전전하다가 이집트로 망명하여 그곳에서 미국을 향해 이를 갈며 사망했다. 호메이니는 테헤란의 미국대사관을 점령하고 52명의 대사관 직원들을 인질로 붙잡고 미국을 위협했다.

카터는 인권과 자유, 도덕이라는 칼날을 미친 듯이 휘둘러 자신들의 우방에 치명적인 상처를 입혔다. 그 결과 적을 이롭게 하고 미국의 이익도 손상시키는 결과를 야기했다. 팔레비의 실각 망명 이후 국내외에서는 "다음 차례는 한국"이라는 소문이 나돌기 시작했다.

1979년 1월 3일 박정희는 부산에서 신년 구상을 하던 중 청와대 공보비서관으로 근무하다가 유정회 국회의원으로 나간 선우연^{선우휘 조선일보 주필의 동생}을 급히 불렀다. 부산으로 달려온 선우연에게 박정희는 이렇게 말했다.

내가 오늘 자네에게 꼭 할 말이 있어 불렀네. 내가 1981년에는 그만 둘 거야. 이유가 있어. 1981년 전반기에 핵폭탄이 완성된다고 국방과학연구소장에게 보고를 받았어. 핵폭탄이 생기면 김일성이도 감히 남침을 못할 거 아닌가. 북괴가 남침하더라도 우리가 핵을 던지면 북한도 날아갈 것 아닌가. 쳐내려오지 못하게 하는 것이지. 공격을 위해서가 아니라 방어용이야. 1981년까지 완성이 되면 그해 국군의 날 여의도 행사를 부활시켜서 사열할 때 원자탄을 세계에 공개하겠어. 그리고 그 자리에서 사퇴 성명을 내고 물러나는 거야.

박정희가 1981~1982년 무렵 은퇴한다는 소문이 언론계에 은밀히 회자되기 시작했고, 정치권에서는 육영수 여사의 오빠 육인수 의원을 통해 이런 이야기가 떠돌았다. 그러나 인생이란 늘 예정된 시나리오대로 움직이지는 않는 법이다.

김영삼, "박정희 정권 타도" 선언

1979년 농축과 재처리 부분을 제외한 원자력산업의 기술적 자립을 이루었고, 같은 해 10월, 재처리설비의 모든 설계가 끝났다. 이 와중에 박정희 대통령이 1981~1982년 무렵 핵탄두를 장착한 미사일을 공개할 것이라는 이야기가 은밀히 퍼져 나가면서 미국은 청와대 도청이나 대덕연구단지 감시만으로는 핵개발을 막을 수 없다는 사실이 명확해졌다고 깨달았다.

1979년 9월 10일 김영삼 신민당 총재는 기자회견을 열고 "박정희 정권 타도에 앞장서겠다, 군은 특정 정권을 위해 존재하는 것이 아니다. 군은 본래의 임무에 충실해야 한다. 국민들이 총궐기하여 항쟁하지 못한다면 우리 모두가 역사의 죄인이 된다"고 선언했다. 6일 후인 9월 16일, 김영삼은 뉴욕타임스와의 인터뷰에서 다음과 같은 요지의 발언을 했다.

카터 미 행정부에 소수 독재의 박정희 대통령 정부에 대한 지지 종식을
요구한다. 미국은 근본적으로 독재체제이며 국민들로부터 점점 소외되
고 있는 정부와 민주주의를 열망하는 국민 다수 중에 명백한 선택을 할
시기가 왔다.

이 발언을 문제 삼아 여당 의원들이 10월 4일 국회에서 김영삼
의원을 제명하자 다음날 미 국무성은 글라이스틴 주한 미국대사를
본국으로 소환했다. 주한 미국대사의 소환은 1958년 이승만 대통
령 시절 보안법 파동에 대한 항의 표시로 다울링 대사를 소환한 이
래 21년 만의 일이었다. 10월 13일에는 카터 미국 대통령이 직접
나서서 김영삼의 제명을 공개 비난하는 초강수를 두었다.

이 와중에 박정희의 최측근인 경호실장 차지철과 중앙정보부장
김재규의 대립과 갈등은 외세가 개입할 수 있는 가장 위험한 허점
이었다. 운명의 10월 26일 밤 12시경, 한미연합사 부사령관 유병현
대장은 최규하 국무총리의 지시에 따라 글라이스틴 주한 미국대사
에게 "박정희 대통령이 사고를 당해 임무를 수행할 수 없게 되었고,
최규하 총리가 대통령 권한대행이 되었다"는 사실을 통보했다.

박정희 대통령이 시해됐다는 사실을 통보받은 글라이스틴 대사

는 10월 27일 새벽 2시 40분한국 시각 긴급전화로 카터 대통령의 안보담당 보좌관 브래진스키에게 "한국에서 모종의 사태가 발생했으며, 박 대통령이 사망했음이 분명하다"고 보고했다. 글라이스틴 대사의 보고를 받은 미 국무성은 다음과 같은 공식 성명을 발표했다.

우리는 한국에서 쿠데타가 발생한 것을 확인했다. 미국은 한국에 있어서의 사태 진전에 관해 정보를 입수해 왔다. 미국은 이번 사태를 한국의 국내 문제로 간주하고 있으며 모든 관계 당사국에 대하여 자제할 것을 요망한다. 미국 정부는 이 같은 한국 정세를 이용하는 외부의 어떠한 시도에 대해서도 한국과의 조약상 의무에 따라 강력히 대응할 것임을 명백히 해 둔다.

미 정부, CIA 개입설 적극 부인

미 국방성은 주한미군에 '데프콘 4' 비상경계령을 내렸고, 조기경보통제기AWACS 2대를 한국에 급파했다. 항공모함 키티호크와 미 7함대 기함인 블루리지호헬리콥터 항공모함가 한국 해역으로 이동했다. 10월 28일, 글라이스틴 주한 미국대사는 다음과 같은 전문을 본국 정부에 보고했다.

나는 본국에서 귀임한 날부터 박정희의 죽음에 이르는 며칠 간 한국 정부 내의 여러 요인들로부터 대통령이 잘못된 결정을 하고 있으며, 듣기 좋은 말을 하는 참모에게만 귀를 기울이고 있다는 비판을 많이 듣게 되었다. 그래서 이 사건 소식(10·26 대통령 시해-저자 주)을 접하자 즉각적으로 군사쿠데타라고 생각했다. 그러나 공모자의 흔적이 보이지 않아 이 판단을 바꾸게 되었다.

나는 대통령 주변에 있는 사람들이 김재규의 지도에 따라 대통령을 제거하고 권력구조는 그대로 유지하면서 고분고분한 후계자를 선정하려는 계획을 세웠을 가능성이 더 높다고 본다. 김재규는 박 대통령의 강경책이 공화국을 위기에 빠뜨리고 있다고 판단한 여러 사람들 중의 한 사람일지도 모른다.[137]

박정희 대통령 시해 사건 이후 미국 정부는 미국이 10·26사태에 개입하지 않았다는 점을 홍보하는 데 비상한 노력을 기울였다. 서울에서는 주한 미국대사관 직원들이 주요 신문사를 순방하면서 미 CIA 개입설을 적극 부인했다. 그럼에도 불구하고 국내에서는 "박정희 대통령이 미국의 반대를 무릅쓰고 핵개발을 강행하다가 변을 당했다"는 소문이 은밀하게 퍼져 나갔다.

당시 미 대사관의 정무관계 직원과 CIA 요원, 주한 미8군 요인들은 우리나라의 정계와 행정부, 군부 주요 인사들과 잦은 접촉을 하고

---

137   심융택, 앞의 책(10), 348~349쪽.

있었다. 특히 글라이스틴 대사와 부르스터 CIA 한국지부장, 위컴 미8군 사령관은 김재규를 만나 한국의 정치 위기를 타개할 수 있는 방안에 대해 여러 차례 협의했다. 특히 CIA의 한 요원이 중앙정보부의 한 고위 간부에게 이른바 '집권자 교체론'을 거론했다고 한다.[138]

이러한 움직임으로 유추할 수 있는 점은 글라이스틴 대사나 브루스터 CIA 한국지부장, 주한 미8군 사령부의 고위 장성 등이 김재규가 쿠데타를 결심할 수 있는 어떤 암시를 주지 않았을까 하는 점이다. 즉, 미국 관계자들이 구체적으로 언급한 것은 아니지만 "만약 김재규가 박 대통령을 제거하고 정권을 잡게 될 경우 미국은 이에 반대하지 않을 것"이라는 요지의 간접적인 사인을 줌으로써 김재규의 대통령 시해 결심을 유도했을 가능성은 없었을까?

이러한 의문에 대한 약간의 단서는 11월 19일 글라이스틴 대사가 김재규에 대한 군사재판을 앞두고 미 국무성에 보낸 다음과 같은 전문에서 엿볼 수 있다.

김재규는 재판에서 나와 나의 전임자들이 자기에게 박 대통령을 공격하라고 부추겼다는 주장을 하고 나올 가능성이 있다. 우리는 그런 일을 하지 않았다. 그러나 우리가 박 대통령의 행동을 공개적으로 비판한 것 때문에 김재규는 우리의 비판을 오해하여 박정희의 최후가 다가오고 있다

138   심융택, 앞의 책(10), 344~345쪽.

든지, 그가 사라지는 것에 대해 미국이 좋아하지 않을 이유가 없다든지 하는 식으로 생각했을 가능성은 있다.[139]

'체로키 보고서'의 비밀

글라이스틴은 1986년 미 조지타운대학 외교문제연구소에서 발행한 『인권외교』라는 책자에 「한국, 미국 관심의 특별한 대상」이라는 제목의 논문을 기고했다. 이 논문에서 글라이스틴은 박정희의 죽음과 관련하여 다음과 같이 밝히고 있다.

> 미국의 지나친 압력과 불만 표시는 박 대통령의 정통성에 영향을 미쳤으며, 우리의 조치와 빌언들이 그의 죽음에 간접적인 압력을 가했을 것이다.… 한미관계의 다른 문제들로 인해 대통령의 생존에 대한 위협은 악화되어 갔다.

그는 또 "미국의 총체적인 행동과 발언이 박정희의 몰락에 알지 못하는 사이에 막대한 영향을 끼쳤는지에 대해 자문해 봐야 한다"[140] 고도 했다. 글라이스틴이 언급한 '미국의 총체적인 행동과 발

---

139   심융택, 앞의 책(10), 349~350쪽.
140   김형아 지음·신명주 옮김, 앞의 책, 335~336쪽.

언' 그리고 '다른 문제'란 무엇을 뜻하는 것일까?

비록 방법은 달랐지만 반체제 세력을 지원하여 권위주의적 통치자들의 몰락을 부추기려 했던 미국의 계획은 이란과 한국에서 연이어 성공했다. 그러나 그것을 당한 나라에서는 너무 크고 심각한 대가를 치러야 했다.

미국은 1979년 12월 12일 발생한 전두환의 군사쿠데타를 묵인했다. 탐사전문기자인 팀 셔록에 의하면 카터 행정부의 고위 관료들은 신군부의 5·17쿠데타를 열흘 전에 승인했다고 폭로했다.[141]

셔록의 기술에 의하면 박정희가 시해된 지 열흘 만에 미 행정부는 카터 대통령과 사이러스 밴스 국무장관, 워렌 크리스토퍼 국무부 차관, 리처드 홀브룩 국무부 동아태 차관보, 윌리엄 글라이스틴 주한 미국대사로 이루어진 '극비정책 설정단'을 구성했다. 이 모임이 '체로키'라는 코드명으로 한국의 상황을 집중 조사한 결과 카터 행정부는 '한국의 새 정책 노선'을 구상해 1980년 6월 21일 발표했다.

크리스토퍼 차관이 이 정책을 구상해서 서울을 방문할 예정이던 홀브룩 차관보에게 전두환 장군을 만나 "미국의 암묵적인 지지와 전두환의 행동이 양국 관계의 성격을 결정지을 것"이라고 전달하도록 지시했다.

---

141 팀 셔록의 증언 및 '체로키' 관련 내용은 김형아 지음·신민아 옮김, 앞의 책, 337~338쪽 참조.

카터가 재선에 실패하고 이어 등장한 레이건 대통령은 전두환 장군의 비정상적인 집권을 승인하면서 대덕연구단지와 국방과학연구소에서 핵무기와 미사일 개발에 종사하고 있던 모든 연구팀의 해체를 요구했다. 1980년 8월 전두환과 그 측근들은 이 요구를 수용하여 국방과학연구소의 핵심 실무진 30명을 1차로 해고함으로써 한국의 핵·미사일 개발 프로그램을 무력화시켰다.

이어 1981년 1월 핵연료개발공단을 원자력연구소와 통합하고 명칭을 에너지연구소로 변경했고, 핵연료 개발 연구를 금지시켰다. 1982년 12월에는 2차로 국방과학연구소에 근무하던 3,000여 명의 과학자 중 800여 명을 강제 해직시켰다. 특히 핵과 미사일 관련 연구에 종사했던 과학자들은 모두 쫓겨났다.

그로부터 10년이 지난 1991년 11월 8일, 노태우 대통령은 "대한민국은 핵연료 재처리시설 및 핵 농축시설을 보유하지 않는다"는 내용의 '한반도 비핵화선언'을 발표했다. 그로부터 15년 후인 2006년 12월, 북한은 핵실험에 성공하여 핵보유 국가를 선언했다.

박정희 대통령은 1976년 5월 1일, '내 생명 조국을 위해'라는 휘호를 썼다. 이 휘호를 쓴 지 5개월 후 박정희는 사용 후 핵연료 재처리시설의 독자 건설과 시험용 원자로 독자개발을 지시했다. 그의 이런 지시는 자신의 '생명'을 담보로 한 것이 아니었을까.

내 생명 조국을 위해

一九七六년 五월 一일

대통령 박 정 희

12

에필로그

'박정희 혁명'은
자주국방·자립경제 건설

"적을 죽이는 것은 충분치 않다. 먼저 적을 불명예스럽게 만들어야 한다."

19세기 러시아 혁명가 세르게이 네카예프의 말이다. 지금 이 나라에서 현대사 왜곡·날조의 대사변이 진행되고 있다. 1980년대 대학가를 중심으로 강력하게 형성된 운동권 세력들은 이 나라의 현대사를 "기회주의가 득세하고 정의가 패배한 시기"로 정의하고 수단과 방법을 가리지 않고 건국의 국부國父 이승만 대통령, 부국富國의 지도자 박정희 대통령을 '적폐청산의 대상'으로 몰아가고 있다.

2017년 출범한 문재인 정권은 누가 뭐래도 1980년대 운동권이 창출한 전대협전국대학생대표자협의회 정권이다. 그들은 한길사가 발간한 『해방전후사의 인식』을 통해 한국 현대사의 가치관과 철학을 확립한 세력으로서, 대한민국의 현대사는 "기회주의가 득세하고 정의가 패배한 시대"라고 정의한다. 그들은 해방 전의 식민지 시기는 민족 독립을 위한 역사로, 해방 후의 분단시대는 민족통일을 위한 역사로 해석하며, 독립과 통일을 혁명으로 정의한다.

문재인 정권의 핵심 세력들이 1980년대의 한국 사회에 대해 가졌던 기본 시각은 조희연이 쓴 「80년대 사회운동과 사회구성체논쟁」에 잘 정리되어 있다. 그 주요 내용은 다음과 같다.[142]

첫째, 한국 사회는 미 제국주의 지배하의 식민지로 규정한다.

둘째, 남한에서 자본주의가 발달했다고 하나 민족분열이 고정화되어 자립적 민족경제의 기본이 파괴되었다면 반(半)봉건 상태를 벗어났다고 할 수 없다.

셋째, 이러한 남한 사회의 변혁을 위해선 '민족 전체적' 시각이 요구된다. 즉, 제국주의 지배에서 벗어난 '민주기지'인 북한으로부터의 변혁역량을 적절히 고려할 필요가 있다.

넷째, 이 점은 남한 사회의 변혁운동이 한국전쟁을 전후한 혁명운동의 전통 위에 있음을 의미한다.

다섯째. 이에 북한 사회주의 건설과정의 철학적 기초가 된 주체사상을 남한 변혁을 위한 사상적 기초로 삼아야 한다.

여섯째, 이러한 역사적 전제에서 남한에서의 변혁운동은 프롤레타리아

---

142   조희연, 「80년대 사회운동과 사회구성체논쟁」, 박현채·조희연 편, 『한국사회구성체논쟁 (I)』, 도서출판 죽산, 1989, 27~28쪽 참조.

트독재의 제1단계로서 노동계급의 헤게모니가 관철되는 '인민민주주의 혁명'이다.

이러한 운동권 시각에 물든 학자와 지식인, 언론과 정치인들이 합세하여 반일反日·반미反美·친북 지향의 민중민족사관에 입각한 역사서술이 대세로 자리 잡아 이 나라의 근현대사를 자기들 입맛대로 뜯어고치고 있다. 그 양상을 보면 세르게이 네카예프의 말이 그대로 들어맞고 있음을 숨기기 힘들다.

그러나 대한민국이 어떤 나라인가에 대해서 운동권들은 지적知的·정서적情緖的 장애인이나 마찬가지의 시각을 버리지 못하고 있다.

남북한 격차

국제부흥개발은행IBRD 통계에 의하면 1961년 박정희가 쿠데타를 통해 집권하여 북한 지도자 김일성과 맞서게 됐을 때 한국의 1인당 국민소득은 82달러로 세계의 독립국가 125개국 중 101번째였다. 한국의 1인당 소득은 우간다, 방글라데시, 에티오피아, 토고, 파키스탄과 비슷한 수준이었다. 반면 북한은 1961년 1인당 국민소득 320달러로 포르투갈, 브라질의 바로 위인 50위로, 북한이 남한보다 1인당 소득이 4배 정도 많았다.

물론 이 통계는 북한이 발표한 수치를 토대로 작성한 것이라서 북한의 소득이 부풀려졌다고 지적하는 학자들도 있는데, 어쨌든 탈북자들의 증언을 들어 보면 1960년대까지는 북한이 그나마 '먹고 살만한 나라'였음은 분명했던 것 같다.

이에 비해 남한은 이승만 시대에 산업적 기초를 닦은 후 박정희 시대에 급속 성장을 시작하여 1970년대 초에는 북한경제를 추월했다는 점은 각종 통계수치가 증명하고 있다. "철鐵은 곧 국가"라는 슬로건 아래 박정희의 '돌격적 근대화' 노선이 본격 시동된 결과 충격적인 남북한 국력 역전현상이 벌어졌다.

박정희가 집권했던 1961년부터 1979년 사이, 한국은 매년 연평균 9.1퍼센트 성장했으며, 국민총생산은 무려 27배 증가하여 세계에서 가장 빠른 속도로 경제가 성장했다. 발전량은 1961년에서 1971년 사이 10배, 전화 대수는 1965년에서 1975년 사이 다섯 배가 늘었다.

무엇보다 의미 있게 들여다봐야 할 수치는 중산층의 확대다. 1960년부터 1980년 사이 제조업 노동인구는 47만 9,975명에서 279만 7,030명으로 6배, 엔지니어는 10배, 세일즈 인력은 13배, 사무인력은 20배 늘었다. 노동인구의 괄목할 만한 증가는 1960년대의 고질병이었던 실업자들이 직업인으로 전환됐음을 뜻하는 것이다.

2000년 현재 남한의 수출고는 북한의 308배다. 이것은 남한의 하루 평균 수출액이 북한의 1년간 수출액과 거의 같음을 뜻한다. 통계청이 발표한 『2015년 북한의 주요통계지표』2015년 12월 15일에 의하면 북한의 명목 GNI국민총소득·2014년 기준는 34조 2,360억 원으로 남한1,496조 6,000억 원의 44분의 1 수준, 1인당 GNI는 남한이 2,968만 원, 북한은 139만 원에 불과해 21배 차이가 난다. 이밖에 다른 종목의 남북한 격차는 다음 표와 같다.

부문별 남북한 비교

부　문	북한	남한	비고(남한:북한)
무역총액	76억 달러	1조982억 달러	144분의 1
시멘트 생산량	667만 5,000톤	4,704만 8,000톤	7분의 1
발전설비용량	725만 3,000킬로와트	9,321만 6,000킬로와트	13분의 1
쌀 생산량	215만 6,000톤	424만 1,000톤	2분의 1
도로 총연장	2만 6,164킬로미터	10만 5,673킬로미터	4분의 1
선박 보유톤수	71만 톤	1,392만 톤	19분의 1

한국은 경제적인 면에서만 성공을 거둔 것이 아니다. 정치적 자유나 삶의 질 측면에서도 성공을 거두었다. 포린 폴리시가 전 세계 177개국을 대상으로 산정한 '실패국가 지수'를 보면, 한국은 2010년 153위를 기록했다. 이는 세계에서 25번째로 안정적인 나라라는 의미다. 이집트는 49위, 필리핀은 51위, 터키는 89위, 브라질은

119위, 아르헨티나는 148위를 기록했다.

이코노미스트가 2006년부터 발표해 온 '민주주의 지수'_{Democracy} _{Index, 2010년} 성적도 놀랍다. 한국은 20위로 '완전한 민주국가'로 분류 됐는데, 이는 일본_{22위}, 벨기에_{23위}, 이탈리아_{29위}, 프랑스_{31위}를 앞서는 순위였다. 브라질은 47위, 아르헨티나는 51위, 필리핀은 74위, 터 키는 89위, 이집트는 138위를 기록했다.

1960년대 초 전 세계의 발전전략 전문가·언론·지식인·학자 그 룹은 발전지향적 측면에서 높은 평가를 받는 나라로 태국·인도·말 레이시아·인도네시아·필리핀을 꼽았다. 특히 필리핀과 인도는 높 은 교육수준, 자본과 기술축적, 자원부국, 영어사용국이라는 측면 에서 양호한 평가를 받았다. 한국은 그런 명단의 어디에도 이름을 올리지 못했다.

'양반의 나라'에서 '테크노크라트의 나라'로

그러나 한국이 불과 30여 년의 짧은 기간에 압축적 방식을 통해 '공업화 된 근대국가'로 탈바꿈하기 위해서는 치러야 했던 대가가 만만치 않았다.

인류 역사에서 후발 국가들의 산업화 과정을 보면 필연적으로 절 대왕조 혹은 군국주의적 리더십의 뒷받침 하에 가능했다는 사실이 발견된다. 특정한 분야를 선택하여 국력을 집중하는 과정에서 고도의 통치력으로 일사불란한 의사결정을 해야 했기 때문이다.

이 점에서 한국도 예외는 아니었다. 박정희 정부 시절 3선 개헌, 그리고 10월 유신으로 인해 일정 기간 동안 정치적 자유와 개인의 기본권에 대한 일부 제한이나 침해는 압축성장을 위한 값비싼 대가였다.

유교적 교양으로 무장한 야당 정치인과 지식인·학자·언론 등 소위 붓잡이 먹물文人들은 매사를 종교적 원리주의 내지는 근본주의 Fundamentalism적 시각으로 재단한다. 이러한 근본주의적 먹물 양반들 시각으로 볼 때 박정희처럼 족보도 불분명한 가문 출신에다 만주 신경군관학교와 일본 육군사관학교를 나온 칼잡이武人 따위가 권력을 쥔다는 것은 상상조차 할 수 없는 일이었을 것이다.

박정희 시대 18년은 문민통치로 일관한 이 나라 주류 역사에서 이단이나 다름없는 '예외의 시대'였다. 그 예외의 시대 18년간 사농 공상士農工商의 신분구조는 공상농사工商農士로 뒤집어져 테크노크라트들의 실용주의 국가로 변모했다.

박정희가 합헌적으로 성립된 장면 정부를 뒤엎고 권력을 찬탈한 이유는 그의 말대로 "국민들에게 세 끼 밥을 제대로 먹이기 위해서"였다. 그에게는 인권이나 민주보다 '굶주림으로부터의 해방'이 더 중요한 과제였다.

박정희는 혁명공약이나 다름없었던 자신의 발언을 실천하는 데 앞장섰고, 그것을 성공시켰다. 1965년 1월 25일, 지금은 양화대교라 불리는 제2한강교가 완공되었을 때 박정희는 준공식장에서 "앞으로 한강에는 이런 다리를 열 개쯤 더 만들어야 한다"고 말했다. 지금이야 이 말이 '지당하신 말씀'이 되었지만, 박정희가 이 발언을 했을 당시 이를 믿었던 사람이 몇 명이나 되었을까?

우리나라는 1970년에야 외국으로부터의 원조가 종결되었다. 그 전까지는 외국의 원조에 의지하여 살던 나라였다는 뜻이다. 쌀 생산 4000만 석을 돌파하여 쌀을 자급자족하는 데 성공한 것이 1977년이다. 이 해 연말에 박정희는 특별방송을 통해 "이제부터 100퍼센트 순쌀밥을 먹어도 좋고 쌀 막걸리 제조도 허가한다"고 발표했다. 초근목피, 보릿고개로 상징되던 나라에서 처음으로 '흰 쌀밥'을 마음껏 먹을 수 있게 된 것이다.

헐벗은 산에 나무를 심기 위해 고군분투한 것은 이승만 대통령 시절부터다. 그런데 태백산 탄전지역에서 석탄을 캐서 그것으로 연탄을 제조하여 전국 방방곡곡에 대체연료를 전 국민에게 공급하는 패키지 프로그램, 혹은 통합적 개발 시스템을 구축하여 산림녹화에 성공한 것은 박정희였다.

박정희와 친분이 있던 일본의 후쿠다 야스오福田康夫 전 일본 수상은 "한국 하면 일제 때부터 벌거벗은 산을 연상했고, 한번 파괴된 산림은 그 복구가 곤란한 데도 불구하고 박 대통령이 20년 미만의 집권 기간 중에 완전히 녹화에 성공한 것은 고도성장, 수출증대, 중화학공업 등의 경제업적보다 더 어렵고 값어치 있는 위업"이라고 평했다.[143]

총체적이고 근본적인 변화가 일어난 시대

박정희는 '국민의 인기'나 지지율에 일희일비하는 '연예인 대통령'이 아닐뿐 아니라, 포퓰리즘과는 정반대의 길을 걸은 인물이었다. 수많은 사람에게 박수를 받을 수 있도록 "가진 것 나눠 먹으며 모두가 잘 사는 사회"를 추구한 것이 아니라, 비난을 각오하고 "열심히 일하는 사람에게 더 많은 혜택이 돌아가는 사회"를 지향했다. 이것이 박정희가 집권 초부터 서거할 때까지 일관되게 추구했던 지도자로서의 철학이었다.

한국군 월남 파병, 한일 국교 정상화, 향토예비군 창설, 고속도로·제철소 건설 등은 국민의 생명과 재산을 지키고 늘리기 위해 반드시 해야 할 역사적 과업이었지만, 국민들에겐 지지리도 인기 없는 정책이었다. 국교 정상화 대가로 일본이 제공한 자금을 일제하에서 피해를 당한 사람들에게 나눠눈 것이 아니라 국가 발전을 위한 제철소와 고속도로, 소양강댐 건설에 70퍼센트의 자금을 투입

---

143   김정렴, 『한국경제정책 30년사』, 중앙일보사, 1995, 223~224쪽.

했다. 포퓰리스트 정치인이라면 상상도 할 수 없는 '통 큰 결정'이 었다.

박정희 재임 기간 18년은 경제학자 좌승희의 표현을 빌린다면 마차와 지게가 주류였던 농업 사회에서 자동차와 비행기가 주류를 이루는 공업사회로 나라의 기틀이 혁명적으로 바뀌었다. 그러나 한 시대의 지도자가 국리민복을 위해 몸 바쳐 일했다고 해서 그 지도자가 반드시 긍정적이고 합리적인 평가를 받는 것은 아니다. 전후戰後 프랑스의 새 역사를 쓴 드골 대통령도 철모르는 국민들의 비판에 어지간히 속을 썩었는지 "프랑스 국민은 멀리 지평선을 바라보는 것이 아니라 눈앞의 풀만 내려다보는 소떼"라고 발언한 바 있다.

원리주의 내지 근본주의적 민주주의 신봉자 입장에서 볼 때 박정희는 용서받을 수 없는 독재자일 것이다. 불법적인 쿠데타로 권력을 찬탈하고이유여하를 막론하고 법률적으로 볼 때 모든 쿠데타는 불법이니까, 10월 유신으로 종신 대통령제나 다름없는 권력을 향유했으며, 정권 연장과 독재를 위해 민주주의를 억압하고 인권을 탄압했으니까.

재임 시절 박정희와 자주 만났던 윌리엄 포터 주한 미국대사는 한국의 민주주의와 관련하여 이런 말을 남겼다.

한국의 정치는 인물과 권력 위주로 되어 있다. 한국의 야당은 문제 자체의 성격이나 공과에 관계없이 반대를 주 임무로 생각하고 있으며, 언론도 종종 반대의 입장에 서고 있다. 현재로서는 민주제도가 아직 어리며 갈 길을 모색하고 있다. 꾸준히 실천력 있는 민주주의를 향해 진전하고 있다.

5·16에 가담했던 혁명군 장교의 40퍼센트 정도가 빈농貧農 집안이나 월남자 출신이었다. 이들은 자기와 비슷한 처지의 사람들에게 교육의 기회를 부여하고, 기술을 익히도록 유도하여 전 국민 대다수의 중산층화에 성공했다. 이 점에서 5·16은 단순한 군사정변이 아니라 '양반의 나라'를 뒤엎고 '평민과 기술자들의 나라'가 출발하는 명예혁명이었음을 증명한다.

박정희는 혁명적 발상이 아니면 불가능했던 국가 근대화를 정치인으로서의 '통치행위'가 아니라, 혁명가적인 '건설'로 쟁취해냈다. 그렇게 얻은 성취를 대한민국 국민들에게 고르게 나눠줌으로써 혁명의 대의를 성공시켰다. 그러나 그 대가로 박정희는 지금도 '민주주의를 파탄 낸 독재자'로서 하루빨리 우리 사회에서 '청산되어야 할 세력'으로 몰려 있다.

6·25의 나비효과

인간은 신神이 아니기에 업적을 쌓는 동안 수많은 실패와 실수, 잘못을 저질렀을 수도 있다. 그 실수와 실패, 잘못을 뛰어넘어 성공의 길로 나갔으니 '위대한 지도자'라는 평을 듣는 것이다.

일본을 비롯한 선진국들은 나라를 빛낸 인물들의 생애에서 성공한 사례, 위대한 점, 긍정적 이미지, 본받아야 할 점 등을 찾아내 그 위에 스토리텔링이라는 멋진 의상을 입혀 '성공의 DNA'를 보급하는 데 열을 올린다.

반대로 우리 사회에서는 아무리 훌륭한 업적을 남긴 인물이라도 발가벗긴 다음 실패와 실수, 잘못한 부분만을 집요하게 캐내 이를 확대 재생산하는 데 시간과 노력과 비용을 총동원하고 있다. 그러다보니 한 인물에 대한 모욕 주기, 인생 더럽히기, 깎아내리기, 침 뱉기 등 '저주의 DNA'가 확대 재생산되어 자해와 자기모멸, 자학의 왜곡·폄하·날조된 현대사 조작이 범국가적 차원에서 벌어지고 있다.

그 왜곡 날조의 시발은 박정희의 만주행에서 극대화된다. 박정희는 대구사범학교를 졸업하고 문경 보통학교에서 3년간 교사 생활을 하다가 1939년 9월 만주로 갔다. 1940년 4월 신경 육군군관학교 입학, 1942년 3월 졸업과 일본 육사 편입, 1944년 일본 육사 졸업 후 육군 소위로 임관하여 만주 관동군에 배속되었다.

김일성본명 김성주은 1919년 가족과 함께 만주로 이주한 이래 1932년 4월부터 빨치산 투쟁을 하는 동북항일연군에 소속되어 있었다고 주장한다. 그의 주장을 액면 그대로 받아들인다면 그의 만주에서의 빨치산 활동은 약 7년 정도다. 그는 가혹한 환경 하에서도 끝까지 살아남아 소련령으로 도주하여 소련군 대위가 됐다.

한 사람은 정식 사관학교 교육을 받고 장교로 임관했고, 다른 사람은 비정규군으로서 게릴라 활동에 종사한 차이는 있지만, 박정희와 김일성은 만주에서 군인의 길을 갔다. 군인으로서의 경험은 두 사람이 집권 시기 동안 남과 북에서 전통적 한국 사회의 특성과는 크게 다른, 역사상 가장 강력하고 철저한 상무尙武 정신에 투철한 사회와 국가를 만들도록 영향을 끼쳤다. 한국에서 거시적인 군사주의 등장과 강화는 이들의 군인 경력과 깊은 관련이 있다고 박명림은 지적한다.[144]

남북한 국력이 역전되는 결정적 요인 중의 하나가 한미상호방위조약 체결을 통한 안보의 강화였다. 이것을 가능케 해 준 것이 김일성의 남침이었다. 김일성은 또 박정희가 좌익 혐의로 예편 당해 실의에 빠져 있을 때 6·25남침을 함으로써 군대 복직 기회까지 만들어 주었다.

김일성의 6·25남침전쟁을 휴전으로 매듭 짓기 위해 미국은 휴전협정을 끝까지 반대하는 이승만에게 한미상호방위조약과 70만 대군의 건설을 약속했다. 이후 한국의 군대는 국가 예산의 50퍼센트 이상을 사용하고, 선진 과학기술·행정·조직 시스템의 선두주자로 비약적인 성장을 거듭한다. 그 결과로 나타난 것이 1961년 박정희 장군의 5·16쿠데타였다.

---

144 박명림, 「박정희와 김일성-한국적 근대화의 두 가지 길」, 『역사비평』, 2008년 봄호(통권 82호), 역사비평사, 134~135쪽.

5·16의 거시 구조적 기원은 명백히 6·25였고, 6·25는 김일성이 일으켰다. 김일성이 일으킨 '6·25남침전쟁'이라는 나비효과가 5·16이라는 후폭풍을 불러일으켰고, 그 결과 박정희를 역사의 전면에 불러낸 셈이 됐다.[145]

체험의 차이

박정희로 상징되는 세력 만주군관학교 출신과 김일성으로 상징되는 세력 동북항일연군-소련군 88정찰여단 출신은 비슷한 시기에, 같은 공간에서 활동했음에도 불구하고 결정적인 체험의 차이가 존재한다.[146] 박정희 세력은 만주에서 교육받고 근무하면서 만주의 근대화를 위한 '만주산업개발 5개년계획'을 격렬하게 체험했다. 바로 이 '만주산업개발 5개년계획'이 박정희의 한국형 발전국가체제에 결정적 영향을 끼쳤다.[147]

박정희가 대한민국의 대통령이 되어 추진한 '경제개발 5개년계획'을 통한 공업화 전략과 만주국이 추진한 '만주산업개발 5개년계획'은 계획 추진자가 군인이었다는 점, 학자나 관료를 활용해서 계획을 입안·실시했다는 점, 공업화 전략의 중심에 철강업을 두었던

---

145   박명림, 앞의 자료, 141쪽.

146   박정희와 김일성의 만주체험 부분은 김용삼, 『김일성 신화의 진실』, 북앤피플, 2016, 807~817쪽 참조.

147   강상중·현무암 지음, 이목 옮김, 『기시 노부스케와 박정희』, 책과 함께, 2013, 13쪽.

점, 철강업의 기초 위에 중화학공업이 추진되었다는 점[148] 등의 유사점이 발견된다. 그것은 한 시절 만주국에서 청춘을 보낸 박정희의 체험에서 우러난 전술전략이었다.

북한의 지도부를 형성한 김일성과 빨치산 세력들은 토벌대에 쫓겨 만주의 산골 궁벽한 지역으로 쥐새끼들처럼 숨어 다니며 주민들을 약탈, 살상하고 등을 쳐서 먹고 살며 목숨을 부지하기에 바빴다. 그들은 식민지 시절, 만주라는 공간에서 추진되는 근대화의 격렬한 변화를 체험하기는커녕 구경조차 하지 못함으로써 박정희 세력과는 결정적인 체험의 차이를 노정하게 된다.

김일성은 1957년 12월 20일, 농촌 협동화_{사실상은 전 국민의 소작인화}가 이루어지던 시기에 "흰 쌀밥에 고깃국을 먹고 비단 옷을 입고 기와집에 사는 것이 사회주의 북조선의 목표"라고 선언했다. 그가 사망하기 1년 전인 1993년에도 동일한 발언을 했다. 1993년 김일성이 이 발언을 할 무렵, 북한은 '고난의 행군'으로 수많은 인민이 영양실조와 굶주림으로 죽어 나갔다. 김일성이 평생에 걸쳐 노력했음에도 불구하고 그의 꿈은 이루어지지 않았다.

김일성의 빨치산 체험은 '항일 무장투쟁'이라는 민족주의적 구호로 환생되어 자존심을 살리고, 프로파간다의 도덕적 이니셔티브를

---

148   고바야시 히데오(小林英夫) 지음·임성모 옮김, 『만철(滿鐵), 일본제국의 싱크탱크』, 산처럼, 2015, 6쪽.

쥐는 데는 성공했다. 그러나 그는 토벌대에게 쫓기고 굶주림, 학살, 납치, 살해의 어두운 추억을 국가 지도자가 되어서도 그대로 답습했고, 토벌대에게 포위되듯 폐쇄, 쇄국, 자급자족, '우리 식' 대로를 외치며 자신들의 나라를 지구촌에서 가장 실패한 국가로 고립시키는 데 완벽하게 성공했다.

반면에 박정희와 만주군 출신 리더 그룹은 자신들이 체험한 만주국 경제개발 시스템을 이 땅에 옮겨 와서 개방, 교류, 통상, 국제화, 중화학공업화를 건설하는 데 성공하여 국제사회의 모범국가로 자리매김하는 데 성공했다.

아직도 북한은 김일성체제의 파탄을 수습하지 못한 채 허덕이고 있고, 남한은 박정희체제가 낳은 산업화·근대화의 단물을 빨며 살아가고 있다. 한편에선 박정희체제의 저항적 테제로 탄생한 '민주화 세력' 중 일부가 박정희의 친일 경력을 공격하며 김일성의 선명했던 항일 무장투쟁을 '민족'의 이름으로 포장하여 흠모한다. 이것이 좌익 운동권 세력이 학계와 교육계, 문화계와 법조계를 장악한 한국 사회의 진풍경이다.

'우리 식' 대로 해서 성공

박정희가 추진했던 경제발전 과정은 기적이기 이전에 하나의 수

수께끼다. 한국은 당시 서구의 지식인들이 주장하고 국제기구가 앞장서 설파한 경제발전 공식과는 반대로 움직여 성공했기 때문이다. 최중경은 자신의 저서 『청개구리 성공신화』에서 박정희 시대의 발전과정을 다음과 같이 설파한다.

> 한국은 수입대체전략 대신 수출드라이브 전략을, 일시적 전면개방과 규제철폐를 추구하는 신자유주의 대신 점진적인 개방과 규제의 단계적 완화를 선택했다. 서구의 전문가들이 타당성이 없다고 한 경부고속도로 건설, 포항제철 설립, 중화학공업 진입을 그대로 밀어붙였다. (중략) 서구의 조언을 받아들였던 남미의 여러 나라들은 외환위기가 반복되는 큰 홍역을 치렀고, 우리보다 좋은 조건에서 출발한 동남아 국가들도 더딘 경제성장을 경험했다. 거꾸로 한 한국이 오히려 앞서가고 있는 것이다.[149]

박정희 시대의 경제발전은 서구 제국의 온정어린 원조와 조언에 의해서 이루어진 것이 아니라, 서구 제국의 충고와 일정한 거리를 두었기 때문에 가능했다. 미국의 정치학자 그렉 브라진스키는 "한국은 미국이 하라는 대로 하지 않아서 성공했다"고 지적할 정도다.

박정희의 집권 기간 18년은 이승만 시대 이래 계속된 네이션 빌딩Nation Building, 즉 국가건설의 시기였다. 그러나 박정희는 민주주의를

---

149   최중경, 『청개구리 성공신화』 매일경제신문사, 2012, 5~6쪽.

제대로 시행하기 위해 무장병력을 이끌고 한강을 건너온 것이 아니다. 그 시절은 공산주의의 남침 위협으로부터 나라를 지키고 국민들 굶어죽지 않도록 하는 것이 인권이나 민주주의보다 훨씬 시급하고 절실한 과제였다.

그는 혁명공약에서 전 국민의 '밥'을 먹이는 문제를 해결하기 위해 거사를 했다고 선언했다. 쿠데타를 한 번만 일으킨 것이 아니라 1964년의 6·3사태 계엄령, 1972년 10월 17일 국회해산, 유신 선포 등 세 차례에 걸친 다단계 쿠데타를 일으켰다. 이유는 자신이 약속한대로 이 나라를 농업국가에서 산업국가로 환골탈태換骨奪胎시켜 굶주림으로부터 해방시키기 위해서였다.

자유민주주의 인프라는 경제적으로는 산업화이고, 정치·사회적으로는 시민의식 확립이다. 자유민주주의는 경제적으로 산업화하지 않으면 시스템이 가동되지 않는다. 이런 이유 때문에 미국의 미래학자 앨빈 토플러는 "민주화란 산업화가 끝나야 가능한 것"이라고 설파했다. 미국의 정치학자 파리드 자카리아Fareed Zakaria는 민주주의에 대해 이렇게 말한다.

인간과 국가는 애이브러햄 매슬로가 말한 욕구단계설에 따라 움직인다. 욕구단계설이란 인간에게 최우선은 굶주림과 목마름을 채우려는 생리 욕구라는 얘기다. 그 다음이 보호, 안정을 원하는 안전 욕구이며, 마지막

이 소속감, 애정, 자기존중, 인정을 원하는 존재욕구다. 민주주의에 대한 욕구는 마지막 단계인 존재욕구에 해당한다.

파리드 자카리아는 한국처럼 제2차 세계대전 이후에 등장한 신생 민족국가들이 민주주의 제도를 채택하여 발전할 수 있었던 유일한 이유는 이 국가들이 처음부터 민주주의를 채택하지 않았기 때문이라고 말한다. 그는 한국이 독재에서 자유주의 독재 Liberalizing Autocracy 단계를 거쳐 민주주의로 진화했다고 주장한다. 자유주의 독재란 형태는 독재 정권이지만, 국가발전, 시장 자율화 등 자유주의가 추구하는 정책을 대부분 추종했다는 뜻이다.

조이제는 박정희, 덩샤오핑鄧小平을 비롯한 몇몇 지도자들은 정기적인 국가발전을 위해서는 급속한 민주주의의 졸속한 실시보다 민주주의와 권위주의 간의 타협점을 염두에 두었기 때문에 이들 국가의 민주화 템포가 급속하지 않았다고 지적한다.[150]

경제발전과 민주화의 공식

정의채의 연구에 의하면 전 세계 개발도상국들의 경제발전과 정

---

150   조이제, 「한국의 근대화」, 조이제·카터 에커트 편저, 『한국 근대화, 기적의 과정』 월간조선사, 2005, 43쪽.

치발전 과정을 분석한 결과 다음과 같은 세 그룹으로 구분했다.

① 처음부터 자유민주정치만 시도한 나라.

② 민주주의와 경제성장을 병행한 나라.

③ 선(先)경제성장, 후(後)민주화 발전전략을 선택한 나라.

이 세 그룹 중 ①과 ②의 방식을 채택한 나라들은 민주화와 경제성장 모두 파탄이 나서 근대화를 이루는 데 실패했다. 한정된 개발자원을 가진 후진국 입장에서 경제개발과 민주화를 한꺼번에 이루겠다는 시도는 결국 두 마리 토끼를 쫓다가 둘 다 놓친 셈이다.

반면에 한국, 타이완, 싱가포르, 칠레 등 ③의 방식을 택한 나라들은 경제성장과 민주화 모두 성공했다. 흥미롭게도 이들 나라에서 공통적으로 나타난 현상은 선 경제성장을 추진하는 동안 권위주의 정부Authoritarian Government가 민주 정부를 대신했다는 점이다.

미국의 저명한 거시경제학자인 로버트 배로 하버드대 교수는 개발도상국에 있어 경제발전과 민주발전의 상관관계 연구에서 다음 두 가지를 발견했다.

첫째, 1인당 국민소득이나 평균수명, 또는 교육 등에서 큰 성취를 이룩한 나라들은 시간이 흐를수록 민주화되어 간다.

둘째, 생활수준이 낮은 상태에서 민주화 된 나라들은 시간이 흐를수록 자유를 잃어간다.

이 사실에 근거하여 배로 교수는 후진국의 경제발전에 있어 경제개발과 권위주의 정부 사이에 서로 보완관계가 있음을 알게 되었다. 그리하여 그는 후진국의 경우 경제개발 초기의 민주화는 경제성장의 걸림돌만 되었다고 단언한다.

박정희 시대의 한국은 한정된 국력으로 국가안보, 경제 근대화, 자유 민주정치라는 세 마리의 토끼를 좇아야 할 형편이었다. 만약 당시 국가 지도부가 세 마리의 토끼를 좇겠다고 허둥댔다면 한 마리도 제대로 잡지 못했을 것이다. 박정희는 우선 북한의 침략부터 막아내고 경제적 도약을 이룩하는 것에 우선순위를 두기로 하고 자유 민주정치 발전을 일시 뒤로 미룰 수밖에 없었다. 이것이 박정희식 권위주의 정부의 특징이다.

정치학자 김광동은 박정희 시대야말로 민주주의 성장의 토대를 만든 과정이었기 때문에 박정희를 한국 민주주의 발전의 기여자로 평가해야 한다고 주장한다. 김광동은 '민주화' 세력이 단지 집권세력을 자유롭게 공격할 수 있는 경쟁적 선거가 존재하지 않았다거나, 전체주의를 지향하는 공산주의를 주장할 수 없는 상태에 있었다는 것만으로 '반反민주'로 평가하는 것은 옳지 않다고 말한다. 재산을 빼앗고, 자유를 억압하는 공산주의에 맞선 것이 사실은 그 시대의 민주주의이고, 민주화였기 때문이라는 것이다.[151]

한국에서 비록 박정희 혁명은 핵무기 개발 실패로 100퍼센트 그 뜻을 이루지 못했지만, 박정희가 닦은 물적 토대는 훼손되지 않았다. 박정희가 추진한 '위로부터의 혁명'과 '한강의 기적'을 통해 1인당 국민소득 4,000달러 시대와 탄탄한 중산층이 형성된 것은 1987년이다. 이 시기에 우리 사회가 6·29선언을 통해 민주화로 이행한 모습을 보면 로버트 달의 지적은 설득력을 가진다. 이와 관련하여 퓰리처상을 수상한 뉴욕타임스 중국특파원 니콜라스 크리스토프는 다음과 같은 평을 내놓았다.

박정희 정권은 비록 민주화 운동을 억압했지만 경제발전을 통해서 역설적이게도 오늘날의 한국 다원주의 근간이 되는 중산층을 창출함으로써 한국 민주주의에 크게 기여했다.[152]

151   김광동, 「선거 민주주의의 한계와 박정희 시대의 의미」, 김용서 외 지음, 『박정희 시대의 재조명』, 전통과 현대, 2006, 175쪽.

152   조이제, 「한국의 근대화」, 조이제·카터 에커트 편저, 앞의 책 47쪽.

참고문헌

「政經文化」, 1983년 9월호

「주간한국」, 1966년 1월 16일

『김일성 저작선집(제4권)』

『滿洲國軍誌』

『월간조선 발굴 한국현대사 비자료 125건』, 「월간조선」, 1996년 1월호 별책부록

『월간조선』, 「[특종] 朴正熙의 원자폭탄 개발 비밀 계획서 原文 발굴-1972년 吳源哲 경제수석이 작성, 보고한 核무기 개발의 마스터플랜 : "1980년대 초, 高純度 플루토늄彈을 완성한다"」(월간조선 2003년 8월호)

『한국인의 성적표』, 월간조선 1995년 1월호 신년호 부록.

강상중·현무암 지음, 이목 옮김, 『기시 노부스케와 박정희』, 책과 함께, 2013

강성재, 『참군인 이종찬 장군』, 동아일보사, 1988

고바야시 히데오(小林英夫) 지음·임성모 옮김, 『만철(滿鐵), 일본제국의 싱크탱크』, 산처럼, 2015

권성욱, 『중일전쟁-용, 사무라이를 꺾다』, 미지북스, 2015

그레고리 핸더슨 지음, 이종삼·박행웅 옮김, 『소용돌이의 한국정치』, 한울, 2013

그렉 브라진스키 지음·나종남 옮김, 『대한민국 만들기 1945~1987』, 책과 함께, 2012

김광동, 「선거 민주주의의 한계와 박정희 시대의 의미」, 김용서 외 지음, 『박정희 시대의 재조명』, 전통과 현대, 2006

김광모 외, 「특집좌담-박정희 대통령의 중화학공업 어떻게 볼 것인가?」, 『박정희정신』, 제4호(2017년 7·8월호), 박정희대통령기념사업회

김광모, 「박정희의 핵개발정책(2)-국가안위 절박상황 결단」, 『경제풍월』, 2017년 2월호

김광모, 『한국 중화학공업 오디세이』, RHK, 2017

김상협·부완혁·신상초·한태연, 「좌담회:민주정치 최후의 교두보」, 『사상계』, 1960년 5월호

김석규, 『코리아게이트의 현장에서』, 예지, 2005

김성진, 『박정희를 말하다-그의 개혁 정치, 그리고 과잉충성』, 삶과 꿈, 2006

김세진, 「한국 군부의 성장과정과 5·16」, 『1960년대』, 도서출판 거름, 1984

김용삼, 『김일성 신화의 진실』, 북앤피플, 2016

김용삼, 『대구 10월 폭동, 제주 4·3사건, 여·순 반란사건』, 백년동안, 2017

김용삼, 『한강의 기적과 기업가정신』, 프리이코노미스쿨, 2015

김윤근, 『해병대와 5·16』, 범조사, 1987

김일영, 「조국근대화론 대 대중경제론 :1971년 대선에서 박정희와 김대중의 대결」, 정성화 편, 『박정희 시대와 한국현대사』, 선인

김일영, 『건국과 부국』, 기파랑, 2012

김입삼, 『초근목피에서 선진국으로의 증언』, 한국경제신문사, 2003

김재홍, 『軍-핵개발 극비작전(2)』, 동아일보사, 1994

김정렬 회고록, 『항공의 경종』, 도서출판 대희, 2010

김정렴, 『아, 박정희』, 중앙M&B, 1997

김정렴, 『최빈국에서 선진국 문턱까지-한국 경제정책 30년사』, 랜덤하우스, 2006

김정렴, 『한국경제정책 30년사』, 중앙일보사 1995

김종신, 『박정희 대통령과 주변사람들』, 한국논단, 1997

김종신, 『영시의 횃불』, 한림출판사, 1966

김종필 지음·중앙일보 김종필증언록 팀 엮음, 『김종필증언록』(1), (주)미래엔, 2016

김충남, 『대통령과 국가경영』, 서울대학교 출판문화원, 2012

김형아 지음·신명주 옮김, 『유신과 중화학공업-박정희 양날의 선택』, 일조각, 2005

노재현, 『청와대 비서실(2)』, 중앙일보사, 1993

대통령 비서실(편), 『평화통일의 대도: 박정희 대통령 연설문 선집』, 대한공론사, 1976

문명자, 『내가 본 박정희와 김대중』, 월간 말, 1999

박명림, 「박정희와 김일성-한국적 근대화의 두 가지 길」, 『역사비평』, 2008년 봄호(통권 82호), 역사비평사

박실, 『박정희 대통령과 미국대사관』, 백양출판사, 1993

박재선, 「박재선의 유대인 이야기: 냉전시대 동과 서를 잇던 사울 아이젠버그」, 『중앙선데이』 2011년 8월

28일(제233호)

박정희 저·해설 조갑제, 『국가와 혁명과 나』, 도서출판 지구촌, 1997

박정희 지음·박정희 탄생 100돌기념사업추진위원회 엮음, 『남편 두고 혼자 먼저 가는 버릇 어디서 배웠노』,

기파랑, 2017

박정희, 『민족의 저력』, 광명출판사, 1971

박정희, 『지도자도-혁명과정에 처하여』, 국가재건최고회의, 1961

박종민, 『김재규 對 차지철』, 청목서적, 1988

박진환, 『박정희 대통령의 한국경제 근대화와 새마을운동』, (사)박정희대통령기념사업회, 2005

선우종원 회고록, 『격랑 80년』, 인물연구소, 1998

송복, 「5·16의 역사적 평가」, 송복 외 지음, 『한국현대사』, 세종연구원, 2013

송승종, 『미국 비밀해제 자료로 본 대통령 박정희』, 북코리아, 2015

송효빈, 『가까이서 본 박정희 대통령』, 휘문출판사, 1977

시모토마이 노부오(下斗米伸夫) 지음·이종국 옮김, 『모스크바와 김일성-냉전기의 북한 1945~1961』, 논형,

2012

신현준, 『老海兵의 回顧錄』, 가톨릭출판사, 1989

심융택, 『굴기-개방 개혁 도전(5)』, 동서문화사, 2015

심융택, 『굴기-새마을운동(8)』, 동서문화사, 2015

심융택, 『굴기-핵개발 프로젝트(10)』, 동서문화사, 2015

안동만·김병교·조태환 지음, 『백곰, 도전과 승리의 기록』, 플래닛미디어, 2016

앨리스 암스덴 지음, 이근달 옮김, 『아시아의 다음 거인: 한국의 후발공업화』, 시사영어사, 1990

양성철, 『분단의 정치』, 한울, 1987

오원철, 『박정희는 어떻게 경제강국을 만들었나』, 동서문화사, 2006

오원철, 『에너지 정책과 중동 진출』, 기아경제연구소, 1997

이덕희, 『하와이 이민 100년 그들은 어떻게 살았나?』, 중앙M&B, 2003

이동원, 『대통령을 그리며』, 고려원, 1993

이상우, 『문민시대에 되돌아보는 군사정권 내막: 박정희, 파멸의 정치공작』, 동아일보사, 1993

이석제, 『각하, 우리 혁명합시다』, 서적포, 1995

이영훈 교수 강의, '새마을운동을 다시 생각한다', 「정규재TV」 극강

이영훈, 『대한민국 역사』, 기파랑, 2013

이정식, 『대한민국의 기원』 일조각, 2011

이춘근, 『미국에 당당했던 대한민국의 대통령들』, 글마당, 2012

이한림 회상록, 『세기의 격랑』, 팔복원, 2005

이형근 회고록, 『군번 1번의 외길 인생』, 중앙일보사, 1994

장면 박사 회고록, 『한알의 밀이 죽지 않고는』, 양우당, 1967

장준익, 『북한 핵 미사일 전쟁』, 서문당, 1999

전인권, 『박정희평전』, 이학사, 2014

정일권, 『정일권 회고록』, 고려서적, 1996

정주영, 『이 땅에 태어나서』, 솔 출판사, 1998

제임스 브래들리 지음·송정애 옮김, 『임패리얼 크루즈』, 도서출판 프리뷰, 2010

제임스 하우스만·정일화 공저, 『한국 대통령을 움직인 미군대위』, 한국문원, 1995

조갑제 기자의 라이프 워크, 『박정희』(1-13), 조갑제닷컴, 2015

조우석, 『박정희 한국의 탄생』, 살림, 2014

조이제, 「한국의 근대화」, 조이제·카터 에커트 편저, 『한국 근대화, 기적의 과정』, 월간조선사, 2005

조희연, 「80년대 사회운동과 사회구성체논쟁」, 박현채·조희연 편, 『한국사회구성체논쟁(Ⅰ)』, 도서출판 죽산, 1989

존 코치, 「미국의 대한 안보 공약의 기원」, 『한국전쟁과 한미관계』, 도서출판 청사, 1987

중화학공업추진위원회, 『중화학공업개발사』 제1권 및 제2권

최중경, 『청개구리 성공신화』, 매일경제신문사, 2012

최형섭, 『불이 꺼지지 않는 연구소』, 조선일보사, 1995

하야시 다케히코(林建彦) 지음·선우연 옮김, 『박정희의 시대』, 월드콤, 1995

한영수, 「5·16 군사혁명의 의미」, 『박정희정신』(제3호·2017년 3~4월호), 박정희대통령기념재단, 2017

한영수, 「간장을 뚫고 나온 아이 국민들에게 우유를 먹이다」, 박정희대통령기념재단, 『박정희정신』 제3호

(2017년 3·4월호)

한용원, 『한국의 군부정치』, 대왕사, 1993

함석헌, 「국민감정과 혁명완수」, 『사상계』 1961년 1월호

황병태, 『박정희 패러다임』, 조선뉴스프레스, 2011

대한민국 근대화 대통령

박정희 혁명 2

펴낸날 초판1쇄 2019년 05월 16일
초판2쇄 2019년 11월 11일

지은이 김용삼
발행인 김용성
발행처 지우출판
책임편집 박지영

주소 서울시 동대문구 휘경로 2길 3, 4층
전화 (02)962-9154
팩스 (02)962-9156
이메일 lawnbook@hanmail.net
등록 2003년 8월 19일(제9 -118호)

ISBN 978-89-5821-348-2
978-89-5821-346-8 04300 (세트)